JN284798

一般法人・公益法人のガバナンス Q&A

弁護士 **本村 健**
［編集代表］

弁護士 **佐藤弘康**／弁護士 **梶谷 陽**／弁護士 **赤根妙子**
弁護士 **徳田貴仁**／弁護士 **宇治野壮歩**
［編著］

一般社団法人 **金融財政事情研究会**

はしがき

　公益法人制度が改革され、はや数年近くになる。

　旧民法のもと、100年続いた制度の大改革である。一般法人・公益法人という民間非営利部門を社会において積極的に位置づけることにより、これらが国や自治体等の公的セクターの意思決定の緩慢さを補完するだけでなく、価値観の多様化する社会のなかで個人がさまざまな自己実現を図るうえでも貴重な存在となることが期待されている。いずれにせよ、民間が担う公益活動や共益活動を社会・経済システムのなかに積極的に位置づけ、かかる活動を促進させることは、国民生活全体に資することになる。

　その一方、かつて旧公益法人の一部において発生した、行き過ぎた乱脈経営等の不祥事を繰り返さないためには、一般法人・公益法人のあるべきガバナンスを常に模索し検討することが不可欠といえよう。

　そのような理解および問題意識を背景に、本書では、一般法人・公益法人のガバナンスに関係する事項を重点的に取り上げ、これらの法人の管理運営に携わる方々に、気軽に手にとって参照していただけることを目指した。

　法人のガバナンスを理解するうえで前提となる基本の概説を、株式会社（企業）との対比にも目配りしつつ解説し、かつ、実際に発生した事例や判例等を慎重に吟味し、ケーススタディを豊富に取り上げることを通じて、一般法人・公益法人のガバナンスを確立するうえでヒントや警鐘となることを期待している。

　株式会社（企業）との対比の文脈でいえば、企業の発展には、イノベーションの連続が生命線となるともいわれる。この点、一般法人・公益法人といった民間非営利部門においても、同様に、社会の価値観の変化とともに変革への的確な対応が求められよう。

　その意味で、一般社団法人および一般財団法人が、旧公益法人のような許認可主義を改め、準則主義のもと設立できることになったことや、機関設計においても一定の自由度が確保されつつも、旧民法下のように、機関設計上

基本となる規定があまりにも不足しているという、ある意味での不自由さから解放されたことは、民間非営利部門において、社会の価値観の変化に柔軟に対応できるエンティティ（法人）が誕生した、という意味としてとらえることができるだろう。たとえば、従来定款上の制度であった財団法人の評議員が法律上の制度になるなど、ガバナンスを考えるうえで注目すべき改正がなされている。この意味でも、冒頭で述べた100年来の公益法人制度の改革は、画期的であった。

その一方、一般法人・公益法人という2階建て構造における2階部分に当たり、公益性が究極的に認定された公益法人においては、税制上の優遇措置を享受できることに加えて、旧公益法人の一部において問題となった不祥事が発生しないようなガバナンスの確立や内部統制がよりいっそう強く求められる。それゆえ、公益法人の機関設計が一般法人のそれと比してより厳格となったことは、当然の帰結といえる。

しかしながら、公益認定を受けた後も、時代の変遷とともに社会から求められ、期待される「公益性」が変わることも十分に考えられる。この点、公益性が認定された法人において、社会の変化をとらえつつ、当初認定された事業からの事業内容の変更を行うことは、時として、行政が許容するものとのギャップを生じることもあり、軋轢を生むかもしれない。

そのような場合に、毅然と対応し、できる限りの組織力を蓄えることが、今後の公益法人に求められる、あるべき一つの像と思われる。

それゆえ、ガバナンスの機能とされる助言機能・監視機能・利益相反防止機能をいかに活用し、法人の仕組みを整えていくのかが重要なポイントとなろう。とりわけ、公益法人や大規模な一般社団法人・一般財団法人のガバナンスを考えるうえでは、新制度の趣旨にふさわしい役員（理事、監事）や評議員等をいかに適切に選任していくかが今後も重要な課題となろう。

加えて、新しい法人制度においては、会社法における株主代表訴訟に範をとって、理事等に対する責任追及の制度が明確に規定された。このような制度の導入は、かつて公益法人の一部でみられた乱脈経営の代償であるとか、また、民間非営利部門を社会において積極的に位置づけ個人の自己実現を図

るうえで貴重な存在となりうることの代償である等と解釈されるべきではないだろう。むしろ、新制度のもとにおける法人の運営者をして、乱脈経営等の不祥事を繰り返さないような願いを込めるとともに、より規律的でかつ創造的な行動を期待して制度設計されたものと理解されるべきであろう。法人の理事等の責任関係の規律が明確になったことについては、上記に加えて、十分な留意が求められる。

　本書が、最終的に国民や市民からの信頼を勝ちうるような法人の制度設計や法人の管理運営をするうえで少しでも参考になれば、執筆者一同望外の幸せである。なお、本書執筆に際して集結した執筆者は、いずれも第一東京弁護士会全期旬和会においてガバナンス問題を検討した有志の弁護士であり、多数の事例を持ち寄り、一般法人・公益法人にかかわる研究を重ねた仲間である。

　最後に、『第三者委員会──設置と運用』に引き続き、本書を世に問うことができるに至ったのは、一般社団法人金融財政事情研究会出版部の田島正一郎氏、佐藤友紀氏からの激励の賜物である。この場を借りて、あらためて御礼申し上げる次第である。

2012年1月

著者を代表して
弁護士　本村　健

編著者・執筆者紹介

【編著者】

編集代表 **本 村　　健**（もとむら　たけし）
　岩田合同法律事務所・パートナー弁護士。2007年～慶應義塾大学法科大学院非常勤講師、学校法人大妻学院監事。学校法人誠美学園監事。『金融実務と反社会的勢力対応100講』（編著、2010年、金融財政事情研究会）、『第三者委員会――設置と運用』（編集代表、2011年、金融財政事情研究会）等多数。

佐藤　弘康（さとう　ひろやす）
　成和明哲法律事務所・パートナー弁護士。『取締役の善管注意義務のはなし』（共著、2008年、商事法務）、『株主総会の要点』（共著、2006年、商事法務）、『役員の責任と株主代表訴訟の実務』（新日本法規出版）、『こんなときどうする会社役員の責任Q&A』（共著、2011年追録、第一法規）等多数。

梶谷　　陽（かじたに　よう）
　梶谷綜合法律事務所・弁護士

赤根　妙子（あかね　たえこ）
　成和明哲法律事務所・弁護士。『小泉政権の研究　東大法・蒲島郁夫ゼミ編』（共著、2008年、木鐸社）、『実務会社法講義』（共著、2011年、民事法研究会）、『こんなときどうする会社役員の責任Q&A』（共著、2011年追録、第一法規）等多数。

德田　貴仁（とくだ　たかひと）
　税理士法人高野総合会計事務所・弁護士／税理士。『新公益法人　移行申請書作成完全実務マニュアル』『新公益法人の移行、再編、転換、設立ハンドブック（3訂版）』（いずれも共著、2011年、日本法令）等多数。

宇治野壮歩（うじの　たけほ）
　長島・大野・常松法律事務所・弁護士

【執筆者】

森本　慎吾（もりもと　しんご）
　インテグラル法律事務所・パートナー弁護士

三浦　繁樹（みうら　しげき）
　半蔵門総合法律事務所・パートナー弁護士

梶谷　篤（かじたに　あつし）
　梶谷綜合法律事務所・弁護士

政本　裕哉（まさもと　ゆうや）
　岩田合同法律事務所・弁護士

桶谷　雅弘（おけたに　まさひろ）
　佐藤綜合法律事務所・弁護士

村瀬　幸子（むらせ　さちこ）
　成和明哲法律事務所・弁護士

竹内　雄一（たけうち　ゆういち）
　岩田合同法律事務所・弁護士

金子　磨美（かねこ　まみ）
　野島法律事務所・弁護士

佐藤　愛美（さとう　あいみ）
　水上法律事務所・弁護士

川見　友康（かわみ　ともやす）
　大島総合法律事務所・弁護士

北後　政彦（きたご　まさひこ）
　西新宿法律事務所・弁護士

木村　浩章（きむら　ひろあき）
　　サンライズ法律事務所・弁護士

河口　仁（かわぐち　じん）
　　子浩法律事務所・弁護士

紹介：第一東京弁護士会全期旬和会

　第一東京弁護士会全期会は、最高裁判所司法研修所修了者によって構成される会派として、長年にわたり第一東京弁護士会内において、法制度・司法制度等の弁護士会を取り巻く各種の状況等についての研究や情報交換を行う場としての役割を果たしています。司法改革に伴う若手会員の増加にあわせ、若手会員相互の親睦・研鑽を図るとともに、法改正や司法制度等をめぐる幅広い問題について知見を深めるべく、第一東京弁護士会全期会の下部組織として、2007年10月に全期旬和会が発足しました。

　全期旬和会は、研究会や合宿等における研究成果の一端を、各種研修会や出版等のさまざまなかたちを通じ、弁護士会内のみならず、広く社会に発信しています。2011年6月には、共同の研究成果の第1弾として、『第三者委員会―設置と運用』（金融財政事情研究会）を発刊しました。

目　次

第 1 章　公益法人を舞台とした不祥事と改革の経緯

- Q 1　従来の公益法人制度の問題点—ガバナンスの不全 ……………… 3
- Q 2　公益法人制度改革の経緯 …………………………………………… 11
- Q 3　ガバナンスと公益法人制度改革の意義 …………………………… 17

第 2 章　一般法人・公益法人の制度の概要とポイント

第 1 節　法人論一般 ……………………………………………………… 25

- Q 4　公益法人制度の概要 ………………………………………………… 25
- Q 5　一般法人とは ………………………………………………………… 28
- Q 6　一般法人と株式会社との違い ……………………………………… 32
- コラム　株主の議決権と社員の議決権 ………………………………… 37
- Q 7　一般法人の設立 ……………………………………………………… 38
- Q 8　一般法人の機関 ……………………………………………………… 40
- Q 9　理事・監事の任期 …………………………………………………… 44
- Q10　役員の義務・責任 …………………………………………………… 47
- Q11　理事・監事・評議員の報酬等 ……………………………………… 51
- Q12　一般法人の計算書類等 ……………………………………………… 58
- Q13　一般法人の情報開示 ………………………………………………… 69
- Q14　定款変更 ……………………………………………………………… 72
- Q15　法人の合併・事業譲渡 ……………………………………………… 75
- Q16　一般法人の解散 ……………………………………………………… 81
- Q17　一般法人の清算 ……………………………………………………… 86

第 2 節　公益法人 ………………………………………………………… 91

- Q18　公益法人の意義・監督等 …………………………………………… 91

目　次　vii

- Q19 公益認定の基準 … 97
- Q20 公益不認定対策のポイント―公益不認定事例等を参考に … 102
- Q21 公益事業目的とは … 108
- Q22 公益法人に対する監督 … 113
- Q23 公益法人の計算書類等 … 117
- Q24 公益法人の情報開示 … 128

第3章 ケースで学ぶⅠ―社員総会・理事―

第1節 社員総会の適正な運営と社員の処分
- Q25 社員総会Ⅰ―社員総会の開催 … 135
- コラム 社員総会の混乱リスクを防げ … 144
- Q26 社員総会Ⅱ―社員総会と招集通知 … 145
- Q27 社員の除名 … 150

第2節 理事の権限と責任
- Q28 理事の善管注意義務 … 155
- コラム 理事に就任する際の心構え … 159
- Q29 理事の目的外行為 … 160
- Q30 理事の専断行為 … 165
- Q31 退任登記の未了 … 167
- Q32 代表訴訟 … 169
- コラム 役員賠償責任保険 … 172
- Q33 法人による保証・理事による保証 … 173
- Q34 理事の退職金 … 178
- Q35 公益法人と理事長 … 183

第3節 理事会の適正な運営
- Q36 理事会と代理出席 … 188
- Q37 議事録の署名者 … 190
- Q38 代表理事の音信不通 … 194

Q39	理事会の定足数 …………………………………………198

第4章　ケースで学ぶⅡ―監事・財団法人―

第1節　監　　事 …………………………………………………203
　Q40　監事の役割 ……………………………………………203
　Q41　監事の監視義務違反 …………………………………206
第2節　財団法人 …………………………………………………210
　Q42　財団の基本財産 ………………………………………210
　Q43　評議員によるガバナンス ……………………………213
　Q44　評議員会の決議の瑕疵 ………………………………218
　Q45　一般財団法人における天下り批判と機関設計に係るアドバ
　　　　イス …………………………………………………………223

第5章　ケースで学ぶⅢ―法人と地方公共団体との関係・法人と不祥事―

第1節　法人と地方公共団体との関係 …………………………229
　Q46　補助金等 ………………………………………………229
　Q47　地方公共団体からの出向職員の給与 ………………235
　Q48　入札手続 ………………………………………………238
　Q49　国家賠償請求 …………………………………………242
　Q50　資金調達 ………………………………………………246
　　コラム　レベニュー債とは ………………………………252
第2節　法人と不祥事 ……………………………………………253
　Q51　不祥事の原因 …………………………………………253
　Q52－1　粉飾決算と監事監査の調査方法 ………………257
　　コラム　会計監査における異常点監査の技法を用いた監事監査 ……263
　Q52－2　粉飾決算と監事・社員がとりうる法的手段 …………264
　Q52－3　粉飾決算と過年度決算修正 ……………………269

目　次　ix

|コラム| 公益通報者制度 …………………………………………274
Q53　反社会的勢力 …………………………………………275
Q54　独占禁止法 ……………………………………………281
|コラム| 株式保有と独占禁止法 …………………………287
Q55　公益法人の認定取消しと争訟 ………………………288

巻末資料 …………………………………………………………293
　Ⅰ　社団法人・財団法人と株式会社のガバナンスの違い〈比較表〉……293
　Ⅱ　主要裁判例102・一覧表 ………………………………304

参考文献 …………………………………………………………323
事項索引 …………………………………………………………327

第 1 章

公益法人を舞台とした不祥事と改革の経緯

近年、社会的に耳目を集めた旧民法下の公益法人に関する不祥事を概観することにより、一般法人・公益法人のガバナンスの現状と、確立の必要性を確認します。

　すなわち、これら法人において不祥事が発生した場合、上場企業などと同様に、当該法人に対して甚大な損害を生じさせる（当該法人の存立そのものが危ぶまれる結果になることもあります）とともに、所属する職員、取引先や利用者、さらには監督官庁等、多くのステークホルダーに対しても大きな影響を与えることになります。加えて、公益性があるとされたこれら法人における不祥事は、国民や市民に対して大きな失望を与えることになります。

　旧民法下の公益法人制度にはそのガバナンス確保のための制度設計に従来から問題があったことはすでに指摘されていたところですが、KSDの事件を契機にして、公益法人制度改革の機運が生じたことと、その経緯についても触れておきたいと思います。

　新制度においては、理事、監事、社員（総会）や評議員（会）による内部ガバナンスがいっそう充実されることが期待されるとともに、会計基準の変更と相まって、ディスクロージャー等を通じた外部ガバナンスが明確化され、強化されています。

　本章では、このような視点をもっていただくため、いわば「序章」として、公益法人制度の過去を振り返ることにより、法人運営の適正を確保して不祥事のリスクを低減させることの重要性を確認します。

Q1 従来の公益法人制度の問題点―ガバナンスの不全

従来の公益法人の不祥事として、近年、どのような事例があったのでしょうか。また、それらの不祥事は、旧公益法人制度のどのような問題点を明らかにしたのでしょうか。

◆ 解 説 ◆

1 近年の公益法人の不祥事の事例

(1) KSD事件

1996年、技能スペシャリストを育成するための「ものつくり大学」の設置を目指していた財団法人ケーエスデー中小企業経営者福祉事業団（現財団法人中小企業災害補償共済福祉財団。以下「KSD」といいます）の理事長が、ものつくり大学設置のために政界工作を行ったとされる事件です。KSD理事長が、元労働大臣である参議院議員に対し、参議院本会議において代表質問を行うにあたり、ものつくり大学の設置のため有利な質問をしてほしいなどの請託をし、それに対する報酬等として、同議員が、同議員の元政策担当秘書（事件発覚時、参議院議員）と共謀して、KSD理事長より現金を収受したとされています。この事件が発覚した2000年には、KSD理事長から現金等の供与を受けたとして上記議員2名のほか複数の国会議員の名前があがり、政界を巻き込む一大スキャンダルに発展し、最終的には、上記議員2名は受託収賄罪で実刑の有罪判決を受け、また、KSD理事長自身も贈賄罪などで執行猶予付きながら有罪判決を受けました。

また、KSDが主務官庁である厚生労働省からの天下りを受け入れていたことから、主務官庁の指導監督が機能不全に陥っていたのではないか、との指摘もあり、本事件は、公益法人のさまざまな問題点を浮彫りにしました。公益法人制度改革の契機となった重要な事件です。

(2) 日本相撲協会における不祥事

　財団法人日本相撲協会における複数の不祥事は、いずれもマスメディアに大々的に取り上げられ、世間の耳目を集めたものばかりで、記憶に新しい事件といえます。近年では、兄弟子らから暴行を受けた力士が死亡した「時津風部屋力士暴行死事件」(2007年)、数人の力士による大麻吸引・所持が発覚した「大相撲力士大麻問題」(2008年)、数多くの力士や親方が野球賭博に関与していたことが発覚した「大相撲野球賭博問題」(2010年)、そして、ついには、過去幾度となく疑惑が取り沙汰されてきた大相撲における八百長行為が明るみに出た「大相撲八百長問題」(2011年)と、立て続けに角界において不祥事が明らかになりました。特に八百長問題は、大相撲の存立そのものを揺るがす大事件であったため、2011年春場所の開催が中止される事態にまで発展しました。

　これらの事件を通して、同協会における身内の不祥事を表沙汰にすることを極力避ける隠蔽体質や、力士経験者ばかりで構成された組織ゆえのなれ合い体質が表面化し、世論の厳しい非難を受けることとなりました。

(3) 漢字検定協会の不祥事（漢検事件）

　2009年、財団法人日本漢字能力検定協会の理事長らによる協会資産の私的流用問題が発覚しました。同協会は、「検定ブーム」に乗った受検者の増大もあり、毎年多額の利益を計上し、2007年度末の資産総額は約73億円にまで増大していました。主務官庁である文部科学省は、2004年度以降、漢字検定の検定料の引下げや、理事長との利益相反取引などの改善を求める指導を行ってきました。同協会はこれに対し、検定料の一部値下げをするなどの改善計画を回答していましたが、文部科学省は、これらの改善策が具体的ではないとして、2009年に立入検査を実施しました。この検査の結果、当時の理事長とその息子である副理事長が、同協会の過大な利益を自分たちの邸宅や政治献金のために流用し、同人らが代表を務める企業に対して多額の業務委託料を支払わせることで協会の利益を不正に流出させたという事実が明るみに出ることになり、結果として、当該理事長と副理事長は、理事職を辞することとなりました。本事件は、代表者らによる公益法人の私物化の代表事例と

いえるでしょう。

(4) 日本数学検定協会の不祥事

第二の漢検事件と呼ばれたものが、実用数学技能検定（数研）を実施する財団法人日本数学検定協会の不祥事です。同協会においては、理事長に対する商標料や同人が代表を務める株式会社に対する業務委託費、賃料の支払などが多額に支出されていたうえ、これらの利益相反取引に対する適切な意思決定の仕組みも整備されていなかったため、金額の妥当性が担保されていませんでした。また、同協会は、当時の指導監督基準により原則として禁止されていた株式保有を行っていました。2008年、文部科学省が同協会に対し、上記の商標料の引下げを指導したことを契機として、ガバナンス体制の脆弱性やコンプライアンスへの意識の低さが露呈することとなりました。

(5) 日本スケート連盟の不祥事

2006年2月のトリノオリンピック閉幕後間もなく、財団法人日本スケート連盟の国際事業委員であった理事ら8名が、同連盟の規程に根拠が存在しない「通信費・事務運営費」を毎月受け取っていたことが判明し、当該理事らが引責辞任する事態となりました。また、同連盟の合宿先の選定についても、理事による利益誘導があるのではないかとの疑いがもたれました。さらには、同連盟の元会長と元専務理事が、宿泊費などの経費を旅行業者に水増し請求させたとして、背任罪で執行猶予付きの有罪判決を受けるに至りました。これら一連の不正経理事件においては、特に、同連盟の予算編成・執行体制と監視体制の甘さが指摘されました。

(6) その他

上記のほか、全国各地にある日本青年会議所（JC）による不祥事（旭川JC女体盛り事件、藤沢JCの業務横領事件）や、社団法人日本ウォーキング協会による粉飾決算の事例などがあげられます。

2 不祥事による損害とガバナンス

(1) 公益法人の不祥事は国民にも重大な不利益を招く

上記の不祥事は、いずれも、組織の規模に見合った法人内部の適切なガバ

ナンス体制が整備されていなかったことが原因となって発生した不祥事といえます。

　ひとたび不祥事が発覚すると、その公益法人の信用は失墜し、関与者や管理者は辞任などのかたちで責任をとることとなりますが、公益法人の不祥事による損害は法人内部にとどまるものではありません。日本相撲協会の一連の不祥事では、多くの大相撲ファンが相撲観戦の楽しみを奪われることとなりました。また、そもそも公益法人には、税制優遇や補助金のかたちで多額の税金が投入されているのですから、これら法人の財産は公正に活用されるべきものであり、特定の者のために使われることは国民経済にとっても大きな損失といえます。

(2) ガバナンス体制の強化の重要性

　民間企業による不祥事の場合と同様、公益法人においても、ひとたび不祥事が発生すると、ステークホルダーに甚大な損害を与えることになります。したがって、可能な限り、不祥事の発生を防止することが必要であり、かりに不祥事が発生した場合でも、損害を最小限に抑えるために、迅速かつ適切な対応をとる必要があります。

　不祥事を起こした公益法人は、その後、主務官庁等に不祥事の原因や改善策について報告を行うことになります。その報告において必ずといってよいほどあげられる不祥事の原因の一つは、ガバナンス体制の欠如であり、改善策としてあげられるのがガバナンスの強化です。不祥事を起こした公益法人では、ガバナンスの強化策として、弁護士などの専門家を外部理事として招聘し、ガバナンス体制の立て直しを図ることが一般的です。

　これら公益法人は、税制上の優遇や行政機能代行型の公益法人に顕著な補助金等の各種公金が使われていることにかんがみれば、国民を含めた法人内外のステークホルダーによる相応の監視を受けるべき対象であるはずです。

　しかし、上記(1)に述べたような公益法人は、建前として主務官庁からの指導監督を受けてはいるものの、営利法人（とりわけ上場企業等）とは異なり、構成員や市場、取引先などからの自律的、他律的な監視が弱いうえに、さらには、理事関係者間において適切なガバナンス体制を構築、強化するこ

とへのモチベーションが相対的に低かったことは否めません。これまでの公益法人の問題点の一端は、経理に関する情報や意思決定のプロセスについて最低限の情報すら外部に開示されていなかったことに加え、内部的にもチェック機能が欠如していたことにもありました。さらに、公益法人の管理能力を否定するかのような主務官庁による指導監督体制も、かえって公益法人の主体的なガバナンス体制整備を阻害する遠因となっていたといえるでしょう。

　公益法人制度の抜本的改革は、このような問題意識を背景として進められました。次の問においては、公益法人制度改革の経緯を確認したいと思います。

スケート連盟 ショートトラック

合宿9割 理事のリンク

98〜04年度 使用料は3割増

文科省調査へ

トリノ五輪で日本選手団総監督を務めた亀岡寛・日本スケート連盟理事(64)が長野県で経営するスケートリンクで、連盟が98〜04年度に主催したショートトラック合宿の約9割が実施されていたことがわかった。連盟は98年度に合宿地を決めるスピード委員会の委員長を務めていた亀岡氏の委託先だった。連盟内部からも「自社のリンク延命措置だ」との批判が出ており、連盟使用料は通常の3割増にはね上がっている。合宿費には国の補助金も充てられており、文部科学省も連盟幹部から事情を聴く方針だ。

=31面に関係記事

亀岡氏は朝日新聞社の取材に対し「スピード委員長と社長が」兼ねているところがいけないのならどうかを考える必要があるかもしれない」と話している。

スケート連盟をめぐっては、フィギュアなどで、国際大会出場選手を含む宿泊施設に合宿参加者を泊まらせずに、連盟が赤字経営難で閉鎖するリンクが相次ぐ中、亀岡氏は、長野五輪に向けたショートトラック強化の責任者を94〜98年度に務めていた。

このリンクは、亀岡氏が社長を務める「帝産ロッチ」(長野県南牧村)が所有する「野辺山リンク」で、併設する宿泊施設を含め98年夏、新人発掘に向けたショートトラックの育成に利用をはかった。同リンクは昨夏、国際大会にも不透明な会計処理があったとして、外部の専門家らを加えた調査委員会を発足。

98〜04年度の連盟内部資料を朝日新聞が入手したところ、同リンクで開かれたショートトラック合宿は計600日余りで、全体の約9割に及んだ。01、03年度は全てが同リンクで開催された。02、04年度でも8割前後にのぼる。

連盟は98年からこのリンクを日本オリンピック委員会(JOC)強化拠点施設に指定していた。合宿地を決める同委員会の委員長を務める「スピード委員会」の委員長は亀岡氏が98年から04年末まで兼任していた。

亀岡氏は長野五輪後の事業年度連盟によると、98〜04年度のリンク使用料収入は、リンク使用料や合宿代などで計約5200万円。この年間連盟のリンク使用料は700万円で、うち3分の1の2400万円が、連盟の強化合宿など他にあてられる。

また、連盟の補助金で、04年度にショートトラック強化本部常任委員、スピード部門で使用したり

用料は1時間2万円で、一般(1万5千円)よりも3割高く設定されている。連盟はその理由について「氷の質を高めるためと多くの費用がかかる照明費用が余計にかかる」などと説明している。

亀岡氏は、JOC理事長に荒川静香選手が育った仙台市のリンクも04年末に閉鎖された。

リスト荒川静香選手が育った仙台市のリンクも04年末に閉鎖された。

トリノ五輪の金メダリスト荒川静香選手が育った仙台市のリンクも04年末に閉鎖された。

ノ五輪後は、ナショナルトレーニングセンター

(出典) 朝日新聞2006年4月4日朝刊

(出典) 日本経済新聞2000年11月9日朝刊

KSD疑惑

古関前理事長を逮捕

8千万円横領容疑 政界資金も解明へ

古関忠男容疑者

財団法人「ケーエスデー中小企業経営者福祉事業団」（本部・東京都品田区、KSD）の資金計約八千万円を私的に流用し、親しい女性の生活費などに充てていたとして、東京地検特捜部は八日、前理事長古関忠男容疑者（七三）＝千葉県市川市＝ら三人を業務上横領の疑いで逮捕するとともに、前理事長の自宅などを家宅捜索した。KSDをめぐっては、政界への不明朗な資金提供や、前理事長が財団を私物化していた疑惑が浮上しており、特捜部はそうした実態の解明を進めるとみられる。

（３面に関係記事）

ほかに逮捕されたのは、KSD前理事山田博資容疑者（六〇）＝同県八千代市、八日付で解任＝と、古関前理事長の長男の前専務理事古関公康容疑者（三〇）＝同県市川市。

調べによると、古関前理事長らは、一九九四年一月から今年九月までの計八十一回にわたり、KSDの預金約八千百万円を職員名払い戻しには「事務委託費」の架空の名目で毎年百万円ずつ行われ、そのまま古関前理事長が会長を務める任意団体の口座に振り込まれて、古関前理事長の親しい女性の生活費に充てられていた。こうした不正送金は、古関前理事長の指示で十年以上続けられていたとされる。女性は古関前理事長名義のマンションで生活していたという。

特捜部は先月、千葉県内の霊園開発事業に絡む前理事長の背任容疑でKSD本部や関連団体・企業などを一斉に家宅捜索し、押収資料の分析や関係者の事情聴取を進めていた。

KSDをめぐっては、関連の任意団体「KSD豊明会」が、九万人分の自民党費をKSDの会員に無断で負担していたことが明らかになっているほか、親族が役員を務める企業への資金提供や、元労相で自民党の村上正邦・参院議員を支援する政治連盟「豊政連」を通じた自民党への不透明な資金の流れも指摘されている。

KSDは、古関前理事長が中小企業経営者の労災保険業務を目的として六四年に設立し、六九年に財団法人として認定を受けた。共済加入者は約百万人で、毎年二百数十億円の会費を集めていた。

（出典） 朝日新聞2000年11月9日朝刊

Q2 公益法人制度改革の経緯

公益法人制度の改革にはどのような経緯があったのでしょうか。

◆ 解　説 ◆

1　公益法人制度改革の契機

　1896年の民法制定以来初の抜本的な公益法人制度改革が行われるきっかけとなったのは、Q1でも取り上げたKSD事件です。この事件が、国会をも巻き込んだ大問題に発展したことから、公益法人のガバナンスの向上に対する問題意識と改革の機運が高まりました。

2　従来の公益法人制度の経緯とその問題点

(1)　従来の公益法人制度に関する立法の状況

　旧民法のもとでの公益法人制度は、それぞれの時代の社会的要請に応えるべく活用されてきたといえます。しかし、民法制定以降、100年以上にわたって、ガバナンスの強化の観点からの法改正は行われていませんでした。ガバナンスに関する法律上の規定が不十分な状態が続き、行政庁内部で定められた通達である指導監督基準を根拠に対応が図られてきました。その一方で、戦前までは民法上の公益法人と扱われてきた私立学校、社会福祉施設について、それぞれ私立学校法、社会福祉法人法が制定され、それぞれの事業内容に特化した事業運営、財政運営に関するガバナンスが実施されるほか、特別法に基づく公益を担う法人制度が多数創設され、特定非営利活動促進法（いわゆる「NPO法」）や中間法人法が整備されることによって、旧民法の公益法人制度の不十分な面を補う立法措置が講じられてきたという経緯があります。

(2) 公益法人制度の問題点

従来の公益法人制度については、以下のような問題点が指摘されてきました。

① 法人の設立に関する許可主義のもと、主務官庁の広範な裁量を認めているため、法人設立が簡便ではなく、公益的な活動を行っている団体の法人化に支障があるのではないか。また、同一法人に対して事業分野ごとに主務官庁が指導監督をしているため、複数の法人からの監督の過程での重複の指導等があるなど、制度が必要以上に煩雑なのではないか。

② 逆に、国民の眼からみて必ずしも「公益」とは言いがたい事業を行っている公益法人が多数存在しているのではないか。また、民間以上に収益性の高い事業を行う公益法人までが税の恩典を受けるのは不公平ではないか。

③ 公益法人に対する主務官庁の指導監督が必ずしも行き届いておらず、また、公務員の天下り先として不適切に利用されている事例があることに伴って、指導監督の運用が恣意的なものになっているのではないか。

④ 公益法人の適切な運営を確保するための内部統制システム（ガバナンス）の整備が不十分なのではないか。

⑤ 公益法人の事業、財務に関するディスクロージャーが不十分なのではないか。

①についていえば、旧民法34条は、公益法人の設立にあたって「学術、技芸、慈善、祭祀、宗教その他の公益に関する社団または財団であって、営利を目的としないものは、主務官庁の許可を得て、法人とすることができる」として、許可制をとっており、主務官庁の裁量権の行使がはたして公平なものであったのか、公益法人に対する社会的要請に応えるものであったのかは、歴史的にみて検証される必要があります。なお、この旧民法下の許可制のもとにおいて、公益法人の設立許可に関する行政庁の広汎な裁量が問題になった裁判例として、足立区江北医師会設立不許可処分取消請求事件（最判昭63.7.14判時1297号29頁）があります。

また、②についていえば、公益法人が税務上の恩典を受ける最大の拠り所

である「公益性」の判断には、公平性の観点から、全国で一定の基準を共有すべきではないかという議論が行われてきました。

また、④についていえば、許可制に基づく主務官庁の指導監督権限の行使により、ガバナンスの確保を行うという仕組みが限界にきており、公益法人の自主的なガバナンスの仕組みを強化する必要に迫られていると考えられていました。

先にみたように公益法人の不祥事が発生するたびに指導監督が強化されてきたとはいえ、結局のところ2万を超える数の公益法人の組織運営を個別にかつ完全に指導監督することなど到底できるはずもなく、さらには、天下り等の受け皿となっている等の強い批判もなされていたことも事実です。そのような背景のもと、実際には、内部統制システム、すなわちガバナンスに欠けた法人が相当数存在することとなりました。旧民法では、主務官庁の設立許可の際に十分な審査がなされることを前提に、設立後の実際の公益法人の機関・組織の運営のあり方、監査等の方法については詳細な規定を置いていませんでしたので、結局のところ、法人の主体的な自治とガバナンスを強化するためには、民法の制度自体の改正にとどまらず、新法の制定が必要となったのです。

(3) 新公益法人制度のあるべき姿

新法の制定にあたっては、これら問題点をふまえ、公益法人制度のあるべき姿が模索され、特に以下の点が重視されることとなりました。

① 簡便な方法で法人が設立できること。
② 法人の設立と公益性の認定（税制優遇）が分離され、公益性の判断がなされる場合は、その基準ができるだけ公平・客観的かつ明確なかたちで示されていること。
③ 民間の自主性を尊重する観点から、法人の設立や活動への行政の関与が最小化されていること。
④ 法人が十分なガバナンスを有し、自律性をもった責任ある運営を図ること。
⑤ 法人運営やその活動の姿を広く国民にわかりやすいものとすること。

3　公益法人制度改革の経緯

上記問題点を出発点として、公益法人制度改革は［表1］のような経緯をたどって進められ、2006年5月26日、公益法人制度改革関連3法と呼ばれる、「一般社団法人及び一般財団法人に関する法律（以下「一般社団財団法人法」といいます）」「公益社団法人及び公益財団法人の認定等に関する法律（以下「公益法人認定法」といいます）」「一般社団法人及び一般財団法人に関する法律及び公益社団法人及び公益財団法人の認定等に関する法律の施行に伴う関係法律の整備等に関する法律（以下「一般社団財団法人等整備法」といいます）」が成立し、2008年12月1日から施行されるに至りました。

従来の公益法人は、上記法律の施行と同時に、すべて「特例民法法人」とされ、時限的な存在として存続が許されることとなりました（ただし、法律の適用にあたっては広範な経過措置が設けられており、実質的には、特例民法法人は従来の公益法人と変わりない扱いを受けています）。特例民法法人は、法律施行日から5年間の移行期間内（2013年11月30日まで）に、公益社団法人・公益財団法人への移行の認定または一般社団法人・一般財団法人への移行の認可を受けなければ、移行期間の満了日に解散したものとみなされます（一般社団財団法人法46条1項本文。ただし、同項ただし書により、移行期間内に申請がなされた場合には、当該申請に対する処分がなされるまで、当該申請を行った法人は存続することができます）。

移行期間中の特例民法法人は、将来の事業展開の方向性、財務の見通し、税制優遇の必要性などを専門的な見地からよく検証する作業をする必要があります。そのうえで、公益社団法人・公益財団法人への移行認定を申請するか、一般社団法人・一般財団法人への移行認可の申請をするかの方針を決定することになります。

[表1] 公益法人制度改革の経緯

年	閣議決定・立法	行政改革推進事務局
2000	・「行政改革大綱」閣議決定	
2001		・「行政委託型公益法人等改革の視点と課題」で、公益法人制度改革の必要性について言及（4月） ・「公益法人制度についての問題意識～抜本的改革に向けて～」で、公益法人制度についての問題点を整理（7月）
2002	・前年末の与党3党の「公益法人改革基本プログラム合意」を受け、「公益法人制度の抜本的改革に向けての取組みについて」閣議決定（3月）	・3月の閣議決定を受け、有識者ヒアリングを経て「公益法人制度の抜本的改革に向けて（論点整理）」公表（8月） ・「論点整理」について意見募集し、意見の概要を発表（10月） ・「公益法人制度の抜本的改革に関する懇談会」開催（11月から翌1月まで計7回） ・政府税制調査会非営利法人課税WG開催（11月～）
2003	・「公益法人制度の抜本的改革に関する基本方針」閣議決定（6月）	・「基本方針」の閣議決定を受け、「公益法人制度改革に関する有識者会議」開催（11月から翌11月まで計26回）
2004	・「公益法人制度改革の基本的枠組み」について、「今後の行政改革の方針」のなかで閣議決定（12月）	・有識者会議が「議論中間整理」公表（3月） ・有識者会議が終了し、「報告書」公表（11月）
2005		・内閣官房で立法作業に着手
2006	・「公益法人制度改革関連3法案」閣議決定、通常国会提出（3月）、衆議院可決（4月）、参議院可決、法案成立（5月）、公布（6月）	

2007	・内閣府に公益認定等委員会設立（4月） ・関連政令・内閣府令の制定	
2008	・公益認定等ガイドライン等の決定 ・「公益法人制度改革関連3法」施行（12月）	
2013	・新制度への完全移行	

Q3 ガバナンスと公益法人制度改革の意義

新公益法人制度がガバナンスの不全を防ぐことを一つの目的としているとすれば、ガバナンスを強化し、確保するために、どのような制度を設けたのでしょうか。ポイントとなる点を教えてください。また、法人のガバナンスに関する制度の整備を図るうえで、今後の課題としてはどのような点に注意すべきでしょうか。

◆ 解　説 ◆

1　公益法人制度改革の意義

　公益法人制度改革の経緯についての概要は、Q2で説明したとおりです。旧公益法人の問題点を確認することは、よりよい法人組織を構築するうえで重要です。しかし、今回の公益法人制度改革は、一部の法人が犯した乱脈経営問題や監督官庁との不透明な関係を質すという、いわば弊害等を除去することのみを目的とした消極的なものではありません。むしろ、改革のねらいは、従来適切な運営を行ってきた公益法人を含め、民間の非営利部門を社会・経済システムのなかに積極的に位置づけて、活力のある社会の実現を目指すことにあります。阪神・淡路大震災、そして今般の東日本大震災を受けて、ボランティア活動等の非営利活動に対する関心が高まっています。また、政府や営利部門、マーケットだけでは、さまざまな社会的なニーズや個人の価値観を実現することが困難な時代になっています。少子高齢化や財政問題、政府の意思決定手続の滞留等、わが国を取り巻く環境も厳しい状況が続いています。このように個人の価値観や社会のニーズが多様化し、利害関係がますます複雑化するなかで、民間の非営利活動を積極的に推進することは、社会を活性化させ、かつ個人の自己実現を図る観点からもきわめて有意義であるといえます。

それゆえ、新しい公益法人制度のもと、事業を展開し法人を管理運営するうえで、ガバナンスの不全に起因する不祥事が繰り返されるようであれば、社会からの信頼を大きく損なうことになります。公益法人制度改革は、決してガバナンスの不全を防ぐことのみを目的としているものではありませんが、不祥事の発生によって民間の非営利部門の活動が阻害されることを防ぐための手段として、ガバナンスの充実がその柱となっています。詳細は第2章以下で解説しますが、ここでは、一般法人・公益法人におけるガバナンスの要点と課題を、簡単に概観したいと思います。

2　一般法人・公益法人におけるガバナンス

「ガバナンス」(特にコーポレート・ガバナンス)とは、一般的には企業統治と訳されることが多いですが、それ自体多義的な意味を含む用語であり、また、その機能等を論じることは困難な作業を伴います。これについては、公益法人のガバナンスに関する議論の成熟を待って、より子細に論じる機会を得たいと思いますが、本書においては、差し当たり、「企業行動(＝一般法人・公益法人の行動)を律する枠組みやフレームワーク」という意味で「ガバナンス」という語を用いることとします。

そして、理解の便宜のためにあえて区分するならば、新制度においては、理事、監事、社員(総会)や評議員(会)による「内部ガバナンス」がいっそう充実されることが期待されるとともに、ディスクロージャー等を通じた「外部ガバナンス」が明確化、強化されていますので、かかる観点から公益法人のガバナンス全体の整理を試みることにします。

(1)　内部ガバナンスの充実—機関設計

旧民法は、公益法人の機関としては、社員総会と理事が必要であることを規定するものの、監事の設置は任意とされ(旧民法58条)、代表理事や理事会などの機関設計については、特段の規定を設けておらず、「公益法人の設置許可及び指導監督基準」や「公益法人の設置許可及び指導監督基準の運用指針」に若干の定めがあるだけでした。それゆえ、法人の管理運営という文脈のなかで、自主的なガバナンスに関する定めに基づき適切な運営をしてい

た法人が多数ある一方、一部で恣意的かつ乱脈運営をしていた法人が存在していたことも否定できません。結局、法律上共通のものとして定められた監視機能（モニタリング機能）や相互牽制機能が希薄であったことが、そのようなガバナンスに関する整備水準のばらつきを招いたといえます。

なお、新制度下における公益法人は一般法人が公益認定を受けたものとされますから、一般法人のガバナンスに関する本書の記載は、基本的に公益法人にも妥当します。なお、公益法人のガバナンス特有の事項に関する記載は別途、言及しています。

a 公益法人

本項においては、便宜上、公益法人から検討します。公益法人は公益認定という税制上のメリットと結びついていることもあり、公益社団法人であったとしても、理事会を必須の機関としています（公益法人認定法5条14号ハ）。これは、法人の運営の専門家である理事から構成される理事会を合議制の必須の機関として確保することにより、よりいっそう内部統制の効果を高めることを図ったものと思われます。もっとも、理事会を組成しさえすれば内部ガバナンスの確保として十分である、というものではないことは、過去の不祥事をみても明らかであり、各法人の規模や事業内容等に照らしてモニタリング機能等を強化する必要が生じる場合があると思われます。上場企業のように、独立役員（社外役員）制度等を導入するまで求められるか否かはともかく、このような観点は、今後の課題として認識しておくことが必要となります。

b 一般法人

これに対して、一般社団法人の場合には、社員総会と理事を置くことが求められている（一般社団財団法人法60条1項）ほかは、それぞれの法人の実情にあわせてさまざまな機関設計をすることが可能であり、設立に係る準則主義と相まって、法人の設立および運営の自由度が大きいといえます（Q5等参照）。それゆえ、社員による監視、理事相互の牽制機能や監視機能がはたらくことにより、ガバナンスの確保が期待されています。そこで、いかに内部ガバナンスを効率的に発揮させるかが一つの課題となります。一般社団法

人においては、原則として、一社員一議決権（一般社団財団法人法48条）という仕組みが求められており、これによるガバナンスの特殊性は、常に念頭に置くべき事項でしょうし、工夫次第でよりよいガバナンス構築のヒントとなると思われます（【コラム　株主の議決権と社員の議決権】参照）。

　他方、一般財団法人の機関設計は、一般社団法人と対比すればその自由度が小さいといえます。すなわち、社員総会はなく、評議員および評議員会に加えて、理事会の設置が不可欠となります（一般社団財団法人法170条１項）。これは、財産そのものに法人格を付与しており、当該財産を公正かつ厳格に管理する必要があることに起因すると考えられます。しかし、理事相互間の牽制機能発揮によるガバナンス確立は、一般社団法人と同様におおいに期待されるとしても、はたして、評議員（会）がどこまで理事に対する監督・モニタリング機能を発揮できるのかが、一つの課題として浮かび上がってきます。評議員の選任方法やその資質、特に交替等にあたり、真に理事（会）の意思と独立して選任等を行うことができるのか否かの観点を中心に、法人のガバナンスの成熟度が試されることになるといえます。

　内部ガバナンスの充実は、つきつめれば、いわば「人」の問題です。ガバナンスの機能には①助言機能、②監督機能、③利益相反防止機能等があるとされますが、かかる見地から、より法人の実態に合致した適格な人選が求められるところです。

　なお、理事、監事の責任や代表訴訟類似の制度が法律上明確に定められたことから、この内部ガバナンスが適切に発揮されているか否かが訴訟において試される局面も今後ふえてくるものと思われます（Ｑ10・28・32・41等参照）。

(2)　外部ガバナンスの充実―情報開示等

　法人の事業・財務に関する適切な情報開示は、一般法人・公益法人のいずれにおいても必要な事項です。これら法人においては、上場企業のようなタイムリーディスクロージャー（適時開示）までは求められませんが、ひとたび不祥事等が発生した場合、当該組織に対して甚大な損害が発生し、所属する職員、取引先や利用者、さらには監督官庁、課税庁等、多くのステークホ

ルダーに対しても大きな影響を与えることになります。そのうえ、いったんは公益性の認定を受けたこれら法人における不祥事は、国民に大きな失望を与えることにもなります。こうした事態を予防するため、適切な情報開示は、外部からの牽制機能等を発揮するうえでの前提となる必要不可欠な事項といえます。

　もっとも、一般法人については、登記事項の開示（一般社団財団法人法301条）のほかに、貸借対照表（大規模の場合は損益計算書も）の公告が求められる（一般社団財団法人法128条、インターネットによる開示方法も認められています）ものの、それ以上の開示制度は規定されていません。これに対して、公益法人については、公告に関するもののほか、理事、監事、評議員に対する報酬等の支給基準の公表（公益法人認定法20条2項）や行政庁への提出を通じてなされる閲覧等もあり、事業計画書、収支予算書、資金調達および設備投資の見込みを記載した書類、役員等名簿（理事、監事および評議員の氏名、住所を記載した名簿）、社員名簿などを閲覧等させる必要があります（公益法人認定法21条1項、公益法人認定法施行規則27条1項、様式4号、公益法人認定法22条1項、公益法人認定法施行規則38条1項、様式5号）。

　本来、公益法人への移行を目指すべき法人のなかにも、前記のような公益法人に課せられるさまざまな行政庁等による監督や規制等を避け、事実上の所轄官庁から派遣される役員以外に無用な外部理事等の登用を避けたいがため、一般法人であることを選択している法人もあるといわれています。

　そのような移行の選択は、外部ガバナンスという視点からは、国民等を通じた監督が期待どおりに発揮できていないということの表れということができ、活力のある社会を実現し民間の非営利部門を積極的に位置づけ、その運営の適格性を担保しようとする法の趣旨を損なうものであるともいえます。この点をどのように考えるか、適切なディスクロージャーのあり方の検討を含め、今後の一つの課題となるといえるでしょう（Q18・22参照）。

第 2 章

一般法人・公益法人の制度の概要とポイント

本章では、一般法人・公益法人におけるガバナンスを考えるうえでポイントとなる事項について概観してみたいと思います。
　また、要点となる事項に関し、株式会社の規制と対比させることにより、理解を深める手助けになるように試みました。
　まず、内部ガバナンスとして、理事、監事、社員（総会）や評議員（会）の存在があります。これら機関による内部ガバナンスがどのように発揮されるのかは、一般法人および公益法人の制度全体に共通する課題です。
　また、外部ガバナンスという視点からは、特に、公益法人における公益認定や、情報開示、ディスクロージャー制度、国民等を通じた監督等が明確化され、強化されています。

第1節　法人論一般

Q4　公益法人制度の概要

公益法人制度とはどのような制度でしょうか。

◆　解　説　◆

1　公益法人制度の概要

　公益法人とは、広義には公益を担う法人であり、狭義には民法33条2項に定める「学術、技芸、慈善、祭祀、宗教その他の公益を目的とする法人」です。
　民法33条1項は「法人は、この法律その他の法律の規定によらなければ成立しない」と規定し、同条2項は法人の種類として以下の3種類をあげています。
① 　学術、技芸、慈善、祭祀、宗教その他の公益を目的とする法人（公益法人）
② 　営利事業を営むことを目的とする法人（営利法人）
③ 　その他の法人

　公益法人のうち、「学術、技芸」については私立学校法に基づき学校法人が、「慈善」については社会福祉法人法に基づき社会福祉法人が、「祭祀、宗教」については宗教法人法に基づき宗教法人が、それぞれ設立されます。したがって、最狭義の公益法人とは、民法33条2項に定める公益法人のうち「その他の公益を目的とする法人」となります。営利法人は商法・会社法に基づき株式会社、合名会社、合資会社、合同会社がそれぞれ設立されます。

2　公益法人制度改革関連3法の概要

(1)　一般社団財団法人法

　一般社団財団法人法は、従来の公益法人の設立に係る許可主義を改め、法人格の取得と公益性の判断を分離し、公益性の有無にかかわらず、登記により簡便に設立できる一般的な非営利法人制度を規定するものとして、一般社団法人および一般財団法人（以下両者をあわせて「一般社団財団法人」といいます）の設立、機関、運営、管理などについて定めを置いており、非営利法人の基本法としての性格を有しています。

　公益法人との関係においても、従来は各官庁が裁量により公益法人の設立許可等を行っていましたが、新たに、設立段階において公益性を判断するのではなく、一般社団財団法人のうち、目的および事業などにおいて特に公益性を有するものを公益認定等委員会が公益法人として認定するという仕組みが創設されました。

　なお、一般社団財団法人法の施行に伴い、剰余金の分配を目的としない中間法人制度は廃止され、制度の整備が行われました。

(2)　公益法人認定法

　公益法人は一般社団財団法人のうち、目的および事業などにおいて特に公益性を有する法人が公益認定を受けることにより成立します。

　公益法人認定法は、一般的な非営利法人が公益法人として認定されるために必要な要件、公益性を認定する主体、ならびに公益法人の適正な運営を確保するための事業、財務、機関運営に関する規律などについて規定しています。

　公益法人の認定に関しては、民間有識者からなるいわゆる公益認定等委員会の意見に基づき、目的、事業等の公益性その他の公益認定基準の充足性が判定されます。

(3)　一般社団財団法人等整備法

　一般社団財団法人等整備法は、上述のとおり、公益法人の認定方法が抜本的に見直されたことを受け、従来の公益法人が新たな制度に円滑に移行するための手続について規定しています。

3 ガバナンスの改革

　公益法人制度改革においては各官庁が裁量により公益法人の設立許可等を行う主務官庁制が抜本的に見直された結果、法人の設立に関する規制はほとんど法律上一律で透明なものとなりました。また、それ以外の事業運営、機関運営に関しても、法人の自律的な判断により行えるような制度改革が行われました。

　自律的な機関運営のための法律上の定めについては、準則主義を導入したことに伴う法人制度の濫用を防止し、法人運営の適正化を図るため、会社法が定める株式会社に関する法規制を参考にしたかたちの定めが置かれることとなっています。

　具体的には、以下の制度が設けられています。

① 一般社団法人については、社員総会および理事の制度を設けるほか、定款により理事会や監事の設置を可能とし、さらに、理事の法人または第三者に対する責任規定、法人の財務状況の一般的な開示制度、社員による代表訴訟制度を設けています。

② 一般財団法人については、理事の業務執行を牽制、監督する機関として評議員会を設けるほか、理事会および監事が必置機関とされています。さらに、理事の法人または第三者に対する責任規定、法人の財務状況の一般的な開示制度を設けています。

③ ①②のほか、定款または寄附行為の返納、合併、解散、清算等に関する所要の規定が設けられ、また、一定規模以上の法人については、会計監査人による監査が義務づけられています。この点についても会社法のガバナンスに関する規制が参考にされています。

　このように、法人の自律的な運営を原則とする以上、従来の主務官庁による指導・監督の結果としてもたらされるガバナンスの確保を期待することはできません。したがって、特に一般社団財団法人の理事、監事、評議員については、いままで以上にガバナンスに対する責任が重くなったことを認識する必要があります。

Q5 一般法人とは

一般社団法人・一般財団法人とはどのような法人を指すのでしょうか。

◆ 解　説 ◆

1 「一般社団法人」「一般財団法人」制度とは

　一般社団法人および一般財団法人は、一般社団財団法人法に基づき設立される法人です。

　一般社団財団法人法は、公益法人制度改革の議論のなかで、「『民間が担う公益』の重要性がますます増大し、その担い手である非営利法人の役割が今後の我が国の社会を活力あるものとするには不可欠である」（「公益法人制度改革関連法案に対する附帯決議（衆議院）」参照）との認識から、公益法人制度改革をいわゆる現行の「公益法人」の改革に終始するのではなく、広く非営利的な活動を行う法人一般を、特にガバナンス確保の観点から規律する法律が必要であるとして制定されたものです（Ｑ２参照）。

2 「一般社団法人」「一般財団法人」の概要

(1) 一般社団法人とは

　一般社団法人とは、一般社団財団法人法に基づき設立される剰余金の分配を目的としない社団法人（法人格を有する人の集まり）一般をいいます。

　一般社団法人は、広義では公益を目的とする公益社団法人も含む概念です（公益法人認定法２条１号、４条）。

(2) 一般財団法人とは

　一般財団法人とは、一般社団財団法人法に基づき設立される剰余金の分配を目的としない財団法人（法人格を有する財産の集まり）一般をいいます。

　一般財団法人は、広義では公益を目的とする公益財団法人も含む概念です

（公益法人認定法2条2号、4条）。

(3) 一般社団法人・一般財団法人の活用

一般社団法人・一般財団法人は、簡便に設立ができるようになり、従来の公益法人が受けていた行政による詳細な監督および規制を脱し、広く法人構成員による自治が認められています。具体的には、

① 一般社団法人は2名以上の社員がいれば設立可能であり、一般財団法人は300万円以上の財産が拠出できれば設立可能です。
② 法人の設立に行政の許認可は不要であり、登記のみで設立できます（準則主義）。
③ 設立目的や事業活動についても、法令違反や公序良俗違反に当たらない限り特段の制限はなく、機関設計も法令に基づき定款で自由に定めることができます（定款自治）。
④ 法人の解散時に、税法上の一定の考慮を前提として、一般社団法人では社員総会の決議、一般財団法人では評議員会の決議により、社員、役員または設立者への残余財産の分配が可能です。

このように、一般社団法人・一般財団法人は、簡便に設立でき、広い法人自治が許されていることから、民間のボランティア団体や互助会などの、まさに「民間が担う公益」の器としての法人から、同窓会や同好会、さらには投資のためのビークルとして活用するなどの特定の目的をもつ法人などの「公益」とは直接関係しないような法人まで、さまざまな活用方法が考えられます。

3 「一般社団法人」「一般財団法人」のガバナンス

一般社団法人・一般財団法人が「民間が担う公益」の主体としてはもとより、健全な市民社会の一主体として広く認知、活用されるためには、法人が法令違反や公序良俗違反の行為を行わないよう適切に運営される必要があります。すなわち、一般社団法人・一般財団法人のガバナンスが重要となるのです。

かかる観点から、一般社団財団法人法は、会社法のガバナンスに倣い、以

下のような仕組みを導入しています。
① 社員総会（評議員会）、理事、監事、会計監査人など、会社法上の機関と同様の機関を設置しました。
② 理事、監事、会計監査人および評議員（以下「役員等」といいます）に善管注意義務を課し、特に、理事には忠実義務、競業取引および利益相反取引の制限を課しています。
③ 役員等は第三者および法人に対し、損害賠償責任を負います。
④ 一般社団法人の社員は、理事、監事、会計監査人の損害賠償責任を追及する訴えを提起できます（一般社団財団法人法278条。一般財団法人はＱ43参照）。
⑤ 計算書類（貸借対照表および損益計算書）および事業報告ならびに附属明細書（以下「計算書類等」といいます）の作成が義務づけられ（一般社団財団法人法123条）、監事または会計監査人の監査を受けたうえで、定時社員総会または定時評議員会に提出され、計算書類については原則として社員総会または評議員会の承認が必要となります（一般社団財団法人法126条）。

しかし、これらの仕組みは、会社法と同様、適切に運用されてはじめてガバナンスの効果を発揮するものであり、仕組みの導入だけでは「仏つくって魂入れず」という事態になりかねません。

特に、一般社団法人・一般財団法人は、従来の公益社団財団法人が一般社団財団法人化した場合のような大規模法人から、同窓会や同好会などの小規模法人まで、幅広い法人が対象となり、当然、各法人の規模や属性に応じて、機関設計、役員等の善管注意義務の内容、役員等の第三者および法人に対する損害賠償リスクの度合い、計算書類等の記載内容が異なる可能性があります。

したがって、各法人にとって何が適切なガバナンスのあり方なのかを十分検討し、杓子定規でなく身の丈にあったガバナンスの実施および法人運営をしなければなりません。そのためには、弁護士や公認会計士などの外部の専門家に適切な助言を得ることは不可欠といえます。

4 「一般社団法人」「一般財団法人」の比較

　一般社団法人と一般財団法人は、法人の基礎が人の集まり（社団）なのか財産の集まり（財団）なのかによって、定款記載事項、機関設計、各機関の権限などが異なります。一般社団法人と一般財団法人の比較については、株式会社との対比も含め、「巻末資料［Ⅰ］社団法人・財団法人と株式会社のガバナンスの違い〈比較表〉」を参照してください。

Q6 一般法人と株式会社との違い

一般法人と株式会社とでは、どのような点が異なるのでしょうか。

◆ 解　説 ◆

1　一般法人における財産の取扱い

(1) 剰余金および残余財産の分配

　一般法人と株式会社の違いとしていちばん大きな点は、前者が非営利法人であるのに対し、後者が営利法人である点です。

　一般社団財団法人法11条2項は、一般社団法人について、「社員に剰余金又は残余財産の分配を受ける権利を与える旨の定款の定めは、その効力を有しない」と規定し、同法35条3項において「社員総会は、社員に剰余金を分配する決議をすることができない」と規定しています。

　また、同法153条3項2号は、一般財団法人について「設立者に剰余金又は残余財産の分配を受ける権利を与える旨の定款の定め」は、その効力を有しないものと規定し、同法178条2項は「評議員会は、この法律に規定する事項及び定款で定めた事項に限り、決議をすることができる」と規定しています。

　したがって、一般法人は、社員総会および評議員会の決議をもってしても、剰余金の分配を行うことはできません。これは、法人の自治、構成員自身によるガバナンスに対する法律上の大きな制約になります。

　この点、株主に「剰余金の配当を受ける権利」および「残余財産の分配を受ける権利」を認め、株主に当該権利の全部を与えない旨の定款の定めはその効力を有しないとする株式会社とはその性質が大きく異なります。これは、一般法人が、非営利法人という性質を有することに起因するものです。

(2) 残余財産の分配における留意点

前述のとおり、一般法人においては、残余財産の分配を定款で定めることは禁止されています。しかし一方で、残余財産の分配については、一般社団法人と一般財団法人とで若干取扱いが異なります。

一般社団財団法人法35条3項は、一般社団法人について、社員総会が「剰余金の分配」を決議することを否定していますが、残余財産の分配については明確に規定していません。

また、一般財団法人についても、設立者に残余財産を受ける権利を与える旨の「定款の定め」を無効としていますが、評議員会で残余財産の分配を決議できるか否かについては、評議員会の議決権を定款で定めた事項に限定してはいるものの、明確に否定した条項はありません。

かえって、一般社団財団法人法239条2項は、一般法人の残余財産の帰属につき、定款に定めがない場合には、残余財産の帰属について「清算法人の社員総会又は評議員会の決議によって定める」と規定しています。かかる条文の規定からすると、少なくとも一般法人の清算時においては、社員総会または評議員会の決議により、社員、役員、設立者に対し、残余財産を分配することが認められていると解されます。いままで以上に、法人自体のガバナンスが問われる局面になります。

なお、そのような残余財産の分配を実施する場合には、それまでの公益法人への優遇税制との関係で、各種税法上の取扱いに十分注意する必要があるといえます。

(3) 基金制度

一般社団法人は、定款の定めにより、基金の募集が可能です（一般社団財団法人法131条）。基金とは、一般社団法人に拠出された金銭その他の財産であって、当該一般社団法人が拠出者に対して一般社団財団法人法または合意に基づき返還する義務を負うものをいいます。

基金の制度は、剰余金の分配を目的としない社団形式の法人において、寄附や借入金以外に、その活動の原資となる資金を調達する手段を設けるべきであるという強い要望をふまえて設けられたもので、一般社団法人特有の制

度といえ、次のような特徴を有しています。
① 基金の拠出者の権利および基金の返還手続については定款で定める必要があります（一般社団財団法人法131条各号）。
② 基金の返還は、定時社員総会の決議によって行われなければなりません（同法141条1項）。
③ 基金は、ある事業年度の貸借対照表上の純資産額が、基金総額および時価純資産額の合計額を超える場合にのみ、その超過額を限度として返還することができます（同法141条2項）。
④ 基金の返還に際して利息を付することはできません（同法143条）。
⑤ 一般社団法人が破産手続開始の決定を受けた場合においては、基金の返還に係る債権は、破産手続上、劣後的破産債権および約定劣後破産債権に劣後します（同法145条、破産法99条）。

(4) 一般法人の非営利性に対する一考察

一般法人は、非営利法人の一般的な形態として存在する以上、株式会社と同様の営利性を有するわけではありません。

しかし、上述のとおり、ここでいう「営利」か「非営利」かの判断は、剰余金が分配されるか否か、残余財産が法人の社員や設立者に対し「当然に」分配されるのか否かに係るものであり、社団または財団の構成員との関係での「営利性」を意味するものといえます。したがって、ここでの「非営利性」は一般法人の目的や事業内容を拘束するものではなく、一般法人が、収益事業を行うことも可能であり、さらにいえば、かかる事業活動の結果、法人に蓄積された利益を、最終的には、清算に伴う残余財産の分配というかたちで、社団または財団の構成員に分配することは可能となります。その意味で、一般法人の「非営利性」とは、株式会社という営利法人との比較を前提とした、相対的な意味を有するにすぎません。

かかる「相対的な非営利性」は、準則主義に基づく設立手続と相まって、一般法人の活用という観点から非常に大きな意味を有するものですが、一方で、非営利性が相対的であるため、営利法人たる株式会社と同様に、一般法人が不正会計などの不祥事を誘発する危険性を内包することとなります。一

般法人が「民間が担う公益」の主体としてはもとより、健全な市民社会の一主体として広く認知、活用されるためには、一般法人の「相対的な非営利性」に眼をつぶるのではなく、そのような属性を前提として、法人が法令違反を引き起こさないよう、適切に運営される仕組みが必要です。ここに、一般法人に対して、営利法人の代表格たる株式会社と同程度のガバナンスに関する規制が導入されるべき必要性があることが理解できます。

2 ガバナンス

(1) 株式会社と同様のガバナンスの導入

上述のとおり、準則主義に基づく設立手続および相対的な非営利性に起因する制度の濫用を防止するために、会社法上の株式会社と同様のガバナンスが導入されています。

その概要についてはQ5に記載のとおりですが、特に一般社団法人のガバナンスについては、株式会社のガバナンスが取り入れられたと解することができます。

一方、一般財団法人については、「財団」という性質上、営利社団法人たる株式会社のガバナンスをそのまま移植することができない部分もあります。たとえば、評議員および評議員会は財団特有の機関であり、その運用に注意が必要です（Q43参照）。

(2) 株式会社と同様のガバナンスの運用

一般法人は、非営利法人の一般的な形態として、従来の公益社団財団法人が一般法人化した場合のような大規模法人から、同窓会や同好会などの小規模法人まで、幅広い法人が対象となります。したがって、重厚な株式会社のガバナンスを流用することが、個々の法人の運営形態に照らし、ガバナンスの実効性確保という観点から適切なのか否かについては検討が必要です。

すなわち、法人の目的、事業内容、法人の規模、残余財産分配スキームなども考慮して、機関設計、役員等の善管注意義務の内容、役員等の第三者および法人に対する損害賠償リスクの度合い、計算書類等の記載内容はどうあるべきか判断する必要があります。ガバナンス制度そのものではなく、制度

の適切な運用こそが、法人運営の適法性、適正性を担保するという考え方が重要であるといえます。このような、身の丈にあったガバナンス制度の運用を可能とするためには、弁護士や公認会計士などの外部の専門家に適切な助言を得ることは不可欠です。

⑶ 株式会社のガバナンスと一般法人のガバナンスの比較

株式会社のガバナンスと一般法人のガバナンスの比較は、「巻末資料〔Ⅰ〕 社団法人・財団法人と株式会社のガバナンスの違い〈比較表〉」に記載のとおりです。なお、各制度の具体的な異同については、該当の設問および解説を参照してください。

コラム 株主の議決権と社員の議決権

　会社法において、株主の議決権は、その有する株式1株につき、1個の議決権とすることが原則となっています（会社法308条1項本文）。ただし公開会社でない株式会社においては、株主ごとに異なる取扱いを定めることが可能です（会社法109条2項）。これを1株1議決権の原則といい、その結果、より多くの株式を保有するものの意思で、迅速に決議の成否が決定されるという、いわゆる資本多数決の原則が認められています。

　これに対して、一般社団法人においては、定款に別段の定めがない限り、社員1人に1個の議決権が与えられており、1人1議決権の原則が定められています（一般社団財団法人法48条1項本文）。したがって、無議決権社員を定めるようなことは許されませんが、たとえば、会費の多寡等により議決権に差異を設けるといった定款の定めを置くこともできます（同項ただし書）。

　多様な目的で利用されることが想定されている一般社団法人については、その用途に応じた議決権の定めを工夫することが重要です。これに対して、公益社団法人については、社員の議決権に関する差異は不当に差別的なものであってはならないこと、拠出した金銭の額に従って異なる取扱いは許されないこととされています（公益法人認定法5条14号ロ）。公益社団法人においては、一般社団法人に比べて、1人1議決権の意義が重んじられており、熟慮と討議のうえ、議決を行うことが求められているといえます。この問題点については、さらに、Q25およびコラム「社員総会の混乱リスクを防げ」を参照してください。

Q7　一般法人の設立

一般社団法人・一般財団法人はどのように設立するのでしょうか。

◆　解　説　◆

1　一般社団法人の設立

　一般社団法人を設立する際の手続は、①設立時社員（法人成立後最初の社員となろうとする者2名以上）が、定款を作成して、公証人の認証を受ける、②設立時理事（設立時監事や設立時会計監査人を置く場合は、これらの者も）の選任を行う、③設立時理事（設立時監事が置かれている場合は、その者も）が、設立手続の調査を行う、④法人を代表すべき者（設立時理事または設立時代表理事）が、設立の登記の申請を行う、といった流れでなされます。

　なお、一般社団法人の定款には、一般社団法人の社員に剰余金または残余財産の分配を受ける権利を与える旨の定めを規定しても、効力を有しないものとされています（一般社団財団法人法11条2項）。これは、一般社団法人が非営利（剰余金の分配を目的としない）の法人であることを本質的な性格とすることによります。もっとも、収益事業を行えないわけではなく、公益的事業、共益的事業、収益事業など、適法な事業であれば、あらゆる事業を目的として掲げることが可能です。なお、法人税法上、一般社団法人が収益事業のみの課税を受けるためには、いわゆる非営利型の法人となる必要があり、関連の要件を満たす必要があります（法人税法5条、7条）。

2　一般財団法人の設立

(1)　通常の設立手続

　一般財団法人を設立する際の手続は、①設立者（財産を拠出して法人を設立する者）が、定款を作成し、公証人の認証を受ける、②財産（価額300万円

以上）の拠出の履行を行う、③定款の定めに従い、設立時評議員、設立時理事、設立時監事（設立時会計監査人を置く場合は、この者も）の選任を行う、④設立時理事および設立時監事が、設立手続の調査を行う、⑤法人を代表すべき者（設立時代表理事）が、設立の登記の申請を行う、といった流れでなされます。法人税法上の扱いは、上記の一般社団法人における場合と同様です。

(2) 遺言による設立手続

　一般財団法人は、遺言によって設立することも可能です。その場合、遺言者が遺言の文言上一般財団法人を設立する意思を表示し、定款に記載すべき内容を遺言で定め、遺言執行者が遺言の内容の実現（遺言の執行）を行うことにより、設立の手続を行います。

(3) 設立にあたって拠出する財産の額

　一般財団法人は、一定の目的のために拠出された財産の集合体に対して法人格を付与したものです。そこで、財団法人の設立にあたっては、一定の財産の拠出が必要とされており、その額は、300万円以上とされています（一般社団財団法人法153条2項）。また、非営利（剰余金の分配を目的としない）の本質から、一般社団法人と同様、設立者に剰余金または残余財産分配を受ける権利を与える旨を定款に定めても効力を有しないものとされています（一般社団財団法人法153条2項）。

3　設立にあたっての人選

　一般社団法人・一般財団法人の理事は、当該法人の業務を執行し、または運営の方針を定める機関ですので、法人の目的について深い理解を有している者（当該事業の関係者等）が就任することが望ましいでしょう。他方、監事はそうした理事の業務執行が適切に行われているかを監視し、社員・評議員に報告する機関ですので、一般的に、より外部的・中立的な人選が望ましいといえます。その意味では、外部の有識者や弁護士、公認会計士等を監事に選任することは適正なガバナンス確保の観点からは有効といえ、定款によって監事の一部ないし全部をそういった外部者とする旨を定めることも検討に値すると思われます。

Q 8　一般法人の機関

　一般社団法人・一般財団法人にはどのような機関が設置されるのでしょうか。

◆　解　　説　◆

1　一般社団法人の機関

(1)　社員総会

　一般社団法人は、人（社員）の集合に法人格を付与する制度であり、法人の最も根本となる機関は、社員によって構成される社員総会です。社員総会では、一般社団法人の組織、運営、管理その他一般社団法人に関するいっさいの事項について決めることができるとされており（一般社団財団法人法35条1項）、法人の最高意思決定機関で、ガバナンスに関する最後の砦です。株式会社でいえば、株主総会に当たる機関です。

(2)　理事・理事会

　他方、法人には、業務執行を行う者が必要ですので、業務執行機関としての理事を少なくとも1人は置かなければなりません（一般社団財団法人法60条1項）。この理事は社員でなくてもよく、自然人であり一定の欠格事由に該当しなければ、だれを選任してもかまいません（一般社団財団法人法65条1項）。法人の業務執行を行うのに適切で、適正なガバナンス体制のもと、法人の定めた事業目的を十分に達成できる能力と識見のある人物を社員総会で選ぶことになります。また、理事を3人以上置く場合、定款の定めにより理事会を設置することも可能です。理事会を設置した一般社団法人では、業務執行の決定は、理事会が行い、代表理事または業務執行理事が、法人の業務を執行することになります（一般社団財団法人法91条1項）。株式会社でいえば、取締役・取締役会に当たる機関であり、理事に対する監督というガバ

ナンスに関する大きな責任を負う機関でもあります。

(3) 監事・会計監査人

定款の定めにより、監事または会計監査人を置く（一般社団財団法人法60条2項）ことができるほか、理事会、または会計監査人を設置した一般社団法人は、監事を設置しなければならないとされました（一般社団財団法人法61条）。監事は、法人内部において、適正なガバナンスが確保されているかを監視、監督する重要な機関として位置づけられており、理事を監督する機関ですから、理事と兼任することはできません。株式会社でいえば、監査役に当たる機関です。また、大規模一般社団法人（負債200億円以上の一般社団法人）については会計監査人を設置しなければなりません（一般社団財団法人法62条）。

(4) 一般社団法人の機関設計

以上により、一般社団法人の機関設計は、次の5通りとなります。

① 社員総会＋理事
② 社員総会＋理事＋監事
③ 社員総会＋理事＋監事＋会計監査人
④ 社員総会＋理事＋理事会＋監事
⑤ 社員総会＋理事＋理事会＋監事＋会計監査人

どのようなパターンを選ぶかは定款により定めることになりますが、社員が少数で容易に集まって法人の業務について協議できるような小規模な法人では①、大規模で業務執行の意思決定を理事および理事会に委ねるような法人では②〜⑤、というようにその規模と性格に応じて選択できるようにされています。どのようなレベルのガバナンスの確保を目指すのか、迅速な意思決定との狭間で、まさに各法人の知恵と創造力が試されるところとなります。

2 一般財団法人の機関

(1) 一般財団法人の機関設計

一般財団法人は、設立者が一定の目的のために拠出した一定の財産に法人

格を付与する制度です。したがって、一般社団法人における社員や社員総会に当たる機関は存在せず、いわゆる法人の構成員によるガバナンスの確保が期待できません。業務執行機関である理事が、法人の目的に沿って業務執行を行うことになるわけですが、理事のみであると、当然のことながら理事が法人の目的に反する恣意的な運営を行うことが懸念されます。

そこで、一般財団法人においては3名以上の評議員からなる評議員会を必置とし、一定の基本的事項を決定する権限を付与して理事を牽制監督させるとともに、理事も3名以上として理事会を必置の機関とし、理事間の相互監視と牽制を期待し、あわせて監事も必置として理事の監督を行わせることとしています。

また、定款の定めにより、会計監査人も置くことができ、大規模一般財団法人（負債200億円以上の一般財団法人）は会計監査人が必置とされています（一般社団財団法人法62条）。

以上より、一般財団法人の機関設計は、次の2通りとなります。
① 評議員＋評議員会＋理事＋理事会＋監事
② 評議員＋評議員会＋理事＋理事会＋監事＋会計監査人

(2) 評議員・評議員会と理事・理事会の関係

評議員は、設立者の定めた定款の定めにより選任されます。しかし、財団法人は一定の財産に法人格を付与した制度であるので、社団法人における社員総会のように評議員会の意思が法人の意思そのものとみなされるわけではありません。そこで、一般財団法人では、評議員は、評議員会を構成し、評議員会は、理事、監事等の選任や定款変更等、一般財団法人の基本的事項を決定することとし、これに基づいて理事が理事会の意思決定に基づいて具体的な業務執行を行う、という役割分担が想定されています。

このような観点からは、評議員は、法人の目的達成が期待できる人物が望ましく、理事は、そういった法人の目的を実現するための具体的業務執行能力を有する人物が適しているということになります。

3 適切な機関設計とは

　それでは、具体的にどのような法人についてどのような機関設計が適切なのでしょうか。一般社団法人・一般財団法人として利用されている法人の類型は、大きく分けて公益型（スポーツ団体、市民活動団体、研究学術団体、検査・検定団体、環境保護団体、教育団体等）、共益型（業界団体、職能団体、同窓会、互助共済団体、親睦・教養団体等）、私益型（営利的団体）に分類されます。

　このうち、公益型の法人は、事業の公益性が高く、一般的に規模が大きい傾向にあることから、法人の運営においても、より高度なガバナンスが求められており、理事会、監事、会計監査人を設置する類型が適切な場合が多いといえるでしょう。

　他方で、私益型の法人では、法人の運営は原則的に私的自治に委ねられており、その機関設計は社員の判断によればよいといえます（もっとも、濫用のおそれもあり、法人制度の利用のあり方が今後、問われると思われます。Ｑ６参照）。

　共益型はその中間ですが、規模が大きく関係者が多数となる法人では、公益型と同様に監事、会計監査人を設置して適切なガバナンスを行う要請が高くなるといえるでしょう。

　各機関の人選の面においても、公益型の法人や大規模な共益型法人では、適正なガバナンス確保の観点から、監事や理事の一部に外部有識者や弁護士・公認会計士といった中立的な外部専門家を配置することが望ましい場合が多いといえます。さらに、財団法人においては、社団法人における最高意思決定を行う社員の存在がなく、評議員がこれに代わっている構造にありますので、財団設立の趣旨が守られるよう、評議員の人選においてこうした外部性・中立性を有する人材を選任するよう設立時の定款に規定することもありうるところです。

Q9　理事・監事の任期

　理事・監事の任期に関して、法令が定める任期をどの程度短縮・伸長できるのでしょうか。また、定款で監事の任期を3年と定めている場合に、法人と監事の間で任期を2年とする合意をすることはできるのでしょうか。

◆　解　　説　◆

1　理事の任期

(1)　通常の任期

　理事の任期は、選任後2年以内に終了する事業年度のうち最終のものに関する定時社員総会（定時評議員会）の終結の時までとなります（一般社団財団法人法66条、177条）。任期制を採用したのは、理事が定期的に社員総会（評議員会）によるチェックを受けることにより、法人運営の適正性を確保する趣旨であり、任期は、法人の適切なガバナンスを確保するうえでの基本となる事項といえます。

(2)　任期の短縮および伸長

　社団法人においては、定款または社員総会の決議によって任期を短縮することが可能です（一般社団財団法人法66条ただし書）。財団法人においては、定款によって任期を短縮することは可能ですが、評議員会の決議によって短縮することはできません（一般社団財団法人法177条、66条ただし書）。また、会社法332条2項のような定款による任期の伸長規定が置かれていないことから、社団法人および財団法人のいずれにおいても、理事の任期を伸長することはできないと解されます。

(3)　補欠理事の任期

　任期満了前に退任した理事の補欠として選任された理事の任期について

は、2(3)で述べるような補欠監事の任期を退任した監事の任期の満了時とすることを許容するような定めがないので、定款に特段の定めがない限り、通常の任期が適用されます。

2 監事の任期

(1) 通常の任期

監事の任期は、選任後4年以内に終了する事業年度のうち最終のものに関する定時社員総会（定時評議員会）の終結の時までです（一般社団財団法人法67条1項本文、177条）。監事の任期が理事の任期よりも長期になることが原則とされているのは、理事の職務の執行を監査する監事の地位を強化し、その独立性を確保する趣旨であり、この点は、会社法と同様の趣旨といえます。

(2) 任期の短縮および伸長の可否

a 定款による任期の短縮および伸長の可否

監事の任期は、定款によって、選任後2年以内に終了する事業年度のうち最終のものに関する定時社員総会（定時評議員会）の終結の時までを限度として短縮することができますが（一般社団財団法人法67条1項ただし書、177条）、会社法336条2項のような定款による任期の伸長規定が置かれていないことから、任期を伸長することはできません。

社団法人において監事を置く旨の定款の定めを廃止した場合には、当該定めを廃止する旨の定款変更の効力が生じた時に、監事の任期が終了します（一般社団財団法人法67条3項）。なお、財団法人においては、監事は必要的機関なので（一般社団財団法人法170条1項）、監事を置く旨の定款の定めを廃止することはできません（一般社団財団法人法177条は67条3項を準用していません）。

b 法人と監事との合意による任期の短縮の可否

定款において監事の任期に関する定めがある場合に、あらかじめ法人と監事との間で定款よりも短い任期を定める合意をすることができるか争われた事案において、このような合意は定款に反して無効であると判断されたもの

があります（東京地判平12.3.31判タ1040号91頁。社団法人日本音楽著作権協会事件）。したがって、定款で監事の任期を3年と定めている場合において、法人と監事の間で任期を2年とする合意をしても、無効と判断される可能性が高いと思われます。これは、法人が適正な運営をするためには、監事が適格な監査機能を果たす必要があり、それを実現するためには、監事の地位の独立性、自主性を確保することが定款の解釈に際しても求められるので、定款における任期の定めは、監事に関する限り、強行法規的なものと考えられるからです。

(3) 補欠監事の任期

　任期満了前に退任した監事の補欠として選任された監事の任期については、退任した監事の任期の満了する時までとすることができます（一般社団財団法人法67条2項、177条）。

Q10　役員の義務・責任

一般社団法人・一般財団法人の役員にはどのような義務・責任が課されているのでしょうか。

◆　解　説　◆

1　一般社団法人・一般財団法人の役員の地位と責任

一般社団法人・一般財団法人の役員等（理事、監事、会計監査人）は、法人に対して、業務執行等を委任された受任者の地位にあるため（一般社団財団法人法64条）、委任の本旨に従い、善良なる管理者の注意（善管注意義務、民法644条）をもって、その職務を行わなければなりません。

こうした役員の義務と責任の程度は、法人の規模によって差はありますが、基本的には株式会社の役員（取締役、監査役、会計監査人）の会社に対する義務・責任の程度となんら変わりないといえ、役員に就任した者は、就任した以上、法人に対して重大な責任を負っていることを認識しなければなりません。

2　理事の義務と責任

(1)　業務を適正に行う義務

理事は、社員総会、理事会の意思決定に基づき、具体的業務執行を行う機関であり、その職務にあたり、最も強く善管注意義務を果たすことが求められる者であるといえます。

理事は、単に自らの業務執行を適正に行うだけではなく、法人全体の業務に関し、法人に不利益が生じる事象がないか常に注意・監督し、法人に著しい損害を及ぼすおそれのある事実があることを発見した場合には、直ちにその事実を社員（監事設置会社では監事）に報告する義務があります（一般社団

財団法人法85条)。まさに業務執行という現場に最も近い位置にいる理事が、ガバナンス確保のために機動的に活動することが期待されているのです。

　また、理事は、法人の業務が適正に行われるよう法人内部の体制を構築する義務を負っているところ（一般社団財団法人法90条4項5号)、法人の規模や状態によってその差はあるものの、法人内部の体制を適切に整えることなくして、理事の業務執行を適正たらしめるのは困難であり、いわゆる内部統制システムの構築は重要な課題の一つといえます。

(2) 競業取引・利益相反取引の制限

a　競業取引の制限

　理事が、自己または第三者のために法人の事業の部類に属する取引（競業取引）をしようとするときは、社員総会（理事会設置一般社団法人・一般財団法人では理事会）において、当該取引について重要な事実を開示し、その承認を受けなければなりません（一般社団財団法人法84条1項1号)。特に、専任ではない理事については、類似した目的や事業を行う複数の法人に役員等として関与している可能性があるところ、期せずしてそのような競業取引の規制に抵触する行為に及ぶおそれもあるため、十分に注意を要します。

b　利益相反取引の制限

　同様に、次に掲げる取引（利益相反取引）をしようとするときは、社員総会（理事会設置一般社団法人・一般財団法人では理事会）において、当該取引について重要な事実を開示し、その承認を受けなければなりません（一般社団財団法人法84条1項2号・3号)。

① 理事が自己または第三者のためにする法人との取引
② 法人が当該理事以外の者との間でする法人と理事との利益が相反する取引（法人が理事の債務を保証する等）

　このような利益相反取引は、そもそも公益法人制度改革のきっかけになった漢字検定協会等の事件において（Q1参照)、大変注目されたところです。会社に損害を与える利益相反取引は、会社法上取締役の責任を生じさせる可能性があるところ、法人税法上の優遇等を受けている公益法人および一般法人における利益相反取引には、それを超えて不当な税の優遇を受けたと

いう側面も認められ、社会的にはより大きな悪質性があると評価される可能性があります。

(3) 理事の損害賠償責任

理事がその任務を怠り、すなわち、その職務上要求される上記の義務に違反して、法人に損害を与えた場合には、法人に対しその損害を賠償する責任を負います（一般社団財団法人法111条1項）。

3　監事の義務と責任

(1) 監事の義務

監事は、理事の職務執行を監査することがその職務です（一般社団財団法人法99条1項）。職務遂行のため、いつでも、理事および使用人に対し事業の報告を求め、また、法人の業務および財産の状況を調査することができます（一般社団財団法人法99条2項）。さらに、必要な場合には、こうした監査を行う義務があります。

また、監事は、①理事が不正の行為をしたとき、②理事が不正の行為をするおそれがあると認めるとき、③法令・定款に違反する事実があるとき、④著しく不当な事実があるときには、その旨を理事（理事会設置法人では理事会）に報告する義務を負い（一般社団財団法人法100条）、その他、理事会に出席し、あるいは理事会の招集を要求し、自ら招集するなどして、必要があると認めるときは意見を述べなければなりません（一般社団財団法人法101条）。

さらに、監事は、理事が一般社団法人では社員総会、一般財団法人では評議員会に提出しようとする議案、書類等を監査し、法令・定款に違反する事項や著しく不当な事項があると認めるときは、その結果を社員総会・評議員会に報告しなければなりません（一般社団財団法人法102条）。

(2) 監事の責任

監事が、こうした監事としての任務を怠り、法人に損害を与えた場合、理事同様、法人に対しその損害を賠償する責任を負います（一般社団財団法人法111条1項）。監事が責任を負う場合としては、通常は、理事の不正な業務執行等につき、通常行うべき十分な監督を怠っていたため発見できなかった

場合や、または発見しながら理事会や社員総会、評議員会に報告しなかった場合が考えられます。

Q11 理事・監事・評議員の報酬等

① 使用人兼務理事の使用人分給与の額を理事会で決定しても問題ないのでしょうか。
② 理事・監事が法人の代表理事と報酬等に関し合意すれば、具体的な報酬等請求権が発生するのでしょうか。
③ 社員総会または評議員会で理事・監事の報酬等の額が決まった後、法人を支配する勢力がかわりました。新しい支配勢力は、いったん定まった理事・監事の報酬等の額をその任期中に減額または無報酬にしようとしていますが、これは適法でしょうか。
④ 理事・監事の報酬等を社員総会または評議員会で定める場合、どの程度具体的に定めなければならないのでしょうか。
⑤ 一般社団法人・一般財団法人が公益認定を受けるにあたり、報酬等につき特別な規制が課されるのでしょうか。
⑥ 公益法人の報酬等支給基準にはどのような支給基準を定めなければならないのでしょうか。
⑦ 公益法人の報酬等支給基準は、どのような機関で決定する必要があるのでしょうか。

◆ 解　説 ◆

1 「報酬等」の定義（小問①）

　一般社団財団法人法は、理事・監事・評議員に共通して、「報酬等」を「報酬、賞与その他の職務執行の対価として一般社団法人等から受ける財産上の利益をいう」と定義し（一般社団財団法人法89条）、定款の定めまたは社員総会もしくは評議員会の決議（評議員の報酬等については定款の定めのみ）によって決定することを求めています（一般社団財団法人法89条、105条、196

条)。その趣旨は、理事等による法人財産の私物化と法人外への流出を防ぐことにあります。すなわち、およそ「職務執行の対価として一般社団法人等から受ける財産上の利益」であれば、「報酬」「賞与」等の名称を問わずに、また金銭報酬か現物報酬その他の非金銭報酬かを問わずに「報酬等」として広く規制を及ぼす点にあります。

使用人兼務理事の使用人分給与は、使用人としての職務執行の対価であり、理事の「職務執行の対価」ではありませんので、原則として「報酬等」に含まれません。しかし、いっさい「報酬等」に含まれないとすると、理事同士のなれ合いで使用人分給与を恣意的に過大に設定して、法人の財産が不当に流出する危険があります。

この点について、株式会社の取締役の報酬等規制を定めた旧商法269条に関し、最判昭60.3.26（判タ557号124頁）は、「使用人として受ける給与の体系が明確に確立されている場合においては、使用人兼務取締役について、別に使用人として給与を受けることを予定しつつ、取締役として受ける報酬額のみを株主総会で決議することとしても、取締役としての実質的な意味における報酬が過多でないかどうかについて株主総会がその監視機能を十分に果たせなくなるとは考えられないから、右のような内容の本件株主総会決議が商法269条の脱法行為にあたるとはいえない」と判示しています。

会社法361条と一般社団財団法人法89条は、趣旨を同じくする報酬等に関する規制ですので、上記最判昭和60年の判旨は一般社団法人・一般財団法人にも当てはまると考えられます。

したがって、一般社団法人・一般財団法人について、使用人として受ける給与の体系が明確に確立されている場合、社員総会または評議員会で決議する理事の報酬等の総額に使用人分給与を含めない取扱いをし、理事会決議によってその額を決定することも可能です。なお、この場合、理事報酬等の議案には、使用人分は含まれないことを明記すべきでしょう。

2　理事・監事の具体的な報酬等請求権の発生要件（小問②）

一般社団法人・一般財団法人と理事・監事は、委任に関する規定に従いま

すが（一般社団財団法人法63条1項、64条、172条1項）、理事および監事の報酬については、定款で定めていなければ、社員総会（一般社団法人の場合）、評議員会（一般財団法人の場合）で定めることとしています（一般社団財団法人法89条、105条1項、197条）。

これは、理事または理事会を報酬等決定機関とすると、理事の報酬等については、理事同士のなれ合いによって報酬額を釣り上げる弊害、いわゆるお手盛りが生じうるので、法人の財産が不当に流出する危険があること、監事の報酬等については、監事の適正な報酬が確保されるかは理事次第になり、監事の地位が理事と独立したものとはいえなくなるため、理事の職務執行を監事が実効的に監査できない危険があることを理由としています。

したがって、法人の理事・監事は、法人の代表理事と報酬等に関し合意しただけでは足りず、定款、社員総会決議または評議員会決議によって報酬等の額が定められなければ、具体的な報酬等請求権は発生しないので、法人に対して報酬等を請求することはできません。

3 任期中の減額または無報酬化の可否（小問③）

社員総会または評議員会で理事・監事の報酬等の額を決定すると、理事・監事の法人に対する具体的な報酬等請求権は発生しますので、その後、それを無報酬に変更する旨を社員総会または評議員会で決議しても、理事・監事はこれに同意しない限り、右報酬等の請求権を失いません。この理は、常勤理事を非常勤理事とする等、その職務内容に著しい変更があり、それを前提に決議をした場合であっても異なりません（最判平4.12.18民集46巻9号3006頁参照。この最判平成4年は、旧商法269条に係る判例ですが、同様の趣旨である一般社団財団法人法の報酬規制においても同様に解釈すべきです）。減額決議についても同様です。

ただし、同意は黙示のものを含むと解されます。たとえば、旧商法269条に係る福岡高判平16.12.21（判タ1194号271頁）は、いったん決定された取締役の報酬を減額するには、本来、当該取締役の同意を要するというのが確定した判例であるところ、慣行の存在をもって黙示の同意を推認して報酬の減

額を認めるには、役職の変更に連動して当然に一定額の報酬が減額されるような場合など、取締役にとって就任の際に予測可能な慣行である必要があると判示しています（同旨、東京地判平 2.4.20判時1350号138頁）。

　一般社団法人の理事・監事についても、このような黙示の同意が推認される特段の事情がある場合には、報酬の無償化や減額が認められると考えられます。

4　社員総会または評議員会における報酬等の決議方法（小問④）

(1)　理事の報酬等

　理事の報酬等に関しては、定款、社員総会または評議員会で個々の理事ごとに額を定めることまでは必要なく、理事全員に支給する総額または報酬等限度額を定めていれば、各理事に対する配分は理事（理事会非設置一般社団法人の場合。理事が複数いる場合は過半数決議（一般社団財団法人法76条2項。以下同様））または理事会（理事会設置一般社団法人・一般財団法人の場合）に委ねてもよいと解されています。

　この場合、理事が複数いる場合の決議または理事会の決議において、各理事の個別報酬等額を決定せず、代表理事に一任する決議をすることも適法であると解されています。

(2)　監事の報酬等

　監事の報酬等に関しては、監事の地位の独立性から、社員総会または評議員会において、理事の報酬等と一括して決議することは認められないと解釈されています。また、監事の報酬等についての議案は、理事または理事会によって提案されるため、監事は社員総会または評議員会において報酬等について意見を述べることができると規定されています（一般社団財団法人法105条3項、197条）。

　監事が2人以上ある場合には、定款、社員総会または評議員会において、各監事の報酬等について定めることができますが、これを定めず、監事全員に支給する総額または報酬等限度額を定め、各監事に対する配分は監事の協議によって定めることも許されます（一般社団財団法人法105条2項、197条）。

監事の協議とは、複数いる監事の全員一致の決定をいいます。協議が不調の場合は、法人は報酬等を支払えません。監事の協議において特定の監事に配分を一任すること、監事の協議に資するために理事が配分の原案を示すことは許されますが、その地位の独立性から、監事の協議において理事にその配分を一任することは許されません。

5 公益法人における報酬等規制（小問⑤）

一般社団・財団法人の理事・監事の報酬等規制は以上のとおりですが、公益法人にはそれに加えて、以下のような特別な報酬等に関する規制が課せられます。

(1) 報酬等が不当に高額なものとならない報酬等支給基準

税法上の優遇措置を受ける公益法人は、理事・監事・評議員に対する報酬等が不当に高額であると、国民からの信頼を損なう可能性があります。

そのため、公益法人認定法は、行政庁が公益認定する基準（以下「公益認定基準」といいます）の一つに「その理事、監事及び評議員に対する報酬等……について、内閣府令で定めるところにより、民間事業者の役員の報酬等及び従業員の給与、当該法人の経理の状況その他の事情を考慮して、不当に高額なものとならないような支給の基準を定めているものであること」（公益法人認定法5条13号）をあげ、行政庁に提出する公益認定の申請書には、この報酬等の支給の基準を記載した書類を添付しなければならないとしています（公益法人認定法7条2項5号）。また、公益法人は、報酬等支給基準に従って、理事・監事・評議員に報酬等を支払わなければなりません（公益法人認定法20条1項）。

具体的にはどのように報酬等支給基準を定めるべきでしょうか。以下、しばしば問題になる具体例を3つあげます。

第一に、定款で原則無報酬としながら、常勤役員等に対して支給することもできると規定している一般法人が公益認定を受けるにあたっては、報酬等支給基準を定める必要があります。

第二に、報酬等支給基準を定めるといっても、支給を義務づける趣旨では

なく、無報酬でも問題ありません。この場合、報酬等支給基準において、無報酬である旨を定めることになります。

第三に、「理事の報酬額は理事長が理事会の承認を得て定める」という報酬等支給基準では、報酬科目や算定方法が明らかにされていない点で公益認定基準を満たしていないので、公益認定を受けることができません。

(2) 公表義務

不当に高額でないかどうか、国民が常時監視できるように、公益法人は理事・監事・評議員に対する報酬等の支給基準を公表しなければなりません（公益法人認定法20条2項）。

6 報酬等支給基準として定めるべき内容（小問⑥）

公益法人の報酬等支給基準においては、①理事・監事・評議員の勤務形態に応じた報酬等の区分、②その額の算定方法、③支給の方法および④支給の形態に関する事項を定めなければなりません（公益法人認定法施行規則3条）。

①は、常勤役員、非常勤役員の報酬等の別等に応じた、常勤役員への月例報酬、非常勤役員への理事会等への出席のつど支払う日当等をいいます。

②は、報酬等の算定の基礎となる額、役職、在職年数等により構成される基準をいい、第三者に算定過程が理解できることを要します。理事会設置公益法人が、各理事の報酬額は、報酬等算定基礎額、役職、在職年数等を勘案し理事会が決定すると報酬等支給基準に規定した場合について、内閣府は、この規定にあわせて理事1人当りの限度額を定めているときは、第三者に算定過程が理解できるので公益認定基準を満たすが、「社員総会または評議員会の決議によって定まった報酬等限度額の範囲内で決定する」とだけ定めているときは、第三者に算定過程が理解できないので、公益認定基準を満たさないとしています。

③は支給の時期や手段をいい、④は現金、現物の別等をいいます。

7 報酬等支給基準の決定機関（小問⑦）

内閣府は、報酬等支給基準のうち、理事・監事に係る分については、①社

員総会または評議員会で決定する方法、②社員総会または評議員会において、理事・監事の区分ごとに、その全員に支給する総額または報酬等限度額を定めるのであれば、報酬等支給基準については理事、理事会（理事報酬等の場合）または監事の協議（監事報酬等の場合）で決定する方法の2通りがあるとしています。

　理事・監事の報酬等は、定款で定めがなければ、最高意思決定機関である社員総会または評議員会で定めなければならないとされているので（一般社団財団法人法89条、105条、197条）、報酬等支給基準も①が原則で、②は、最高意思決定機関の関与が、支給総額または報酬等限度額の決定というかたちで担保されている限りにおいて認められた例外です。

　したがって、たとえば理事会設置公益社団法人において、理事会において報酬等支給基準を定め、社員総会においてはこの報酬等支給基準に従って、支給するとだけ決議して、支給総額または報酬等限度額を定めなかった場合には、結局のところ、社員総会が理事会決議を追認するに等しく、その報酬等決定に対する関与が不十分であるとして、その決議が違法とされる危険があります。

Q12　一般法人の計算書類等

　一般社団法人・一般財団法人と株式会社における計算書類等の違いを説明してください。

◆　解　説　◆

1　計算書類作成の趣旨

　株式会社は、営利を目的とするものであり、会社法上、一定の計算書類等の作成が義務づけられます（会社法435条）。その趣旨は、①株主と債権者への財務内容の正確な情報提供と②株主への分配可能額の算定を行うことにあります。これに対し、一般社団法人・一般財団法人は、営利を目的とするわけではありませんが、一般社団財団法人法上、一定の計算書類等の作成が義務づけられます（一般社団財団法人法123条1項・2項）。その趣旨は、①社員、評議員等への財務内容の正確な情報提供にあります。現在の民法法人が移行する場合には、①に加え、②公益目的支出計画を立案、実施する必要があり、そのためにも利用されます（一般社団財団法人等整備法119条）。双方とも、その趣旨は法人運営における適正な経理の実践により、適正なガバナンスの確保に資することにあります。ただ、各々の法人の性格を反映し、作成すべき計算書類等の種類、内容も異なります。

2　作成すべき計算書類等の違い

　一般社団法人・一般財団法人と株式会社は各々、［表2］のとおりの計算書類等の作成を義務づけられており、その相違点は株主資本変動計算書および個別注記表の作成の有無にあります。
　株式会社では、剰余金配当計算の便宜、剰余金配当・純資産の部の変動が取締役会で決定される場合があることに対応し、株主に期中の変動に関し情

[表2] 一般法人と株式会社における計算書類等の比較

作成すべき計算書類等の概要		
	一般社団法人・一般財団法人	株式会社
①	各事業年度に係る計算書類（貸借対照表、および損益計算書（正味財産増減計算書））	各事業年度に係る計算書類（貸借対照表および損益計算書、株主資本変動計算書および個別注記表）
②	事業報告	事業報告
③	これらの附属明細書	これらの附属明細書
④	監査報告書	監査報告書
⑤	会計監査報告書（注）	会計監査報告書（注）

（注） 会計監査人を設置した場合のみ。

報提供するため株主資本変動計算書の作成が義務づけられます。個別注記表も、計算書類等での情報提供を補うために作成が義務づけられます。これに対し、一般社団法人・一般財団法人には、義務づけられていません。

3　貸借対照表・損益計算書の内容の違い

(1) 会計基準の違い

株式会社の会計は、「一般に公正妥当と認められる企業会計の慣行」に従わなければならないとされ（会社法431条）、実務上は、財団法人財務会計基準機構の企業会計基準委員会が作成する会計基準をはじめとする各種基準に準拠して会計処理をすることになります。これに対し、一般社団法人・一般財団法人の会計は、「一般に公正妥当と認められる会計基準その他の会計の慣行」によるものとされていて義務づけはなく、企業会計の基準等を利用することも可能ですが（一般社団財団法人法119条、一般社団財団法人法施行規則21条）、実務上は、公益法人会計基準（平成20年4月11日内閣府公益認定等委員会）に準拠して会計処理をすることとなります。

(2) 財務運営に関する規制の違い

一般社団法人・一般財団法人の財務運営に関しては、公益法人に課せられ

[資料１] 一般社団法人日本ガス協会　平成22年度貸借対照表内訳表

貸借対照表内訳表
平成23年3月31日現在

(単位：円)

科目	実施事業等会計	その他会計	法人会計	内部取引消去	合計
Ⅰ．資産の部					
１．流動資産					
現金預金	0	187,230,682	898,600,623		1,085,831,305
未収金	49,942,866	31,606,494	4,662,537		86,211,897
前払金	4,891,886	1,403,183	353,590		6,648,659
立替金	3,594,258	0	0		3,594,258
商品	0	45,048,647	0		45,048,647
実施事業等会計勘定	0	45,507,811	923,170,158	▲968,677,969	0
法人会計勘定	0	210,209,510	0	▲210,209,510	0
流動資産計	58,429,010	521,006,327	1,826,786,908	▲1,178,887,479	1,227,334,766
２．固定資産					
(1)特定資産					
基金運用資産	0	478,650,000	0		478,650,000
退職給付引当資産	0	0	163,226,531		163,226,531
厚生資金積立資産	0	0	41,840,756		41,840,756
移転関連費用積立資産	0	0	145,829,026		145,829,026
特定資産合計	0	478,650,000	350,896,313	0	829,546,313
(2)その他固定資産					
土地	0	27,157,612	12,780,053		39,937,665
建物	0	3,563,471	11,676,016		15,239,487
什器備品	0	0	93,750		93,750
建設仮勘定	0	100,318,856	0		100,318,856
ソフトウェア	0	3,544,902	0		3,544,902
厚生資金貸付金	0	0	9,765,000		9,765,000
出資金	0	0	19,932,807	▲19,932,807	0
拠出金	0	0	92,400,000		92,400,000
敷金	0	0	57,277,980		57,277,980
投資有価証券	0	102,219,537	77,492		102,297,029
その他固定資産合計	0	236,804,378	204,003,098	▲19,932,807	420,874,669
固定資産合計	0	715,454,378	554,899,411	▲19,932,807	1,250,420,982
資産合計	58,429,010	1,236,460,705	2,381,686,319	▲1,198,820,286	2,477,755,748
Ⅱ．負債の部					
１．流動負債					
未払金	202,056,238	301,575,488	15,341,280		518,973,006
預り金	19,918,857	0	2,562,983		22,481,840
賞与引当金	1,136,000	5,702,684	36,842,731		43,681,415
実施事業等会計勘定	0	0	0		0
その他会計勘定	45,507,811	0	210,209,510	▲255,717,321	0

法人会計勘定	923,170,158	0	0	▲923,170,158	0
流動負債合計	1,191,789,064	307,278,172	264,956,504	▲1,178,887,479	585,136,261
2．固定負債					
退職給付引当金	0	0	163,226,531		163,226,531
預り敷金	0	10,916,640	0		10,916,640
固定負債合計	0	10,916,640	163,226,531	0	174,143,171
負債合計	1,191,789,064	318,194,812	428,183,035	▲1,178,887,479	759,279,432
Ⅲ．正味財産の部					
指定正味財産					
寄付金	0	478,650,000	0		478,650,000
指定正味財産合計	0	478,650,000	0		478,650,000
（うち特定資産への充当額）	0	478,650,000	0		(478,650,000)
一般正味財産	▲1,133,360,054	439,615,893	1,953,503,284	▲19,932,807	1,239,826,316
（うち特定資産への充当額）	0	0	(187,669,782)		(187,669,782)
正味財産合計	▲1,133,360,054	918,265,893	1,953,503,284	▲19,932,807	1,718,476,316
負債及び正味財産合計	58,429,010	1,236,460,705	2,381,686,319	▲1,198,820,286	2,477,755,748

るような財務上の規制はありません。ただし、現在の民法法人が一般社団法人・一般財団法人に移行する場合には、移行申請時に純資産を基礎に「公益目的財産額」を一定の年数にわたり実施事業（公益目的事業、継続事業、特定寄附）の赤字で継続的に費消する「公益目的支出計画」を遂行する義務があります（一般社団財団法人等整備法119条）。これに対して、株式会社の財務運営に関しては、株主・債権者保護のための剰余金配当に関する規制等はありますが、それ以外に会社法上の規制はありません。

(3) 事業区分の義務づけに関する規制の相違

上記のように、現在の民法法人が一般社団法人・一般財団法人に移行する場合には、実施事業として赤字を計上する必要があり、そのために「実施事業」と「その他事業」として事業区分を行います。しかし、新設の一般社団法人・一般財団法人や「公益目的支出計画」が終了した一般社団法人・一般財団法人については、そのような区分は制度上は要求されていません。これに対し、株式会社の会計においては、事業区分は内部管理の便宜上自主的に作成されることはあっても、義務づけられてはいません。

[資料2] 一般社団法人日本ガス協会 平成22年度正味財産増減計算書内訳表

正味財産増減
平成22年4月1日から

科　目	実施事業等会計			他1			エネルギー環境事業
	継1 一般事業	継2 地方部会事業	計	出版事業	ビル事業	小計	
Ⅰ．一般正味財産増減の部							
1．経常増減の部							
(1)経常収益							
①特定資産運用益							2,056,575
特定資産受取利息							2,056,575
②受取会費							
正会員受取会費							
賛助会員受取会費							
③受取負担金							
正会員受取負担金							
天然ガス促進受取負担金							
②事業収益	29,685,358	10,843,720	40,529,078	121,428,162	119,041,241	240,469,403	
講習会事業収益	19,094,698	10,843,720	29,938,418				
広告事業収益	9,167,100		9,167,100				
会誌事業収益	1,423,560		1,423,560				
技術調査事業収益							
出版物販売収益				116,566,790		116,566,790	
出版物送料収益				4,861,372		4,861,372	
貸室料収益					96,193,494	96,193,494	
管理費収益					22,007,747	22,007,747	
自動車保管料等収益					840,000	840,000	
③特別事業収益	31,062,382		31,062,382				
燃料電池システム等実証研究事業収益	14,858,000		14,858,000				
次世代導管保安向上技術事業収益	7,892,901		7,892,901				
地震対策調査事業収益	1,611,513		1,611,513				
ガス工作物設置基準事業収益	6,699,968		6,699,968				
④雑収益				1,492,245	2,217,034	3,709,279	
受取利息					12,500	12,500	
雑収益				1,492,245	2,204,534	3,696,779	
⑤他会計からの繰入額	1,392,160	45,179,521	46,571,681				
一般事業からの繰入額		45,179,521	45,179,521				
退職給付引当金振替額	1,392,160		1,392,160				
経常収益計	62,139,900	56,023,241	118,163,141	122,920,407	121,258,275	244,178,682	2,056,575
(2)経常費用							
①事業費	1,156,943,975	108,342,665	1,265,286,640	108,197,844	344,257,953	452,455,797	
給料手当	176,367,483	17,070,890	193,438,373	8,964,789	23,371,691	32,336,480	
賞与引当金繰入額	27,317,422	576,000	27,893,422	1,720,966	3,981,718	5,702,684	
退職給付費用	19,218,800	581,000	19,799,800				
福利厚生費	28,597,387	530,134	29,127,521	1,893,328	4,225,757	6,119,085	
旅費		1,027,518	1,027,518		273,717	273,717	
交通費		850,393	850,393	280,288	783,869	1,064,157	
減価償却費				1,397,116	251,735,748	253,132,864	
通信運搬費	21,814,592	1,258,984	23,073,576	338,283	676,571	1,014,854	

計算書内訳表
平成23年3月31日まで

(単位:円)

災害救援金事業	協会賞事業	技術調査事業	小計	計	法人会計	内部取引消去	合　計
7,392,275	1,006,166		10,455,016	10,455,016			10,455,016
7,392,275	1,006,166		10,455,016	10,455,016			10,455,016
					317,221,339		317,221,339
					289,841,339		289,841,339
					27,380,000		27,380,000
					1,265,108,000		1,265,108,000
					1,253,522,000		1,253,522,000
					11,586,000		11,586,000
		196,469,499	196,469,499	436,938,902			477,467,980
							29,938,418
							9,167,100
							1,423,560
		196,469,499	196,469,499	196,469,499			196,469,499
				116,566,790			116,566,790
				4,861,372			4,861,372
				96,193,494			96,193,494
				22,007,747			22,007,747
				840,000			840,000
							31,062,382
							14,858,000
							7,892,901
							1,611,513
							6,699,968
				3,709,279	1,036,342		4,745,621
				12,500	123,439		135,939
				3,696,779	912,903		4,609,682
	1,778,115		1,778,115	1,778,115		▲48,349,796	0
	1,778,115		1,778,115	1,778,115		▲46,957,636	0
						▲1,392,160	0
7,392,275	2,784,281	196,469,499	208,702,430	452,881,312	1,583,365,681	▲48,349,796	2,106,060,338
	2,872,300	196,469,499	199,341,799	651,797,596			1,917,084,236
				32,336,480			225,774,853
				5,702,684			33,596,106
							19,799,800
				6,119,085			35,246,606
				273,717			1,301,235
				1,064,157			1,914,550
				253,132,864			253,132,864
				1,014,854			24,088,430

科 目	実施事業等会計			他1			エネルギー環境事業
	継1 一般事業	継2 地方部会事業	計	出版事業	ビル事業	小計	
消耗品費		13,544	13,544				
賃借料	60,276,779		60,276,779				
事務機費	4,756,175	1,948,596	6,704,771				
委員会費	63,961,571	11,355,070	75,316,641	350,111		350,111	
講習会費	21,020,014	15,934,826	36,954,840				
地方部会費	25,927,704		25,927,704				
説明会費		36,358,017	36,358,017				
会誌出版費	16,579,425		16,579,425				
調査研究費	363,261,550	5,049,156	368,310,706				
資料センター運営費	2,860,009		2,860,009				
技術開発委託費	25,964,735		25,964,735				
広告宣伝費	178,193,131	5,233,395	183,426,526				
配布資料費	8,041,774	4,409,222	12,450,996				
行事関連費	15,099,424	6,145,920	21,245,344				
天然ガス促進負担金	11,586,000		11,586,000				
都市ガス振興負担金	86,100,000		86,100,000				
技術大賞費							
技術賞費							
論文賞費							
特別貢献賞費							
業務功労賞費							
技術調査事業費							
出版原価				78,059,441		78,059,441	
出版物委託発送費				5,298,818		5,298,818	
販売システム運用費				2,860,812		2,860,812	
倉庫保管料				3,600,000		3,600,000	
商品除却損				3,433,892		3,433,892	
ビル管理費					43,068,970	43,068,970	
水道光熱費					15,974,912	15,974,912	
修繕費					165,000	165,000	
②特別事業費	31,062,382		31,062,382				
燃料電池システム等実証研究事業費	14,858,000		14,858,000				
次世代導管保安向上技術事業費	7,892,901		7,892,901				
地震対策調査事業費	1,611,513		1,611,513				
ガス工作物設置基準事業費	6,699,968		6,699,968				
③管理費							
給料手当							
賞与引当金繰入額							
退職給付費用							
福利厚生費							
総会費							
理事会費							
会議費							
旅費							
交通費							
減価償却費							
通信運搬費							
消耗品費							
修繕費							
賃借料							

(単位：円)

災害救援金事業	協会賞事業	技術調査事業	小計	計	法人会計	内部取引消去	合　計
							13,544
							60,276,779
							6,704,771
				350,111			75,666,752
							36,954,840
							25,927,704
							36,358,017
							16,579,425
							368,310,706
							2,860,009
							25,964,735
							183,426,526
							12,450,996
							21,245,344
							11,586,000
							86,100,000
	305,000		305,000	305,000			305,000
	1,494,000		1,494,000	1,494,000			1,494,000
	220,000		220,000	220,000			220,000
	280,000		280,000	280,000			280,000
	573,300		573,300	573,300			573,300
		196,469,499	196,469,499	196,469,499			196,469,499
				78,059,441			78,059,441
				5,298,818			5,298,818
				2,860,812			2,860,812
				3,600,000			3,600,000
				3,433,892			3,433,892
				43,068,970			43,068,970
				15,974,912			15,974,912
				165,000			165,000
							31,062,382
							14,858,000
							7,892,901
							1,611,513
							6,699,968
					479,066,717		479,066,717
					126,192,687		126,192,687
					10,085,309		10,085,309
					6,516,223		6,516,223
					16,952,605		16,952,605
					17,717,908		17,717,908
					11,849,022		11,849,022
					1,210,366		1,210,366
					16,220,191		16,220,191
					34,228,594		34,228,594
					77,367,444		77,367,444
					3,253,023		3,253,023
					5,331,598		5,331,598
					200,000		200,000
					24,453,920		24,453,920

科　目	実施事業等会計			他1			エネルギー環境事業
	継1 一般事業	継2 地方部会事業	計	出版事業	ビル事業	小計	
共益費							
水道光熱費							
事務機費							
保険料							
租税公課							
諸会費							
交際費							
雑費							
④他会計への繰出額	46,957,636		46,957,636	407,020	985,140	1,392,160	
協会賞事業への繰出額	1,778,115		1,778,115				
地方部会事業への繰出額	45,179,521		45,179,521				
退職給付引当繰入額				407,020	985,140	1,392,160	
経常費用計	1,234,963,993	108,342,665	1,343,306,658	108,604,864	345,243,093	453,847,957	0
当期経常増減額	▲1,172,824,093	▲52,319,424	▲1,225,143,517	14,315,543	▲223,984,818	▲209,669,275	2,056,575
2．経常外増減の部							
(1)経常外収益							
①指定正味財産からの振替額							100,000,000
指定正味財産からの振替額							100,000,000
②他会計からの振替額	108,912,446		108,912,446				
エネルギー環境事業からの振替額	108,912,446		108,912,446				
経常外収益計	108,912,446		108,912,446				100,000,000
(2)経常外費用							
①事務局移転関連費	17,128,983		17,128,983				
事務局移転関連費	17,128,983		17,128,983				
②既存テナント移転関連費					318,259,801	318,259,801	
既存テナント移転関連費					318,259,801	318,259,801	
③既存ビル解体費					149,400,000	149,400,000	
既存ビル解体費					149,400,000	149,400,000	
④他会計への振替額							108,912,446
一般事業への振替額							108,912,446
経常外費用計	17,128,983		17,128,983		467,659,801	467,659,801	108,912,446
当期経常外増減額	91,783,463	0	91,783,463	0	▲467,659,801	▲467,659,801	▲8,912,446
当期一般正味財産増減額	▲1,081,040,630	▲52,319,424	▲1,133,360,054	14,315,543	▲691,644,619	▲677,329,076	▲6,855,871
一般正味財産期首残高	0	0	0	170,109,975	770,339,256	940,449,231	6,855,871
一般正味財産期末残高	▲1,081,040,630	▲52,319,424	▲1,133,360,054	184,425,518	78,694,637	263,120,155	0
Ⅱ．指定正味財産増減の部							
1．一般正味財産への振替額							100,000,000
当期指定正味財産増減額							▲100,000,000
指定正味財産期首残高							100,000,000
指定正味財産期末残高							0
Ⅲ．正味財産期末残高	▲1,081,040,630	▲52,319,424	▲1,133,360,054	184,425,518	78,694,637	263,120,155	0

(単位：円)

	その他会計				法人会計	内部取引消去	合　計
災害救援金事業	他2 協会費事業	技術調査事業	小計	計			
					26,761,805		26,761,805
					11,195,034		11,195,034
					7,624,596		7,624,596
					205,975		205,975
					47,414,439		47,414,439
					12,658,860		12,658,860
					400,480		400,480
					21,226,638		21,226,638
				1,392,160		▲48,349,796	0
						▲1,778,115	0
						▲45,179,521	0
				1,392,160		▲1,392,160	0
0	2,872,300	196,469,499	199,341,799	653,189,756	479,066,717	▲48,349,796	2,427,213,335
7,392,275	▲88,019	0	9,360,831	▲200,308,444	1,104,298,964	0	▲321,152,997
			100,000,000	100,000,000			100,000,000
			100,000,000	100,000,000			100,000,000
						▲108,912,446	0
						▲108,912,446	0
			100,000,000	100,000,000		▲108,912,446	100,000,000
							17,128,983
							17,128,983
				318,259,801			318,259,801
				318,259,801			318,259,801
				149,400,000			149,400,000
				149,400,000			149,400,000
			108,912,446	108,912,446		▲108,912,446	0
			108,912,446	108,912,446		▲108,912,446	0
			108,912,446	576,572,247		▲108,912,446	484,788,784
0	0	0	▲8,912,446	▲476,572,247	0	0	▲384,788,784
7,392,275	▲88,019	0	448,385	▲676,880,691	1,104,298,964	0	▲705,941,781
168,254,777	936,705	0	176,047,353	1,116,496,584	849,204,320	▲19,932,807	1,945,768,097
175,647,052	848,686	0	176,495,738	439,615,893	1,953,503,284	▲19,932,807	1,239,826,316
			100,000,000	100,000,000			100,000,000
			▲100,000,000	▲100,000,000			▲100,000,000
400,000,000	78,650,000		578,650,000	578,650,000			578,650,000
400,000,000	78,650,000		478,650,000	478,650,000			478,650,000
575,647,052	79,498,686	0	655,145,738	918,265,893	1,953,503,284	▲19,932,807	1,718,476,316

第2章　一般法人・公益法人の制度の概要とポイント　67

4　一般法人における計算書類等の実例

　一般社団法人・一般財団法人における計算書類等の例として、一般社団法人日本ガス協会の平成22年度分の貸借対照表・正味財産増減計算書の内訳表（資料1・2）を取り上げました。この事例では、一般社団法人の勘定科目について、適用される会計基準を反映し、かつ法人の事業の実態に即した科目が選択されています。

　一般社団法人日本ガス協会は、定款上、①一般ガス事業、一般ガス事業者の行う大口ガス事業、ガス導管事業およびこれらに付帯する事業（以下「一般ガス事業等」といいます）に関する調査研究および企画、②一般ガス事業等に関する社会や政府への意見の表明、③一般ガス事業等に関する知識の普及および啓発、④一般ガス事業等に関する環境問題への対応、⑤一般ガス事業等に関する技術の開発、実用化および普及、⑥一般ガス事業等に関する安全の向上および災害被災地の早期被害復旧活動、⑦一般ガス事業等に関する情報の収集提供、教育指導および図書の出版、⑧一般ガス事業等に関する国内外の関係機関との交流および連携、⑨本会所有のビルの管理および運営事業目的としていますが、そのうち、一般事業、地方部会事業を実施事業とし、出版事業、ビル事業、エネルギー環境事業、災害救援金事業、協会賞事業、技術調査事業を収益事業として運営を行っていることがわかります。また、ほぼ、それぞれの事業の損益が明らかになっています。

　これに対して、株式会社では、少なくとも、会社法上の単体の貸借対照表・損益計算書においては、そのような事業区分を行っていません。内部管理的には、各種の管理方法が採用されているものと思われますが、その区分経理の開示は義務づけられていません。

　いずれにせよ、それぞれの制度が想定する適切なガバナンスの確保のために、計算書類等は重要な要素となるといえます。

Q13 一般法人の情報開示

一般社団法人・一般財団法人と株式会社における計算書類等の情報開示の仕組みの違いを説明してください。

◆ 解　説 ◆

1　情報開示の趣旨の相違点

　株式会社が法律上作成することを義務づけられた計算書類等については、会社法上、株主と債権者に対し、財務内容の正確な情報提供を行うため、各種の情報開示の制度が設けられています。その半面、広く株主・債権者ではない公衆に対する情報開示は、公告で要求される限度にとどまり（会社法939条）、営業秘密の保護等の観点からそれ以上の開示は要求されていません。

　一般社団法人・一般財団法人についても、その計算書類等について、社員、評議員等に対する情報開示の制度があることはほぼ株式会社と共通です。なお、それに加え、既存の民法法人が一般社団法人・一般財団法人に移行する場合に限っては、行政庁に対しQ8で述べた公益目的支出計画の報告が必要になる場合があります。これは、行政庁が、公益目的支出計画が適正に実施されているかを監督し、担保する役割を担っているためです。

2　一般社団法人・一般財団法人の計算書類等の開示スケジュール

(1) 作成・備置・公告による開示

　一般社団法人・一般財団法人においては、次の計算書類等については、以下のようなスケジュールで、作成・備置・公告による開示が要求されています。

[表3] 一般法人の開示スケジュール概要

一般社団法人・一般財団法人の開示スケジュールの概要	
① 各事業年度に係る計算書類（貸借対照表、および損益計算書（正味財産増減計算書））	① 定時社員総会の1週間前の日（理事会設置の場合は2週間前の日）から5年間備置、定時評議員会の2週間前の日から5年間その主たる事務所に、3年間その従たる事務所に備置
② 事業報告	
③ これらの附属明細書	
④ 監査報告書	② 定時社員総会または定時評議員会終結後貸借対照表を遅滞なく公告（注2）
⑤ 会計監査報告書（注1）	

(注1) 会計監査人を設置した場合のみ。
(注2) ただし、負債総額200億円以上の大規模法人の場合に限り、貸借対照表に加え、損益計算書（正味財産増減計算書）の公告までが必要。

(2) 閲覧請求権による開示

　社員・評議員および債権者は、原則として、一般社団法人・一般財団法人の業務時間内であれば、いつでも、[表3] の①～⑤の書類に関しその書面またはその書面の写し（電磁的記録の場合も可）の閲覧の請求をすることができることになっています（一般社団財団法人法129条3項、199条）。その他、裁判所からの計算書類等の提出命令にも服します（一般社団財団法人法130条、199条）。

(3) 行政庁への提出と公開による開示

　一般社団法人・一般財団法人は、公益社団法人・公益財団法人と異なり、基本的に行政庁への書類の提出義務はありません。ただし、既存の民法法人が、一般社団法人・一般財団法人に移行した場合には、その認可にあたって公益目的支出計画を作成し実施することが見込まれなければなりません（一般社団財団法人等整備法117条2号、119条）。そのうえで、各事業年度ごとに公益目的支出計画実施報告書を作成し、行政庁に提出しなければならず、この報告書につき行政庁は、請求があったときは、一定の要件のもとで、閲覧または謄写をさせなければなりません。また、一般社団法人・一般財団法人自身も、この報告書につき、その主たる事務所に備置し、何人に対しても閲覧

させる体制をとる義務があります（一般社団財団法人等整備法127条1項・3項～5項）。

3　開示スケジュールの相違に関する留意点

　一般社団法人・一般財団法人と株式会社の開示スケジュールについては、基本的にほぼ共通の仕組みになっています。

　株主総会、社員総会、評議員会の期日の1週間前（例外的に2週間前）から、本・支店（主たる事務所および従たる事務所）に備置が必要になる点、その後の5年（支店、従たる事務所では3年）の備置が必要な点等は共通です（会社法442条、一般社団財団法人法129条1項2項、199条）。また、原則として貸借対照表が公告の対象となるものの、大規模な法人に限り、例外的に損益計算書の公告まで求められる点もおおむね共通しています（会社法440条、一般社団財団法人法128条1項、199条）。

　ただし、計算書類そのものの開示ではありませんが、上記のとおり、一般社団法人・一般財団法人には、株式会社とは異なり、公益目的支出計画の終了までの間、公益目的支出計画実施報告書の開示が要求されている点に注意が必要です。

　いずれにせよ、計算書類等の開示は、一般社団法人・一般財団法人においても、適切なガバナンスの確保のために重要な制度といえ、各法人には、新制度の趣旨にのっとった実務対応が求められるところです。

Q14 定款変更

　一般社団法人・一般財団法人・公益社団法人・公益財団法人の定款を変更することは可能でしょうか。また、可能とすれば、どのような手続で行うのでしょうか。

◆　解　　説　◆

1　定款変更とは

　会社法に基づく株式会社のそれと同様、一般社団法人・一般財団法人の定款は、法人の組織と活動に関する根本規則であり、これを作成することが、法人の設立の第一段階となります。そのため、定款の作成に関する条文は、一般社団法人でも、一般財団法人でも、それぞれの設立に関する節のいちばん初めに位置しています（一般社団財団法人法10条、152条）。定款変更とは、この根本規則である定款を変更する法人の行為です。

(1)　一般社団法人の定款変更

　一般社団法人の定款は、法人の成立後、社員総会の決議によって、変更することができます（一般社団財団法人法146条）。この場合の社員総会の決議は、通常の決議とは異なり、総社員の半数以上であって、総社員の議決権の3分の2以上の多数によって行われなければなりません（一般社団財団法人法49条2項4号。以下「社員総会の特別決議」といいます）。この決議は、株式会社でいうところの、株主総会の特別決議に当たりますが、同決議の場合は、「株主の議決権の過半数を有する株主が出席」し「出席株主」の議決権の3分の2以上が必要とされているところ、社員総会の特別決議の場合は、「総社員の半数以上」かつ「総社員」の議決権の3分の2以上が必要とされている点に、違いがあります。適正なガバナンスの確保の観点から、法人の根本的な規範である定款の変更には、過半数を超える社員の賛成を要求する

ことで、熟慮と討議を促そうとするのが制度の趣旨であるといえます。

(2) 一般財団法人の定款変更

一般財団法人の定款は、法人の成立後、議決に加わることができる評議員の3分の2以上の多数による評議員会の決議（以下「評議員会の特別決議」といいます）によって、変更することができます（一般社団財団法人法200条1項、189条2項3号）。

ただし、一般社団法人と異なるのは、定款記載事項のうち、「目的」と「評議員の選任及び解任の方法」（一般社団財団法人法153条1項1号・8号）の定めについては、通常の定款変更手続では変更できないという点です（一般社団財団法人法200条1項ただし書）。これは、一般財団法人が、設立者の意思を実現すべき法人であるところ、定款に定めた目的こそが設立者の意思の根本だからです。また、評議員は、設立者の意思の実現を確保し、財団法人のガバナンスにおいてきわめて重要な地位にあるからでもあります。すなわち、この規定の趣旨は設立者の意思を最大限尊重する点にあると考えられます。

もっとも、これらの定款記載事項をまったく変更できないわけではなく、当該事項を評議員会の決議によって変更できる旨を設立時定款に定めておけば、評議員会の決議によって当該事項を変更することができます（一般社団財団法人法200条2項）。また、事情変更に対応する必要性から、設立当時予見できなかった特別事情により、当該事項を変更しなければ法人の運営継続が不可能または著しく困難となる場合には、裁判所の許可を得たうえで、評議員会の決議によって当該事項を変更することができます（一般社団財団法人法200条3項）。

(3) 公益社団法人・公益財団法人の定款の変更

公益社団法人・公益財団法人の場合、上記に掲げた手続のほかに、定款の記載事項のうち、次のようにそれぞれ行政庁の認定を要する事項や行政庁への定款の変更の届出を要する事項があります。

行政庁の認定を要する事項	行政庁へ定款の変更の届出を要する事項
① 公益目的事業を行う都道府県の区域（定款で定めるものに限ります）。または主たる事務所もしくは従たる事務所の所在場所の変更（従たる事務所の新設または廃止を含みます）。	④ 名称または代表者の氏名の変更
② 公益目的事業の種類または内容の変更	⑤ 公益認定法施行規則7条で定める軽微な変更
③ 収益事業等の内容の変更	⑥ 左記①から③および上記④⑤に掲げる変更に係るものを除いた定款の変更

Q15　法人の合併・事業譲渡

一般法人・公益法人の事業譲渡・合併は可能でしょうか。また、可能とすれば、どのような手続で行うのでしょうか。

◆　解　説　◆

1　事業譲渡

　会社法上の事業譲渡は、判例によると、改正前商法の営業譲渡と同一の意義であり、「一定の営業目的のため組織化され、有機的一体として機能する財産（得意先関係等の経済的価値のある事実関係を含む）の全部または重要な一部を譲渡し、これによって、譲渡会社がその財産によって営んでいた営業的活動の全部または重要な一部を譲受人に受け継がせ、譲渡会社がその譲渡の限度に応じ法律上当然に同法（注：旧商法）25条（注：会社法21条に相当）に定める競業避止義務を負う結果を伴うものをいう」とされています（最判昭40. 9.22民集19巻6号1656頁）。この判例に対しては、批判も多く、端的に「一定の事業目的のために組織化され、有機的一体として機能する財産」の譲渡であれば足りる、という学説が有力です。

　一般社団法人・一般財団法人においては、営利を目的としないことから、競業避止義務の問題はなく、その事業譲渡の意義は、譲渡法人がその後の事業の継続が困難であるかどうか（いわゆる「ゴーイング・コンサーン」）を基準に考えればよいと思われますので、上記学説のとおり、「一定の事業目的のために組織化され、有機的一体として機能する財産」の譲渡と解してよいでしょう。

(1)　一般社団法人の事業譲渡

　一般社団法人は、社員総会の特別決議により、事業の全部の譲渡をすることができます（一般社団財団法人法147条、49条2項5号）。

議決方法が株式会社と微妙に異なる点は定款変更の場合と同様ですが、その他にも、事業の「全部」または「重要な一部」（会社法467条1項）ではなく、事業の「全部」のみが事業譲渡として規定されている点が異なります。つまり、事業の一部の譲渡であれば、通常の社員総会決議で行えることになります。これは、営利を目的とし、株主に与える影響の大きさを考慮する必要がある株式会社と、非営利の一般社団法人との差異に基づくものであると考えられます。
　なお、一般社団法人が行う事業に制限はないため、一の一般社団法人が複数の事業を行うことも可能であり、その場合、一の事業の全部を譲渡しても、他の事業を継続することができます。

(2) 　一般財団法人の事業譲渡

　一般財団法人は、評議員会の特別決議によって、その事業の「全部」を譲渡することができます（一般社団財団法人法291条、189条2項4号）。
　事業の「一部」の譲渡は事業譲渡として規定されていない点および行う事業に制限がない点は、一般社団法人と同様です。

(3) 　公益法人の事業譲渡

　公益法人がその事業の全部または一部の譲渡をしようとするときは、あらかじめ、その旨を行政庁に届けなければなりません（当該事業の譲渡に関し公益法人認定法11条1項の変更の認定申請をする場合を除く。公益法人認定法24条1項2号）。行政庁は、公益法人の事業運営、財務運営、人的組織構成について、適正なガバナンス確保の観点から強い関心をもっているため、事業の譲渡等については事前のチェックを行うこととしているのです。
　また、公益法人が事業の譲渡に伴い公益目的事業の種類または内容・収益事業等の内容の変更をしようとするときは、変更に係る事項を記載した変更認定申請書を行政庁に提出し、認定を受けなければならないことに注意が必要です（公益法人認定法11条1項2号・3号・2項）。

2　合　　併

　一般社団財団法人法は、合併の当事法人の一つが存続して他の消滅する法

人を吸収する「吸収合併」と、当事法人のすべてが消滅して新しい法人を設立する「新設合併」について、節を分けて規定しています。

一般社団財団法人法の合併制度は、株主や合併対価に関する規定、簡易合併・略式合併の規定こそありませんが、会社法の合併制度をほぼ踏襲しています。

(1) 合併できる法人の種類と制限

一般社団法人または一般財団法人は、他の一般社団法人または一般財団法人とのみ合併することができ、他の法律に基づき設立された法人（株式会社や特定非営利活動法人など）とは合併できません（一般社団財団法人法242条）。

合併をする法人が一般社団法人のみである場合は、存続法人または新設法人は一般社団法人でなければならず、合併する法人が一般財団法人のみである場合は、存続法人または新設法人は一般財団法人でなければなりません（一般社団財団法人法243条1項）。一方、合併する法人に一般社団法人と一般財団法人の双方が含まれる場合、当該一般社団法人が合併契約締結日までに基金の全額を返還していないときは、存続法人または新設法人は一般財団法人でなければなりません（一般社団財団法人法243条2項）。これは、一般財団法人に基金制度がないためです。

また、公益法人については、一般社団財団法人法および公益法人認定法の規定に従い、他の公益社団法人または公益財団法人、一般社団法人または一般財団法人と合併することができます（公益法人認定法24条）。

(2) 吸収合併

吸収合併をするにあたっては、吸収合併消滅法人および吸収合併存続法人それぞれの社員総会の特別決議または評議員会の特別決議によって、吸収合併契約の承認を受ける必要があります（一般社団財団法人法247条）。かかる社員総会もしくは評議員会の日の2週間前の日または債権者異議手続として必要な公告もしくは催告の日の、いずれか早い日以降、吸収合併消滅法人にあっては合併の効力発生日まで、吸収合併存続法人にあっては合併の効力発生日後6カ月経過後まで、吸収合併契約等に関する書面を主たる事務所に備え置かなければなりません（一般社団財団法人同法246条、250条）。

債権者の異議については、吸収合併消滅法人・吸収合併存続法人ともに、同様の手続が規定されており、1カ月以上の異議申出期間を置いて、官報による公告および知れたる債権者に対する各別の催告をしなければなりません（一般社団財団法人法248条1項・2項、252条1項・2項）。ただし、この各別の催告は、官報による公告に加え、日刊新聞紙への掲載または電子公告の方法を併用することにより、不要とすることができます（同法248条3項、252条3項、331条1項2号・3号）。なお、一般社団法人の基金も外部負債ではありますが、その債権者たる基金の拠出者については、債権者異議手続は適用されません（同法248条6項、252条6項）。

このような手続を経て、吸収合併契約により定められた効力発生日において、吸収合併存続法人が、吸収合併消滅法人の権利義務を承継します（一般社団財団法人法245条1項）。この合併の効果は、一般承継または包括承継と呼ばれ、吸収合併消滅法人の権利義務の全部が清算手続や債権者の承諾等を経ることなく吸収合併存続法人に承継されることになります。

なお、吸収合併する法人のいずれか、または両方が公益法人である場合には、その公益法人は、公益法人認定法11条（行政庁の認定）または24条1項1号（行政庁への届出）に基づく手続が必要です。また、公益法人が一般社団法人・一般財団法人を吸収合併することにより、吸収合併後に存続する法人が公益法人でなくなる場合には、合併後に、公益目的取得財産残額（公益法人認定法30条2項）を定款に規定する公益法人等に贈与しなければならないこととなります。こうした規制からも、公益法人について事前に一律に合併等の組織再編を否定しないものの、再度の公益認定や届出等の事後規制を活用し、財産の強制的贈与という制裁を背後に、行政庁が強く介入してその適正なガバナンス確保を図ろうとする立法の趣旨が明らかとなります。

(3) 新設合併

新設合併消滅法人における手続（新設合併契約の承認、契約書等に関する書面の備置、債権者異議手続）は、吸収合併消滅法人のそれと同様です（一般社団財団法人法256条～258条）。

一方、吸収合併と異なり、新設合併では新たに法人が設立されますので、

新設合併契約では、新設合併設立法人の目的や名称、理事などの事項を定める必要があります（一般社団財団法人法254条）。また、新設合併設立法人は、すでに設立されている法人が合併することにより設立されるものであることから、その設立にあたっては、設立時役員・評議員等の選解任やその責任に関する規定等の設立に関する規定の一部が適用されません（同法259条1項・2項）。新設合併設立法人は、その成立の日に、新設合併消滅法人の権利義務を一般承継します（同法255条）。新設合併法人は、その成立後遅滞なく、承継した権利義務等を記載した書面を作成し、成立日から6カ月間、その主たる事務所に備え置く必要があります（同法260条1項・2項）。

　また、新設合併により消滅する法人のうちに公益法人がある場合には、新設合併により設立する法人（新設法人）が、その新設合併により消滅する公益法人の地位を承継することについて、行政庁の認可を受けることにより、新設法人も公益法人となることができます（公益法人認定法25条1項）。なお、新設合併により消滅する法人のいずれかが公益法人であって、新設合併後に存続する法人が公益法人でなくなる場合には、行政庁に合併等届出書を提出しなければなりません（公益法人認定法24条1項1号）。この場合には、合併後に公益法人認定法5条17号の規定により公益目的取得財産残額の贈与を行う必要があります。

⑷　合併の無効

　一般社団法人・一般財団法人の合併については、その無効の訴えを提起することができます。吸収合併においては、その効力が生じた日から6カ月以内に、吸収合併する法人の社員等であった者または吸収合併存続法人の社員等（社員、評議員、理事または清算人）、破産管財人もしくは吸収合併に承認しなかった債権者は、無効の訴えを提起することができます（一般社団財団法人法264条1項2号・2項2号）。新設合併においては、その効力が生じた日から6カ月以内に、新設合併する法人の社員等であった者または新設合併設立法人の社員等、破産管財人もしくは新設合併に承認しなかった債権者は、無効の訴えを提起することができます（同法264条1項3号・2項3号）。

　合併の無効原因は、合併手続の瑕疵であり、具体的には、合併契約条項の

違法性、合併承認決議の瑕疵、債権者異議手続の不履行などがあげられます。

　合併の無効請求を認容する判決が確定した場合、その確定判決は第三者に対してもその効力を有し（一般社団財団法人法273条）、新設合併設立法人は解散し、消滅した法人は復活することになります。そして、合併後に吸収合併存続法人または新設合併設立法人が負担した債務については、各合併当事法人が連帯して弁済する責任を負い（同法275条1項）、合併後に取得した財産は、各合併当事法人の共有に属することになります（同条2項）。

Q16 一般法人の解散

一般社団法人・一般財団法人はどのような場合に解散するのでしょうか。

◆ 解　説 ◆

1　一般社団法人の解散事由

　一般社団法人は、一般社団財団法人法148条に規定された解散事由に該当する場合に、一般財団法人は同法202条に規定された解散事由に該当する場合に、それぞれ解散します。また、いわゆる休眠法人は、一定の手続のもとで解散したとみなされて（みなし解散）、解散登記がされることがあります。具体的には、一般社団法人について、以下の7つが解散事由として規定されています（一般社団財団法人法148条）。

① 　定款で定めた存続期間の満了
② 　定款で定めた解散の事由の発生
③ 　社員総会の決議
④ 　社員が欠けたこと
⑤ 　当該一般社団法人が消滅する合併を行ったこと
⑥ 　破産手続開始決定があったこと
⑦ 　解散命令（一般社団財団法人法261条1項）または解散の訴えによる解散を命ずる裁判（同法268条）があったこと

　ここでいう上記③の社員総会の決議は、総社員の半数以上であって、総社員の議決権の3分の2（これを上回る割合を定款で定めた場合はその割合）以上に当たる多数をもって行う特別決議が必要となります（一般社団財団法人法49条2項6号）。

　なお、上記の①～④の場合には、2週間以内にその主たる事務所の所在地

にて解散の登記をしなければなりません（一般社団財団法人法308条1項）。

2 一般財団法人の解散事由

　一般財団法人については、以下の7つが解散事由として規定されています（一般社団財団法人法202条）。
① 定款で定めた存続期間の満了
② 定款で定めた解散の事由の発生
③ 基本財産の滅失その他の事由による一般財団法人の目的である事業の成功の不能
④ 当該一般財団法人が消滅する合併を行ったこと
⑤ 破産手続開始決定があったこと
⑥ 解散命令（一般社団財団法人法261条1項）または解散の訴えによる解散を命ずる裁判（同法268条）があったこと
⑦ 純資産額が2期連続で300万円を下回ったこと

　一般財団法人は、設立者の定めた目的を実現すべき法人であるため、一般社団法人が社員総会の決議により解散できるのとは異なり、評議員会の決議等の設立後の法人の機関の意思決定によっては解散することができません。

　③でいう基本財産とは、一般財団法人の財産のうち一般財団法人の目的である事業を行うために不可欠なものとして定款で定めたものをいいます。一般財団法人の理事は、定款で定めるところにより、この基本財産を維持し、かつ、これについて一般財団法人の目的である事業を行うことを妨げることとなる処分をしてはならない義務を負っています（一般社団財団法人法172条2項）。

　また、一般財団法人については、設立時に拠出すべき最低限の財産が300万円と定められていますが（一般社団財団法人法153条2項）、設立時のみならず、その存立中においても同額の財産の保持義務が課されており、2期分の貸借対照表上の純資産額がいずれも300万円未満となった場合には、2期目の定時評議員会の終結の時に解散するものとされています（一般社団財団法人法202条2項）。そして、新設合併の繰り返しにより、この規定の適用を不

当に免れることを防ぐべく、新設合併により設立する一般財団法人については、成立の日における貸借対照表と成立日の属する事業年度についての貸借対照表の純資産額がいずれも300万円未満となった場合には、同事業年度に関する定時評議員会の終結の時に解散するものとされています（一般社団財団法人法202条3項）。

上記の①～③、および⑦の場合には、2週間以内にその主たる事務所の所在地にて解散の登記をしなければなりません（一般社団財団法人法308条1項）。

3　みなし解散について

一般社団法人や一般財団法人は、設立後にその法人の実体がなくなったようなときには、登記がそのまま放置されたり、あるいは、たとえば法人格が不正に売買され、法人制度が反社会的勢力やその共生者（金融ブローカー等）により悪用されるなどの弊害を招くことが避けられません。そこで、一定の期間に活動実体がないと判断される一般社団法人や一般財団法人については、以下に記載した要件が満たされた場合に、これを解散したものとみなして、解散の登記をするという制度が設けられています。これが、みなし解散です（一般社団財団法人法149条、203条）。

①　一般社団法人・一般財団法人に関する登記が最後にあった日から5年を経過していること（このような一般社団法人・一般財団法人をそれぞれ休眠一般社団法人・休眠一般財団法人といいます）

②　法務大臣が、2カ月以内にその主たる事務所を管轄する登記所に事業を廃止していない旨の届出をすべき旨を官報に公告し、登記所が休眠一般社団法人・休眠一般財団法人にその旨の通知を発したこと

③　上記②の期間内に事業を廃止していない旨の届出がなされず、かつ、当該休眠一般社団法人・休眠一般財団法人に関する登記の申請がなされないこと

休眠一般社団法人・休眠一般財団法人は、上記①～③の要件を満たしたときは、上記②の届出期間の満了時において解散したものとみなされ、その場

合には、登記官が職権で解散登記をすることになります（一般社団財団法人法330条、商業登記法72条）。

4 一般社団法人・一般財団法人の継続

　一般社団法人については、上記1の①～③の場合には清算結了までの間に、みなし解散した場合には、みなし解散後3年以内に、社員総会の決議によって一般社団法人を継続することができます（一般社団財団法人法150条）。なお、ここでいう社員総会の決議も、上記1で述べた特別決議であることが必要です（一般社団財団法人法49条2項6号）。一般社団法人が継続すると、解散前の状態に戻り、存立中の一般社団法人として扱われることになります。

　また、一般財団法人については、純資産額が2期連続で300万円を下回ったことにより解散となった後に再び純資産額が300万円以上になった場合には清算結了までの間に、みなし解散した場合にはみなし解散後3年以内に、評議員会の決議によって一般財団法人を継続することができます（一般社団財団法人法204条）。なお、ここでいう評議員会の決議は、議決に加わることができる評議員の3分の2（これを上回る割合を定款で定めた場合にはその割合）以上に当たる多数決をもって行う特別決議であることが必要です（一般社団財団法人法189条2項5号）。一般財団法人が継続すると、解散前の状態に戻り、存立中の一般財団法人として扱われることになります。

5 実務的な観点

　さまざまな使途に利用できる一般社団法人・一般財団法人については、各種スキームのビークルとして、簡便に設立ができるようになりました。それとともに、スキーム変更に伴う解散や合併が、従来より頻繁に行われるようになることが予想されます。現時点では、特に、①運用財産の大規模化により運用収益の増大を図る、②同じ業界内部の団体について意見集約を行い、政策提言等のために効果的に活動できるようにする、③市町村合併等に伴って行政事務の委託先である法人を集約する必要が生じた場合等に、解散や合

併が行われているのが実情です。いずれにせよ、解散、合併にあたっては、残余財産の帰属のあり方等を中心に弁護士、税理士等の専門家と検討し、スキームを立案する必要があります。

Q17 一般法人の清算

一般社団法人・一般財団法人の清算はどのように行われますか。

◆ 解　説 ◆

1　清算の開始と清算法人の機関

(1)　清算の開始

　一般社団法人・一般財団法人は、以下の3つの場合に清算をしなければなりません（一般社団財団法人法206条）。

① 　解散した場合（合併・破産の場合を除く）
② 　設立無効の認容判決が確定した場合
③ 　設立取消しの認容判決が確定した場合

　一般社団法人・一般財団法人につき、上記の事由が発生した場合には、清算手続が開始されます。清算法人は清算の目的の範囲内で清算結了まで存続し（一般社団財団法人法207条）、清算事務を行う機関として清算人が置かれます。清算人は、現務を結了し、債権の取立てや債務の弁済を行ったうえで、残余財産があればその引渡しを行います。以上のような清算事務が終了した後、清算人は、決算報告を作成し、社員総会・評議員会等の承認を受け、これにより清算手続が終了します。清算人は、上記承認の日から2週間以内に主たる事務所の所在地において清算結了の登記を行い、法人が消滅することになります。

(2)　清算法人の機関

a　清　算　人

　清算法人には1人または2人以上の清算人が置かれます（一般社団財団法人法208条1項）。清算人は、定款で定める者、または、社員総会または評議員会の決議によって選任された者がいればその者が清算人となり、これらが

ないときには理事が就任します（一般社団財団法人法209条1項）。さらに、清算人になる者がいないときは、利害関係人の申立てにより裁判所が清算人を選任します（一般社団財団法人法209条2項）。なお、解散命令または解散を命じる裁判によって解散した場合には、裁判所が清算人を選任します（一般社団財団法人法209条3項・4項）。

　清算人が行う職務は、現務の結了、債権の取立ておよび債務の弁済、残余財産の引渡しです（一般社団財団法人法212条）。清算人は、清算法人の業務執行を行い、清算法人を代表します（一般社団財団法人法213条、214条）。

　清算人の報酬は、定款にその額の定めがないときには、社員総会または評議員会の決議によって定めることになります（一般社団財団法人法213条4項、89条）。

b　代表清算人

　清算人は、それぞれ清算法人を代表しますが、清算法人が定款、定款の定めに基づく清算人の互選、社員総会または評議員会の議決により清算人のなかから代表清算人を定めたときには、代表清算人が清算法人を代表することになります。また、理事が清算人となった場合に、代表理事が定められていたときには、当該代表理事が代表清算人になります（一般社団財団法人法214条3項・4項）。

c　清算人会

　清算人が3人以上いる清算法人においては、定款の定めにより、すべての清算人で組織される清算人会を設置することができます（一般社団財団法人法208条、209条5項、65条3項、220条1項）。清算人会は、清算人会設置会社の業務執行の決定、清算人の職務の執行の監督、代表清算人の選定および解職を職務とします（一般社団財団法人法220条2項）。

d　監　事

　清算法人は定款の定めによって監事を置くことができますが（一般社団財団法人法208条2項）、たとえ清算人会設置会社であっても、監事は必置の機関ではありません。ただし、清算開始時に大規模一般社団法人または大規模一般財団法人であった清算法人は監事を置くことが義務づけられています

第2章　一般法人・公益法人の制度の概要とポイント　87

（一般社団財団法人法208条3項）。監事は、清算人の職務の執行を監査し、監査報告を作成し（一般社団財団法人法224条1項、99条1項）、清算法人が作成した貸借対照表等を監査します（一般社団財団法人法228条）。

2 財務諸表等の作成

清算人は、就任後遅滞なく、清算法人の現況を調査し、清算開始の日における財産目録および貸借対照表を作成しなければなりません（一般社団財団法人法225条1項）。また、清算法人は、各清算事業年度に係る貸借対照表および事務報告ならびにこれらの附属明細書を作成しなければなりません（一般社団財団法人法227条1項）。

3 債務の弁済等

清算法人は、清算開始の原因に該当することとなった後、遅滞なく、当該清算法人の債権者に対して、一定の期間内にその債権を申し出るべき旨を官報に公告し、かつ、知れている債権者には、各別にこれを催告しなければなりません。また、その期間は、2カ月を下ることができません（一般社団財団法人法233条1項）。そして、この公告には、当該債権者が当該期間内に申出をしないときには清算から除斥される旨を付記しなければならず（一般社団財団法人法233条2項）、債権者がこの期間内に債権の申出をしなかったときには、清算から除斥されます（一般社団財団法人法238条）。

一方、清算法人は、上記期間内は、債務の弁済をすることができず、その場合でも債務不履行によって生じた責任を免れることができません（一般社団財団法人法234条1項）。ただし、裁判所の許可を得れば、少額の債権、清算法人の財産につき存する担保権によって担保される債権その他これを弁済しても他の債権者を害するおそれがない債権については、これを弁済することができます（一般社団財団法人法234条2項）。

4 残余財産の帰属

清算法人がその債務を弁済した後に残存する財産が残余財産ですが、その

帰属については、定款の定めにより決定されます（一般社団財団法人法239条1項）。そして、定款の定めがないときには、その帰属は清算法人の社員総会または評議員会の決議によって決定されます（一般社団財団法人法239条2項）。

　なお、実務上、残余財産の帰属を定款にどのように定めておくかは税制上の優遇策を受けられるかどうかにかかわり、法人全体の財政状態を考えるうえできわめて重要なポイントになります。なお、一般法人の場合、残余財産の帰属に関し、定款の定め方はおおよそ以下の2通りあります。
① 何も定めないか、もしくは社員等任意の個人・法人に帰属させる旨の規定を置く場合
② 「本会が解散等により清算をする場合において、残余財産があるときは、その残余財産は社員総会の決議を経て、国又は地方公共団体又は公益社団法人及び公益財団法人の認定等に関する法律第5条17号に掲げる法人に贈与するものとする」旨の規定を置く場合

　以上のうち、①の場合には、一般法人は、当初より、法人税法上定められる収益事業（法人税法2条13号、法人税法施行令5条1項の34業種）のみに対する課税という優遇措置を受けられず、通常の株式会社等に対するのと同じ全所得課税を受けることとなります（法人税法4条、5条）。そのうえ、旧民法法人から移行した一般法人の場合は、取戻課税の対象になるおそれもあります。そのような法人税法上の負担の代償として、一般法人は解散時、残余財産をその意思で処分することが許されるのです。

　これに対して、②の場合には、一般法人は解散時、残余財産を国または地方公共団体、公益法人に贈与することとなります。そのかわり、法人税法上定められる収益事業のみに対する課税という優遇措置を受けることができることになります（法人税法2条9号の2、7条、法人税法施行令3条）。

　この他、優遇措置を受けるには、剰余金を配当しないことを定款に定めるなどの種々の要件を満たさなければなりませんので注意が必要となります。

5　清算手続の結了

　清算法人は、清算事務が終了したときには、遅滞なく、決算報告を作成する必要があります（一般社団財団法人法240条1項）。清算人は、決算報告を社員総会または評議員会に提出・提供し、その承認を受けなければなりません（一般社団財団法人法240条3項）。これにより、清算事務は終了となります。

　清算人は、その任務を怠ったときには、清算法人に対して、その任務懈怠によって生じた損害を賠償する責任を負っていますが（一般社団財団法人法217条1項）、上記の決算報告の承認を受けることで、上記の責任を免れることができます（一般社団財団法人法240条4項）。

　そして、清算人は、上記の清算事務の終了のための決算報告を承認した社員総会または評議員会の日から2週間以内に、主たる事務所の所在地において清算結了の登記をしなければなりません（一般社団財団法人法311条）。

　また、清算人は、上記清算結了登記の日から10年間、清算法人の帳簿資料を保存しなければなりません（一般社団財団法人法241条1項）。

6　清算法人が債務超過の場合

　清算人は、清算法人が債務超過となることが明らかになったときには、直ちに破産手続開始の申立てを行わなければなりません（一般社団財団法人法215条1項）。一般社団法人・一般財団法人の清算手続については、原則として裁判所が監督するものではありませんが、債務超過によって破産手続に移行した場合には、裁判所の監督下で破産法に基づいて清算手続が行われることになります。

第2節　公益法人

Q18　公益法人の意義・監督等

公益社団法人、公益財団法人とはどのような法人を指すのでしょうか。公益認定制度の趣旨とともに、公益認定を受けることのメリットとそれに伴う負担を教えてください。また、これらの法人に対する監督はどのような仕組みとなっているのでしょうか。一般国民としても何か役割はあるのでしょうか。

◆　解　説　◆

1　公益社団法人・公益財団法人制度の意義

　一般社団法人・一般財団法人のうち、主に公益目的事業を行う法人は、行政庁（内閣総理大臣・都道府県知事）に公益認定を申請し、公益社団法人・公益財団法人の認定を受けることができ（公益法人認定法4条）、かかる公益認定を受けることにより公益法人の法人格を取得することになります。

　改正前の民法34条は社団法人および財団法人の設立許可およびこれらの監督を、主務官庁の裁量により行うこととしていました。これに対し、公益法人認定法は、公益社団法人および公益財団法人としての認定およびこれらに対する監督を、独立した公益認定等委員会の関与のもとで、内閣総理大臣または都道府県知事が行う制度を設けました。すなわち、公益法人認定法は、法人格の取得と公益性の認定の分離を前提として、一般法人法による法人の設立と公益法人認定法による公益性の認定という二元制度を採用したといえます。このことによって、法人をその事業目的に応じて自由に設立できるようになり、公益性の認定およびその後の監督については、客観的な法律上の

基準に基づいて適正に行うことによって行政庁の裁量的な判断が制約されるようになっています。これらはその法人の自治の促進に資するものといえます。結局、法人自身により適正なガバナンスの確保が図られることを信頼し、それによる国民の利益の増進も図ることを企図している制度となったともいえます。

2 公益認定基準

公益認定基準の主なものとしては、①公益目的事業を行うことを主たる目的としているか、②公益目的事業に係る収入がその実施に要する適正費用を超えることはないか、③公益目的事業比率が100分の50以上の見込みか、④遊休財産額が一定額を超えない見込みか、⑤同一親族等が理事または監事の3分の1以下か、⑥認定取消し等の場合には、公益目的で取得した財産の残額相当額の財産を類似の事業を目的とする他の公益法人に贈与する旨を定款で定めているか、などがあげられます（公益法人認定法5条）。

その一方、欠格事由としては、①暴力団員等が支配している法人、②滞納処分終了後3年を経過しない法人、③認定取消し後5年を経過しない法人、などがあげられています（公益法人認定法6条）。

3 認定の効果—公益認定を受けるメリットとデメリット

公益認定を受けるメリットとしては、①公益法人という名称を独占的に使用することができ、それにより社会的信用を保持することが可能であること、②公益法人およびにこれに対する寄附を行う個人および法人に関する税制上の優遇措置を得られること、などを指摘することができます。特に、寄附を主要な財源として公益目的事業を行う法人にとっては、公益法人になることのメリットは大きいものと思われます。その一方、公益認定を受けるデメリットとしては、①事業活動の制約が考えられること（公益法人認定法5条に規定する各種公益認定の基準を満たすこと、特に認定後においてもこの認定基準を遵守しなければならないこと）、法人によっては②行政庁による指導監督に服することがあげられることもあると思われます。そこで、次に、公益

法人に対する監督についてみることにします。

4 公益法人の監督措置

公益法人に対しては、事業の適正な運営を確保する観点から、運営組織および事業活動について、さまざまな規制が課せられています。ここでは、報告徴収、立入検査、勧告・命令、認定の取消しについて、その要点を概説することとします。

(1) 報告および検査

公益法人は、行政庁より、法人の事業の適正な運営を確保するために必要な限度において、その運営組織および事業活動の状況に関し報告を求められ、行政庁の職員による事務所への立入検査、質問を受けます（公益法人認定法27条1項）。立入検査においては、法人の運営組織および事業活動の状況もしくは帳簿、書類その他の物件が検査の対象となります。

(2) 勧告・命令

行政庁は、公益法人について、相当な理由があると判断した場合には、その公益法人に対し、期限を定めて、必要な措置をとるべき旨の勧告をなすことができる（公益法人認定法28条1項、29条2項）ほか、勧告を受けた公益法人が、正当な理由がなく、その勧告に係る措置をとらなかったときは、その公益法人に対し、その勧告に係る措置をとるべきことを命じることができます（公益法人認定法28条3項）。なお、行政庁は、勧告および命令をしようとするときは、それぞれの事由の区分に定める者（許認可等行政機関、警察庁長官、国税庁長官等）の意見を聴くことができます（公益法人認定法28条5項）。

(3) 公益認定の取消し

公益法人認定法上、公益認定を取り消さなければならない場合（必要的取消事由・公益法人認定法29条1項、任意的取消事由・同条2項）が定められています。

そして、上記の行政庁による勧告、命令、公益認定の取消しに際しては、公益法人認定法28条5項（29条3項において準用する場合を含む）の規定による許認可等行政機関の意見（公益法人認定法6条3号および4号に該当する事

由の有無に係るものを除く）を付して、基本的にはそのつど、国または都道府県の合議制の機関に諮問しなければなりません（公益法人認定法43条1項2号、51条）。また、行政庁は、勧告や命令をしたときは、インターネットの利用その他の適切な方法により、その旨を公示しなければなりません（公益法人認定法28条2項・3項、公益法人認定法施行規則52条、53条）。答申は公表されるので（公益法人認定法44条、52条）、行政庁の処分に対する国民のチェック機能が期待されているといえます。

5　ガバナンスの強化と確保

　以上にみたような監督措置の実効性を確保する観点から不可欠なのが、適切なディスクロージャー制度です。この点、公益法人は、毎事業年度経過後3カ月以内に、①事業計画書、収支予算書、資金調達および設備投資の見込みを記載した書類、②財産目録、③役員等名簿、④理事、監事および評議員に対する報酬等の支給の基準を記載した書類、⑤キャッシュフロー計算書など、多くの書類を行政庁に提出しなければならない（公益法人認定法22条1項）とされています。

　ところで、2008年度税制改正により、公益認定を受けていない一般社団法人・一般財団法人のうち、一定の要件に該当するものについては、「非営利型法人」（非営利性が徹底された法人、共益的活動を目的とする法人）として、法人税法上、公益法人等として取り扱われることになっています（法人税法2条9の2号イ・ロ）。この法人税法上の非営利型法人制度の創設によって、前述したような公益認定の複雑さや、認定後の行政庁の公益法人に対する厳しい指導監督等を甘受してまで公益認定を受けることの必要性は少ないのではないかと考える法人もかなり出現しています。

　そうすると、今後公益法人を選択していく法人としては、税制上の優遇措置やそれによるメリットが大きい法人、すなわち、寄附を主要な財源として公益目的事業を行う法人、または、収益事業で得られた収益を財源の一部として公益目的事業を実施したい法人が考えられるところです。これらの法人が公益法人の主な類型として収斂されていくかどうかはともかくとしても、

[表4] 公益社団法人・公益財団法人、一般社団法人・一般財団法人の簡易比較表

	公益社団法人・公益財団法人	一般社団法人・一般財団法人	特例民法法人のうち、一般社団法人または一般財団法人に移行申請する法人	〈参考〉従来の公益法人
設立（認定・認可）	【認定の基準】一般社団法人・一般財団法人のうち、公益社団法人・公益財団法人の認定等に関する法律（認定法）の基準を満たしている法人を、行政庁が認定する。	【設立】一般法人法の要件を満たせば登記のみで設立できる（準則主義）。	【認可の基準】法人の作成した公益目的支出計画が、適正であり、かつ確実に実施されることが見込まれること。	主務官庁により、公益性を認められたものだけが、法人格を取得できた（各主務官庁の裁量に委ねられていた。なお、1996年に「公益法人の設立許可及び指導監督基準」が整備された）。
事業	公益目的事業費率が100分の50以上の見込みである等の公益認定基準を遵守し、事業を実施することが必要。	各法人の創意工夫により公益的な事業をはじめ、柔軟な事業の展開が可能。	公益目的支出計画実施中においては、計画に定めた実施事業等を着実に実施することが必要であるが、それ以外については、比較的自由な立場で公益的な事業はもとよりさまざまな事業が実施できる。	（上記参照）
運営または監督（主務官庁からの監督）	認定法にのっとった運営が必要。たとえば、公益認定等委員会、都道府県の合議制の機関による報告徴収、立入検査の実施、行政庁による勧告・命令、さらには認定取消し。	法人の自主的な運営が可能。	公益目的支出計画実施中は、毎事業年度、行政庁に対して実施報告する必要がある（公益目的支出計画が終了すれば報告は不要）。	民法上詳細な規定がなく、主務官庁が立入検査を含め監督（設立の上記欄と同様）。
税制	法人税において収益事業のみに課税（ただし、認定法による公益目的事業として認められれば非課税）。寄附税制に関して、	A) 非営利性が徹底された法人、共益的活動を目的とする法人については、法人税において収益事業のみに課税、登録免許税	従前の公益法人税制と同様の課税関係。	―

	寄附優遇の対象となる特定公益増進法人に該当（所得税法78条2項3号、所得税法施行令217条1項3号、法人税法37条4項、法人税法施行令77条3号）。	および受取利子等に係る源泉所得税の課税。 B) A以外の法人については、普通法人と同等の課税。		

　個々の国民も公益法人に対して広い意味でのステークホルダーであることに照らせば、Q1でみたような、従来の公益法人の不祥事等を、一定程度抑止することが、ますます期待されているといえます。

　そこで、国民としては、それを支えるディスクロージャー制度を活用して、法人の活動を監視していくことが期待されます。法人としては、これらの国民の監視に対してきちんとしたディスクロージャーができるよう、弁護士等の専門家によるアドバイスを仰ぎながら、公益法人のよりよいガバナンスの確立を目指していくことが肝要となります。

Q19 公益認定の基準

公益認定はどのような基準で行われますか。

◆ 解　説 ◆

1　概　要

　公益法人認定法5条にあげられた18項目が認定基準となり、すべての項目を満たす必要があります。なお、いずれかの欠格事由（公益法人認定法6条）に該当する場合には公益認定されませんので、理事、監事ないし評議員の人選等には注意が必要となります。
　また、行政機関への意見聴取等の手続が必要なことから、公益認定を申請してから公益認定を受けるまでには、公益認定の申請を受けた行政庁がその時点で抱えている件数にもよるものの、少なくとも数カ月はかかるといわれています。そこで、申請書を提出してから公益認定までの期間も考慮したうえで、そもそも提出する前の申請書自体を外部の専門家にあらかじめ確認しておくことが、最終的には迅速な公益認定につながることでしょう。

2　18項目の認定基準

　上記認定基準の概要は次のとおりです。
① 　公益目的事業を行うことを主たる目的とするものであること（公益法人認定法5条1号）……公益法人認定法2条4号で定義される「公益目的事業」の実施を主たる目的とするということをいいます。移行認定申請時には、公益認定等委員会により、事業内容の公益性がさまざまな観点からの検証にさらされることとなります。
② 　公益目的事業を行うのに必要な経理的基礎および技術的能力を有するものであること（公益法人認定法5条2号）……「経理的基礎」とは、(1)財政

基盤の明確化、(2)経理処理・財産管理の適正性、(3)情報開示の適正性のことを指し、「技術的能力」とは、事業実施のための技術、専門的人材や設備などの能力の確保を指します。まさしく、経理処理の適正性は、法人の適正なガバナンスの確保にかかわる重要な大前提となります。

③ 社員、評議員、理事、監事、使用人等の法人の関係者に対し特別の利益を与えないものであること（公益法人認定法5条3号）……「特別の利益」とは、利益を与える個人または団体の選定や利益の規模が、事業の内容や実施方法等具体的事情に即し、社会通念に照らして合理性を欠く不相当な利益の供与その他の優遇のことをいいます。

④ 株式会社その他の営利事業を営む者等に対し、特別の利益を与える行為を行わないものであること（公益法人認定法5条4号）……ここでいう「特別の利益」も、上記③と同様に解されています。

⑤ 投機的な取引、高利の融資その他の事業であって公益法人の社会的信用を維持するうえでふさわしくないものとして政令で定めるものまたは公序良俗を害するおそれのある事業を行わないものであること（公益法人認定法5条5号）

⑥ 公益目的事業に関わる収入がその実施に要する適正な費用を償う額を超えないと見込まれるもの（公益法人認定法5条6号）

⑦ 公益目的事業以外の収益事業等を行う場合、公益目的事業の実施に支障を及ぼすおそれがないものであること（公益法人認定法5条7号）……上記「支障を及ぼすおそれ」とは、収益事業等への資源配分や事業内容いかんにより公益目的事業の円滑な実施に支障が生じる可能性が生じることをいいます。

⑧ 公益目的事業比率が100分の50以上となると見込まれること（公益法人認定法5条8号）……毎事業年度の公益目的事業比率（公益目的事業の実施に係る経費の、同経費、収益事業等の実施に係る経費および運営に必要な経常的経費の合計額に対する割合）が50％以上であることをいいます。公益認定の申請時には、公益法人認定法5条8号の公益目的事業比率の見込みが50％以上であれば本号を満たすと判断されます。従来の民法法人におい

て、税法上の優遇を受けながら、ひたすら一部の関係者の利益のみを図る過剰な収益事業を実施していた法人があったことから、客観的で一律な事業比率の規制が課せられることとなったといえます。

⑨ 遊休財産額の保有の制限（公益法人認定法5条9号）……遊休財産額とは、公益法人による財産の使用もしくは管理の状況または当該財産の性質にかんがみ、公益目的事業または公益目的事業を行うために必要な収益事業等その他の業務もしくは活動のために現に使用されておらず、かつ、引き続きこれらのために使用されることが見込まれない財産として内閣府令で定めるものの価額の合計額のことをいいます（公益法人認定法16条2項）。

⑩ 理事（監事）および配偶者または三親等内の親族等の合計数が理事（監事）の総数の3分の1を超えないものであること（公益法人認定法5条10号）

⑪ 他の同一の団体の理事（監事）または使用人等の合計数が理事（監事）の合計数の総数の3分の1を超えないものであること（公益法人認定法5条11号）……「他の同一の団体」に該当するか否かは、人格、組織、規則などから同一性が認められる団体ごとに判断するとされています。

⑫ 会計監査人の設置（公益法人認定法5条12号）……会計監査人の設置が不要な公益法人もあります（公益法人認定法施行令6条）。

⑬ 理事、監事、評議員に対する報酬等が、民間事業者の役員の報酬等に比して不当に高額とならない支給基準を定めていること（公益法人認定法5条13号）

⑭ 一般社団法人の社員の資格喪失に関して、当該法人の目的に照らし、不当に差別的な取扱いをする条件その他の不当な条件を付していないものであること等（公益法人認定法5条14号）

⑮ 他の団体の意思決定に関与することができる株式等の財産を保有していないものであること（公益法人認定法5条15号）

⑯ 公益目的事業を行うために不可欠な特定の財産があるときは、その旨ならびに維持および処分の制限につき必要な事項を定款で定めているもので

あること（公益法人認定法5条16号）……「不可欠な特定の財産」とは、法人の目的、事業と密接不可分な関係にあり、当該法人が保有、使用することに意義がある特定の財産を指します。
⑰　公益認定取消処分または合併によって法人が消滅する場合の公益目的取得財産残額の贈与について定款で定めているものであること（公益法人認定法5条17号）
⑱　清算をする場合における残余財産を類似の事業を目的とする他の公益法人等に帰属させる旨を定款で定めているものであること（公益法人認定法5条18号）

3　ガバナンス具備を判断するのに有効な認定基準

　ある法人が公益法人と認定されるためには、不特定かつ多数の者の利益の増進に寄与することを目的としている必要があります（公益法人認定法2条4号）。

　この目的を達成するためには、利益の享受者が特定ないし少数の者に限定されないようにする制度ないし枠組み（ガバナンス）が構築されていることが必要です。ガバナンスを具備しているか否かを公益認定の段階で判断する基準としては、次のものがあります。

　(1)　特別な利益供与について
①　特別な利益供与（公益法人認定法5条3号・4号）……公益法人の財産は、公益目的事業に使用されるべきなので、公益法人から他の団体等に社会通念上不相当な利益が移転し、受入先において同利益等を営利事業や特定の者のために使用されることは適当でありません。また、公益法人が寄附により受け入れた財産を社員、理事等の法人の関係者や営利事業を営む者等、特定の者の利益のために利用されることが認められると、公益法人に対する信頼が損なわれ、国民からの寄附の停滞を招くおそれもあります。このようなことを防止するため、法人の関係者や営利事業者等に特別の利益を与えないことが公益認定基準として設けられています。
②　財産の贈与ないし帰属先（公益法人認定法5条17号・18号）……公益認定の

取消しや合併ないし解散後において、公益事業目的のために公益法人が保有していた財産を外に流出させないため、類似事業を行う他の公益法人等または国もしくは地方公共団体に贈与ないし帰属させる旨の定款を具備することが公益認定基準とされています。①と趣旨を共通にする規定と考えられます。

(2) 特定の者による支配の防止
① 親族支配の防止（公益法人認定法5条10号）……公益法人の運営について、特定の理事（監事）およびその親族等の意向に左右されることを防止するための規定と考えられています。
② 外部者による支配の防止（公益法人認定法5条11号）……公益法人が、特定団体、企業等の利益に基づいて運営されることを回避するための規定と考えられています。

Q20 公益不認定対策のポイント―公益不認定事例等を参考に

当法人は、現在、公益法人への移行認定申請を目指している法人です。移行申請にあたり、公益認定等委員会から、公益不認定を受けることを心配しています。公益不認定を受けることを避けるため、従来の指導内容および現時点での公益不認定事例をふまえて、どのような点に注意すればよいか、教えてください。また、近時、公益認定申請が出されることをにらんで、現在の監督官庁から、民法法人に対し、監督指導等がなされていると聞いていますが、これについても、教えてください。

◆ 解　説 ◆

1　公益不認定対策のポイント

現在の特例民法法人や、一般社団法人・一般財団法人が、公益法人として認定を受けるにあたっては、公益法人認定法に定める公益認定基準を充足すること、および欠格事由に該当しないことが必要になります（公益法人認定法4条～6条、一般社団財団法人等整備法40条、44条）。

このうち、公益認定基準には、大きく分けて、機関運営に関する基準と、事業運営・財務に関する基準があり、移行認定申請にあたっては、法人内部で専門の検討部会等を立ち上げ、現在の法人の運営の実情を十分に再検討することが、迅速な公益認定を取得するうえでのポイントになります。

2　機関運営に関する基準についての公益不認定対策

まず、機関運営に関する基準についての公益不認定対策としては、特に以下の3点に留意することが重要になります。

(1) 社員等および営利事業者等への特別の利益供与に関する規制、報酬支給規制（公益法人認定法5条3号・4号・13号）等の基準に関する公益不認定対策

　いわゆる法人関係者への法人財産の社外流出に関する規制については、従来の民法上の指導監督基準のもとにおいても、漢字検定協会等で重大な問題が指摘されたところであり、適正なガバナンスの確保の観点から非常に重要です。ただ、公益法人認定法のもとでも、「特別の利益」「過大な報酬」等について、解釈の余地が残りますので、専門家と相談のうえ、現在の法人の社員、理事等関係者との取引関係、報酬関係の価格水準、給付内容の再検討を含む総合的な見直しを実施する必要があります。

(2) 特定のグループによる理事の3分の1支配規制（公益法人認定法5条10号・11号）の基準、他の団体の意思決定に関与できる株式等の財産保有制限（同条15号）の基準に関する公益不認定対策

　いわゆるグループ支配規制についても、その趣旨は、法人はその法人の構成員である社員や評議員自身の意思決定に基づいて管理されるべきであるという、適正なガバナンスの確保にあります。この規制に関し、公益不認定を避ける対策として、役員レベルの人事体系の事前の見直しが不可欠になります。従来の民法法人の下での実務上、法人によっては、純粋に公益的な事業を行う法人、会員の共益を図る法人、政策的なアピールを行う法人、法人が利用する不動産の管理を行う法人等を、適正な業務運営管理の観点から別途に立ち上げている例も多くみられます。また、主たる法人の子会社として、法人税法上の考慮から営利事業のみを行う株式会社を立ち上げている例もみられます。このような法人グループが形成された背景には、従来の民法のもとにおける指導監督基準に準拠した個別の監督指導により、目的ごとの法人を立ち上げる方向への政策的誘導があったものと思われます。このような法人グループにおいては、統一的なグループとしての意思決定が可能になるように、中核となる法人の役員が他の法人の役員を兼務する体制がとられている例が多いといえます。しかし、公益法人認定法上、特にすべての法人の役員が兼務されている場合などにおいては端的に上記の基準に抵触する可能性

が高まります。そこで、実務上、公益不認定対策として、3分の1規制に抵触しないような役員人事ローテーションを行うことに関し、事前に十分な法人内部での調整が必要になります。また、子会社の保有株式については、規制される範囲をよく確認のうえ、関係する所得税法、法人税法等の考慮を経たうえで一部株式の譲渡や組織変更等による対応を事前に行う必要があります（公益法人認定法施行令7条、公益法人認定法施行令ガイドラインⅠ-14、公益法人認定法施行規則4条）。

(3) 社員資格に関する不当な条件の設定規制（公益法人認定法5条14号）

これらの社員資格の制限に関しては、広く不特定多数の利益の増進を図るという公益法人の目的に抵触しないかの観点から、慎重な検討を要することになります。基本的には、公益不認定対策として、定款等における社員資格の制限を行うことが、社会通念上、法人の目的および事業内容に照らして合理的な関連性および必要性があるかにつき、専門的な見地から検討を行うことが必要になります。この点に関して、公益不認定とされた事例がありますので、参考としてください（2010年8月26日付神奈川県知事宛神奈川県公益認定等審議会答申：2010年3月23日付都甲第430号諮問の件）。

この事例における法人は、県内の特定の地区内の地権者である企業または団体等に社員資格を限定して、①県内のある地区の「街づくり調整事業」、②地区の「環境対策事業」、③地区の「文化プロモーション事業」、④地区内で事業目的に合致する公益目的の事業を行う団体に助成する「エリアマネジメント活動助成事業」の4つを事業として申請を行ったところ、神奈川県公益認定等審議会は、特に「街づくり調整事業」に関してみれば社員資格を地権者に限定していることは合理的な関連性および必要性がないとしました。その理由としては、街づくりにおいて、地区の魅力を高め、質の高い都市環境の維持向上を図る等の観点からは、地権者のみならず、住民、就業者、来訪者等も街づくりにかかわる主体に含まれうるのであり、地権者に限定することには問題があることをあげています。

3　事業運営・財務に関する基準についての公益不認定対策

次に、事業運営・財務に関する基準についての公益不認定対策としては、特に以下の2点によく留意する必要があります。

(1) 公益目的事業の実施を主目的とすることに関する規制（公益法人認定法5条1号）

法人が展開する事業について、公益目的事業としての認定を受けるためには、後述の18個のチェックポイント（Q21参照）に沿った事業内容になっているのかどうかの観点からの事業見直しが重要になります。この点に関し、公益不認定とされた事例があります。

1つ目は、前述した神奈川県公益認定等審議会の答申の事例です。この法人においては、県内における特定の地区内の地権者のみを社員とし、「街づくり調整事業」として、それら社員である企業または団体間において、街づくりに関するルール形成に必要な意見の集約や共有化を図ることを目的とした事業を実施するとしていました。神奈川県公益認定等審議会は、これに対し、街づくりによる受益は、地権者以外の住民、来訪者等にも生じるものであるのに、それらの者の参画が認められていないのは、公益を主目的とせず、地権者間の調整を目的としていると判断し、公益性を否定しました。この判断からは、一定の地権者のみの法人とすれば、利害関係がはっきりしているので、ガバナンスの確保は図れる一方、それでは公益法人としての資格が認められないという評価が下されたことがわかります。組織をどこまで開かれたものにしつつ、かつ顔のみえる適正なガバナンスを確保するかが、今後の検討課題になります。

2つ目は、加工食品の卸売業による業界団体の民法法人が公益不認定を受けた事例です（2011年2月16日付内閣総理大臣宛内閣府公益認定等委員会答申）。この事例における法人は、加工食品流通の近代化・効率化に関する調査研究、加工食品に関する知識の普及啓発等を目的とし、この目的に関係した「調査研究事業」および「研修・普及啓発事業」の2つを事業として申請したところ、それぞれの事業のうちの一部につき、公益性を否定されまし

た。

　その理由は、大要、調査研究の対象である加工食品流通における基幹情報システムの標準化研究および普及啓発事業、ならびに物流の効率化調査研究および普及開発事業に関しては、申請書上からは、業界の利益の増進を図るものにすぎず、不特定多数の者の公益の利益の増進に寄与するとは認められないというものです。この判断からは、移行申請にあたって、法人内部で、法人の事業内容がどのように公益に結びついているか、いま一度再検討を行い、戦略の構築を図る必要があることがわかります。

　以上は、実際の移行認定申請の過程での公益不認定事例の一例ですが、実際に移行認定申請を行う以前の民法法人に対しても、監督官庁から、地ならし的に、現状の指導監督基準に基づきつつ、移行申請を見越した指導が行われる事例も多数見受けられます。たとえば、2009年以来実施されている内閣の行政刷新会議における事業仕分けと方向性において共通したかたちで、個別の地方自治体等においても、監督指導が行われています。なかには、明確に移行認定を意識して、公益目的事業の名目と実態のズレや、公益目的事業の全体の収支に占める比率についての指導が行われていることが明らかになっています（琉球新報2011年2月11日朝刊「追跡2011」）。

　これらの事例にかんがみると、公益認定申請に先立って、公益法人認定法の立法趣旨に照らし、専門的な見地から法人内部において、事業の受益者についての整理、公益との結びつきの再検討と整理を行うこと、加えてその趣旨を申請書の書面上において十分に主張立証することの重要性が明らかになります。

(2)　収支相償、公益目的事業比率、遊休財産保有制限に関するいわゆる財務三基準に関する規制（公益法人認定法5条6号・8号・9号）

　次に、財務三基準に関する規制について、公益不認定対策という観点から最も注意すべき点は、上記3(1)の公益目的事業として認められるかどうかという点になります。そこで、十分に事業の損益の構造を再検討し、専門家等と相談のうえ、財務三基準の充足性およびその後の運営をシミュレーションすることが望ましいものと思われます。前述の神奈川県公益認定等審議会の

事例、内閣府公益認定等委員会の事例とも、事業の公益性が否定された結果、公益目的事業比率の充足性が否定されています。

　その意味でも、実務上、事業内容の公益性の再検討と、財務三基準の充足性の再検討を一体的に行うことが、公益不認定対策を考えるうえで、効率的であるといえます。

Q21 公益事業目的とは

公益財団法人を目指している法人です。事業の見直しの参考としたいので、公益認定を受ける際にポイントとなる点を教えてください。

◆ 解　説 ◆

1　概　要

　公益目的事業は、①学術、技芸、慈善その他の公益に関する下記2(1)各号に掲げる種類の事業であって、②不特定かつ多数の者の利益の増進に寄与するものと定義されています（公益法人認定法2条4号）。公益認定を受けるにあたっては、法人の行っている事業が上記の①②を充足すると認められることが必要になります。このうち、①については公益法人認定法2条4号別表に定める23種類の事業が、また、上記②については、18の事業区分ごとのチェックポイント（公益認定等ガイドライン）があげられており、事業がその要件に該当するかの見直しが必要になります。ここでは、より重要な②について、検討を行います。この18の各事業区分ごとにチェックポイントは異なります。

2　18の事業区分への該当性

(1)　18の事業区分

18の事業区分は、次のとおりです。

① 　検査検定事業……申請に応じて、主として製品等の安全性、性能等について一定の基準に適合しているかの検査を行い、当該基準に適合していれば当該製品の安全性等を認証する事業のことです。
② 　資格付与事業……申請者の技能・技術等について、一定の水準に達しているかの試験を行い、達していれば申請者に対して資格を付与する事業の

ことです。

③ 講座、セミナー、育成事業……受講者を募り、専門的知識・技能等の普及や人材の育成を行う事業のことです。

④ 体験活動等事業……公益目的のテーマを定め、比較的短期間の体験を通じて啓発、知識の普及等を行う事業のことです。

⑤ 相談、助言事業……相談に応じて、助言やあっせんその他の支援を行う事業のことです。

⑥ 調査、資料収集事業……あるテーマを定めて、法人内外の資源を活用して、意識や実態等についての調査、資料収集または当該調査の結果その他の必要な情報をもとに分析を行う事業のことです。

⑦ 技術開発、研究開発事業……あるテーマを定めて、法人内外の資源を活用して技術等の開発を行う事業のことです。

⑧ キャンペーン、○○月間事業……ポスター、新聞その他の各種広報媒体等を活用し、一定期間に集中して、特定のテーマについて対外的な啓発活動を行う事業のことです。

⑨ 展示会、○○ショー事業……展示という手段により、特定のテーマについて対外的な啓発・普及活動を行う事業（文化および芸術の振興に係る事業を除く）のことです。

⑩ 博物館等の展示事業……歴史、芸術、民俗、産業、自然科学等に関する資料を収集・保管し、展示を行う事業のことです。

⑪ 施設の貸与事業……公益目的のため、一定の施設を個人、事業者等に貸与する事業のことです。

⑫ 資金貸付、債務保証等事業……公益目的で個人や事業者に対する資金貸付や債務保証等を行う事業のことです。

⑬ 助成（応募型）事業……応募・選考を経て、公益目的で、個人や団体に対して資金を含む財産価値のあるものを原則として無償で提供する事業のことです。

⑭ 表彰、コンクール事業……作品、人物等表彰の候補を募集し、選考を経て、優れた作品、人物等を表彰する事業のことです。

⑮　競技会事業……スポーツ等の競技を行う大会を開催する事業のことです。
⑯　自主公演事業……法人が、自らの専門分野について制作または練習した作品を演じ、または演奏する事業のことです。
⑰　主演公演事業……法人が、主として外部制作の公演の選定を行い、主催者として当該公演を実施する事業のことです。
⑱　その他事業……上記に明確に区分できない事業については、下記のaおよびbの要件を充足すれば公益目的事業として認められます。

a　事業目的
不特定多数でない者の利益の増進への寄与を主たる目的に掲げていないか

b　事業の合目的性
(a)　受益の機会の公開
たとえば、受益の機会が一般に公開されているかが問われます。
(b)　事業の質を確保するための方策
たとえば、専門家が適切に関与しているかが問われます。
(c)　審査・選考の公正性の確保
たとえば、当該事業が審査・選考を伴う事業である場合、その審査・選考が公正に行われることになっているかが問われます。
(d)　その他（業界団体の販売促進、共同宣伝になっていないか等）
たとえば、公益目的として設定した事業目的と異なり、業界団体と販売促進、共同宣伝になっていないかが問われます。

(2)　公益認定にあたっての審査の重点

以上の18の各事業区分には、それに該当するかを判断するため、いくつかの要件が充足することが求められています。さらに、その要件の性質につき、大きく分けて以下の6つのグループに区分することができます（内閣府公益認定等委員会「公益目的事業のチェックポイントについて」）。

> a　「審査の公正性や質が確保されていること」が求められる事業のグループ……①、②、⑨、⑬、⑭

b　「事業内容や助言につき、質が確保されていること」が求められる事業のグループ……③、⑤、⑮、⑯
　c　「業界の販売促進や共同宣伝になっていないこと」が求められる事業のグループ……④、⑧、⑫
　d　「調査、資料収集の結果が社会に活用されていること」が求められる事業のグループ……⑥、⑦
　e　「展示や講演等が、公益目的として掲げられたテーマに適していること」が求められる事業のグループ……⑩、⑪、⑰
　f　その他のグループ

　公益認定の観点からは、いかなるチェックポイントに審査の主眼が置かれるかはそれぞれのグループごとに異なってきます。事業の性質ごとにあるべき適正な事業運営のあり方が異なり、ひいては法人全体のガバナンスのあり方が異なるからです。

　aでは、審査の公正性や質が確保されているか否かに審査の重点が置かれることとなります。まず、検査検定の審査にあたって公正性を確保する仕組みが存在しているかが問われます。たとえば、個別審査にあたって申請者と直接の利害関係を有する者の排除、データ等客観的方法による決定が行われているか等の審査がされます。また、検査検定に携わる人員や検査機器についての必要な能力の水準を設定し、その水準に適合していることを確認しているかも重要です。たとえば、検査機器の定期的点検を実施しているか、性能向上、能力評価を実施しているか、法令等により求められる能力について許認可を受けているかなどの審査がされます。

　bでは、相談者に対して適切に助言等の支援を行うことを趣旨としている必要があるため、助言の質の確保に審査の重点が置かれることとなります。そこで、当該相談、助言に専門家が適切に関与しているかといった項目が重要なチェックポイントとなります。たとえば、助言者の資格要件を定め、公開していることなどの審査がされます。

　cについては、そもそも体験活動や不特定多数への広報活動に関係する事

業は、その性質上、販売促進や共同宣伝に利用しやすい特質をもっています。したがって、審査にあたっては、販売促進、共同宣伝になっていないかが重点的に検討されます。

dでは、調査・資料収集、技術開発、研究開発はしても、その結果や資料の社会還元がされていない場合には、不特定かつ多数の者に対する受益がないのではないかが疑われることになるので、社会還元があるかを中心に審査がされます。具体的には、結果の公表があるか、専門家の関与等を判断材料として評価することにより、社会に活用されるかたちの取扱いがなされているか、成果の普及があるか、の審査がされることになります。

eでは、博物館等の展示事業や施設の貸与事業といった展示・貸与・公演の中身が、公益目的と適合しているか否かについて審査がされ、さらに、博物館等の展示事業、主演講演事業については、テーマを適切に定めるとともに、展示、公演内容にそのテーマを反映させているか、一定の質が確保されているかについて審査がされます。特に、施設の貸与事業では、公益目的として設定された使用目的に沿った貸与がされているかについて審査がされます。

3 実務上の指針

公益認定を目指すにあたっては、現在実施している事業が、上記の18の事業区分のどれに該当するのかを検討することが必要になります。そのうえで、17番目の事業該当性が判断された場合には、18番目の事業として取り扱うことができないかを検討する必要があります。事業の該当性が判断された場合は、個々の事業における審査のポイントを満たしているかを検討し、満たしていない場合には、移行認定申請までに事業計画等の見直しが必要になる場合もあります。いずれにせよ、事業の公益性の判断、受益者の範囲のとらえ方等には、法的な観点からの定義づけと実務的な先例の知識が必要になりますので、場合によっては専門家に相談することが必要になります。

Q22 公益法人に対する監督

公益法人にはどのような監督がなされるのでしょうか。

◆ 解　説 ◆

1　概　要

　公益法人に対しては、行政庁（内閣総理大臣または都道府県知事）により、報告徴収、検査、勧告ないし命令等の監督がなされます（公益法人認定法27条）。

　加えて、情報公開を通じた国民による監視監督機能も法律上整備されており、今後はその活用がおおいに期待されるところです。また、行政庁の監督については、法人の外部から定期的になされるにすぎないこと、法人自身の主体的な戦略形成の支援まではできないことから、本当に適正なガバナンスの確保を目指し、かつ活力ある法人運営を目指すうえでは、日々の法人運営の実際に接することができ、専門的知識と経験のある外部の弁護士等の専門家を入れた第三者的機関を活用することが有効と思われます。

2　監　督

(1)　行政庁による監督

a　監督の端緒

　行政庁は、公益法人から、各事業年度ごとに、事業計画書、収支予算書、財産目録等の書類の提出を受けます（公益法人認定法22条1項）。基本的には、これらの書類をもとにして行政庁による監督がなされることになります。

b　監督方法

(a)　報告徴収ないし調査

行政庁は、公益法人の事業の適正な運営を確保するために必要な限度において、内閣府令で定めるところにより、公益法人に対し、その運営組織および事業活動の状況に関し必要な報告を求め、またはその職員に、当該公益法人の事務所に立ち入り、その運営組織および事業活動の状況もしくは帳簿、書類その他の物件を検査させ、もしくは関係者に質問させることができます（公益法人認定法27条1項）。

　(b)　勧告ないし命令

　行政庁は、公益法人について、公益認定の基準に適合しなくなったとき等に該当すると疑うに足りる相当な理由がある場合には、当該公益法人に対し、期間を定めて、必要な措置をとるべき旨の勧告をすることができ、勧告したときは、その内容を公表しなければなりません（公益法人認定法28条1項・2項）。また、勧告を受けた公益法人が、正当な理由がなく勧告に係る措置をとらなかったときは、当該公益法人に対し、勧告に係る措置をとるべきことを命ずることができ、命令をしたときはその旨を公示しなければなりません（公益法人認定法28条3項・4項）。

　上記勧告または命令をしようとする場合、行政庁が内閣総理大臣のときは公益認定等委員会、行政庁が都道府県知事のときは合議制の機関に対し、諮問しなければなりません（公益法人認定法43条1項2号、51条）。

　また、行政庁は、上記勧告または命令をしようとする場合、一定の事由の有無について、許認可等行政機関、警察庁長官等、国税庁長官等の意見を聴くことができますが（公益法人認定法28条5項）、逆に、一定の場合には、許認可等行政機関、警察庁長官等、国税庁長官等から意見を述べられることもあります（公益法人認定法31条）。

　なお、上記公表または公示は、インターネットの利用その他の適切な方法により行うこととされています（公益法人認定法施行規則52条、53条）。

(2)　情報開示による監視監督

　公益法人は、毎事業年度開始の日の前日までに、当該事業年度の事業計画書、収支予算書その他内閣府令で定める書類を作成のうえ、当該事業年度の末日までの間、当該書類をその主たる事務所に、その写しを従たる事務所に

備え置かなければならず（公益法人認定法21条1項）、毎事業年度経過後3カ月以内に、財産目録、役員等名簿、報酬等の支給基準等を作成のうえ、当該書類を5年間主たる事務所に、その写しを3年間その従たる事務所に備え置かなければならないとされています（公益法人認定法21条2項）。

そして、これらの書類は、業務時間内であればいつでも、何人に対しても、請求に応じて閲覧させなければなりません（公益法人認定法21条4項）。

このような備置きないし閲覧制度は、税金その他で一般法人に比して優遇されている公益法人が適正な活動を行っているかどうか、国民が監視監督するために重要な機能を担っています。

3　認定取消し

行政庁は、公益法人に欠格事由が生じたとき、偽りその他不正の手段により公益認定等を受けたとき、正当な理由がなく勧告に係る措置をとるべき命令に従わないとき、公益法人から公益認定取消しの申請があったときには、公益認定を取り消さなければなりません（公益法人認定法29条1項）。また、行政庁は、公益法人が公益認定基準に適合しなくなったとき、公益法人の事業活動等に関する諸規定を遵守していないとき、法令または法令に基づく行政機関の処分に違反したときには、公益認定を取り消すことができます（公益法人認定法29条2項）。

上記取消しをしようとする場合、行政庁が内閣総理大臣のときは公益認定等委員会、行政庁が都道府県知事のときは合議制の機関に対し、諮問しなければなりません（公益法人認定法43条1項2号、51条）。また、行政庁は、上記勧告または命令をしようとする場合、一定の事由の有無について、許認可等行政機関、警察庁長官等、国税庁長官等の意見を聴くことができます（公益法人認定法29条3項、28条5項）。なお、上記公示は、インターネットの利用その他の適切な方法により行うこととされています（公益法人認定法施行規則52条）。

4　問題点ないしガバナンス確保のためのヒント

(1)　行政庁による監督の意義と限界

　税制その他で優遇を受ける公益法人の活動に対して行政庁による監督が行われることは、公益法人の適切な活動を担保するうえでむしろ望ましいとも考えられます。

　もっとも、この制度はあくまで行政庁による監督が十分に機能することが大前提ですから、この監督が機能不全に陥れば、従来の公益法人制度で指摘されていたように、所轄官庁と一部の特殊な関係に立つ公益法人の間での不適切な関係等の弊害が再燃しかねません。

(2)　第三者機関による監督

　そこで、公益法人に対する監督については、行政庁ではなく第三者機関が行うべきであるとの意見も根強く主張されています。

　第三者機関の参考になるものとして前述の相撲協会の事例があげられます。同協会には、第三者委員会である特別調査委員会が設置され、純粋の外部メンバーではないものの、同協会の外部理事、外部監事、有識者および弁護士が委員となりました。また、同委員会設置後、別途ガバナンスの整備に関する独立委員会も設置され、大学教授や弁護士といった同協会の外部者が委員となりました（なお、第三者委員会については、本村健ほか編『第三者委員会―設置と運用』を参考にしてください）。

　その他、不祥事発生を未然に防ぐ手段として、公益法人に対する監督における第三者機関の関与がおおいに期待されるところです。具体的には、①現監督機関である行政庁の判断に弁護士など専門家の意見を反映させる仕組みを新たにつくること、②監督権者を行政庁以外の第三者機関としたうえで、同機関の構成メンバーにガバナンスの専門家である弁護士や会計や税務の専門家を登用する仕組みをつくること等が考えられます。

Q23 公益法人の計算書類等

公益社団法人・公益財団法人の計算書類等と株式会社の計算書類等の違いを教えてください。

◆ 解　説 ◆

1 計算書類作成の趣旨

株式会社は、営利を目的とするものであり、会社法上、一定の計算書類等の作成が義務づけられます（会社法435条）。その趣旨は、①株主と債権者への財務内容の正確な情報提供と②株主への分配可能額の算定を行うことにあります。これに対し、公益社団法人・公益財団法人は、営利ではなく公益の実現を目的としており（公益法人認定法1条）、一般社団財団法人法・公益法人認定法上、一定の計算書類等の作成が義務づけられます（一般社団財団法人法123条1項・2項、199条、公益法人認定法21条1項・2項）。その趣旨は、①社員、評議員、行政庁等への財務内容の正確な情報提供と②公益法人認定法上課せられる財務上の規制を満たしているかを判断することにあります。財務面からの適正なガバナンスの確保という観点は共通でありながら、各々の制度趣旨を反映し、作成すべき計算書類等の種類、内容も異なります。

2 作成すべき計算書類等の違い

(1) 作成すべき計算書類等の対比表

公益社団法人・公益財団法人と株式会社は各々、［表5］のとおりの計算書類等の作成を義務づけられ、相違点は以下のとおりです。

a 事業年度開始前の事業計画書、収支予算書等の作成・開示義務の有無

公益社団法人・公益財団法人には、事業運営の透明性の確保の観点から、これらの作成・備置・開示が義務づけられていますが、株式会社には、企業

運営の機密保持等の観点から、義務づけられていません。

b 財産目録・キャッシュフロー計算書・運営組織および事業活動の概要およびこれらに関する数値のうち重要なものを記載した書類の作成、開示義務の有無

公益社団法人・公益財団法人には、事業運営・財産管理の透明性、財務運営基準の充足のため、これらの書類の作成・備置・開示が義務づけられていますが、株式会社は、内部管理の便宜上自主的に作成されることはあっても、義務づけられてはいません。

[表5] 公益法人と株式会社の計算書類等の比較

作成すべき計算書類等の概要		
	公益社団法人・公益財団法人	株式会社
①	事業計画書	―
②	収支予算書	―
③	資金調達および設備投資の見込みを記載した書類	―
④	財産目録	―
⑤	キャッシュフロー計算書（注）	―
⑥	運営組織および事業活動の概要およびこれらに関する数値のうち重要なものを記載した書類	―
⑦	各事業年度に係る計算書類（貸借対照表、および損益計算書（正味財産増減計算書）、各々の内訳表）	各事業年度に係る計算書類（貸借対照表および損益計算書、株主資本変動計算書および個別注記表）
⑧	事業報告書	事業報告書
⑨	これらの附属明細書	これらの附属明細書
⑩	監査報告書	監査報告書
⑪	会計監査報告書（注）	会計監査報告書（注）

（注） 会計監査人を設置した場合のみ。

[資料３]　公益社団法人経済同友会　平成22年度貸借対照表内訳表

貸借対照表内訳表
（平成23年3月31日現在）

公益社団法人　経済同友会　　　　　　　　　　　　　　　　　　　　　　　　　　　　（単位：円）

科　目	公益目的事業会計	収益事業等会計	法人会計	内部取引消去	合　計
Ⅰ　資産の部					
１．流動資産					
現金預金	108,581,253	36,278,599	222,365,202		367,225,054
前払金	0	400,000	28,493		428,493
仮払金	2,585,763	2,123,030	47,875		4,756,668
流動資産合計	111,167,016	38,801,629	222,441,570	0	372,410,215
２．固定資産					
(1)基本財産					
基本財産維持資産	(1,423,747,872)	(0)	(0)	(0)	(1,423,747,872)
基本財産維持預金	61,979,243				61,979,243
投資有価証券（公社債）	962,265,825				962,265,825
投資有価証券（株式）	399,502,804				399,502,804
基本財産合計	1,423,747,872	0	0	0	1,423,747,872
(2)特定資産					
退職給付引当資産	(181,668,708)	(37,402,381)	(48,088,775)	(0)	(267,159,864)
退職給付引当預金	45,635,137	9,395,469	12,079,889		67,110,495
投資有価証券	136,033,571	28,006,912	36,008,886		200,049,369
減価償却引当資産	(84,041,035)	(10,914,421)	(14,188,746)	(0)	(109,144,202)
減価償却引当預金	29,164,764	3,787,632	4,923,921		37,876,317
投資有価証券	54,876,271	7,126,789	9,264,825		71,267,885
公益目的事業資産	(420,803,880)	(0)	(0)	(0)	(420,803,880)
投資有価証券	420,803,880	0	0	420,803,880	
特定資産合計	686,513,623	48,316,802	62,277,521	0	797,107,946
(3)その他固定資産					
建物附属設備	16,338,422	2,121,873	2,758,435		21,218,730
什器備品	6,878,341	893,291	1,161,278		8,932,910
ソフトウェア	30,721,016	3,989,742	5,186,665		39,897,423
敷金	44,810,811	5,517,247	16,955,442		67,283,500
保証金	252,000	48,000	960,000		1,260,000
その他固定資産合計	99,000,590	12,570,153	27,021,820	0	138,592,563
固定資産合計	2,209,262,085	60,886,955	89,299,341	0	2,359,448,381
資産合計	2,320,429,101	99,688,584	311,740,911	0	2,731,858,596
Ⅱ　負債の部					
１．流動負債					
未払金	2,220,256	457,111	1,309,515		3,986,882
預り金	2,481,839	321,356	4,732,493		7,535,688

賞与引当金	16,903,694	3,480,172	4,474,507		24,858,373
流動負債合計	21,605,789	4,258,639	10,516,515	0	36,380,943
2. 固定負債					
退職給付引当金	181,668,707	37,402,381	48,088,776		267,159,864
固定負債合計	181,668,707	37,402,381	48,088,776	0	267,159,864
負債合計	203,274,496	41,661,020	58,605,291	0	303,540,807
Ⅲ 正味財産の部					
1．指定正味財産					
受取寄付金	1,026,847,257	0	0	0	1,026,847,257
（うち基本財産への充当額）	(1,026,847,257)	(0)	(0)	(0)	(1,026,847,257)
（うち特定資産への充当額）	(0)	(0)	(0)	(0)	(0)
2．一般正味財産					
一般正味財産	1,090,307,348	58,027,564	253,135,620	0	1,401,470,532
（うち基本財産への充当額）	(396,900,615)	(0)	(0)	(0)	(396,900,615)
（うち特定資産への充当額）	(504,844,915)	(10,914,421)	(14,188,746)	(0)	(529,948,082)
正味財産合計	2,117,154,605	58,027,564	253,135,620	0	2,428,317,789
負債および正味財産合計	2,320,429,101	99,688,584	311,740,911	0	2,731,858,596

c 株主資本等変動計算書および個別注記表の作成の有無

　株式会社では、剰余金配当計算の便宜、剰余金配当・純資産の部の変動が取締役会で決定される場合があることに対応し、株主に期中の変動に関し情報提供するため、株主資本等変動計算書の作成が義務づけられます。個別注記表も、計算書類等での情報提供を補うために作成が義務づけられます。これに対し、営利を目的とせず、剰余金配当を想定していない公益社団法人・公益財団法人には、これらの書類の作成は義務づけられていません。

3　貸借対照表・損益計算書の内容の相違

(1)　会計基準の相違

　株式会社の会計は、「一般に公正妥当と認められる企業会計の慣行」に従わなければならないとされ（会社法431条）、実務上は、財団法人財務会計基準機構の企業会計基準委員会が作成する会計基準をはじめとする各種基準に準拠して会計処理をすることになります。これに対し、公益社団法人・公益

財団法人の会計は、「一般に公正妥当と認められる公益法人の会計基準その他の公益法人の会計の慣行」によるものとされ（公益法人認定法施行規則12条）、実務上は、公益法人会計基準（2008年4月11日、内閣府公益認定等委員会）をはじめとする各種基準に準拠して会計処理をすることになります。

(2) 財務運営に関する規制の相違

公益社団法人・公益財団法人の財務運営に関しては、税制上の優遇と引き換えに、以下に述べる3つの法律上の規制（通称財務三基準）が課せられます。第一に、公益目的事業の収入がその実施に要する適正な費用を償う額を超えないと見込まれる「収支相償」基準です（公益法人認定法14条）。第二に、公益目的事業に要する事業費の額（費用）が法人全体の事業費および管理費の合計額に占める割合が50％以上であると見込まれる「公益目的事業比率」の基準です（公益法人認定法15条）。第三に、純資産のうち、具体的な使途の決まっていない財産額が1年分の公益目的事業比率を超えないと見込まれる「遊休財産額保有制限」の基準です（公益法人認定法16条）。これらの規定の趣旨は、公益目的に十分に財産を拠出させることにあります。これに対して、株式会社の財務運営に関しては、株主・債権者保護のための剰余金配当に関する規制等はありますが、運営の自由を著しく制約するような収入、費用、財産保有の金額に関する会社法上の規制はありません。

(3) 事業区分の義務づけに関する規制の相違

公益社団法人・公益財団法人の財務運営においては、前記のような財務三基準の規制を充足する必要があります。そこで、その前提として、貸借対照表、損益計算書（正味財産増減計算書）について、公益目的事業、収益事業等の区分経理を行い、内訳表を作成することが義務づけられています（公益法人認定法19条）。これに対し、会社法に基づく株式会社の会計においては、内部管理の便宜上自主的に作成されることはあっても、これらの書類の作成は義務づけられてはいません。

4 公益法人における計算書類等の実例

公益社団法人・公益財団法人の例として、公益社団法人経済同友会の平成

[資料4] 公益社団法人経済同友会　平成22年度正味財産増減計算書内訳表

正味財産増減
平成22年4月1日から

公益社団法人　経済同友会

科　目	公益目的事業会計				
	政策調査事業	国際事業	政策広報活動事業	共通	小計
Ⅰ　一般正味財産増減の部					
1．経常増減の部					
(1)経常収益					
①基本財産運用益	〔　　　　0〕	〔　　　　0〕	〔　　　　0〕	〔　19,337,879〕	〔　19,337,879〕
基本財産受取利息				3,809,509	3,809,509
基本財産受取利息振替額				7,877,912	7,877,912
基本財産受取配当金振替額				7,650,458	7,650,458
②特定資産運用益	〔　1,621,102〕	〔　208,368〕	〔　132,061〕	〔　6,225,564〕	〔　8,187,095〕
特定資産受取利息	1,621,102	208,368	132,061	6,225,564	8,187,095
③受取入会金	〔　　　　0〕	〔　　　　0〕	〔　　　　0〕	〔　6,700,000〕	〔　6,700,000〕
入会金				6,700,000	6,700,000
④受取会費	〔　　　　0〕	〔　　　　0〕	〔　　　　0〕	〔389,700,000〕	〔389,700,000〕
通常会費				261,900,000	261,900,000
維持会費				127,800,000	127,800,000
研究会費					0
⑤受取寄付金	〔　　　　0〕	〔　　　　0〕	〔　　　　0〕	〔124,800,000〕	〔124,800,000〕
法人賛助会費				124,800,000	124,800,000
⑥雑収益	〔　　　　0〕	〔　　　　0〕	〔　　　　0〕	〔　　6,048〕	〔　　6,048〕
受取利息					0
雑収益				6,048	6,048
経常収益計	1,621,102	208,368	132,061	546,769,491	548,731,022
(2)経常費用					
①事業費	〔441,492,972〕	〔82,778,609〕	〔74,144,759〕	〔　　　　0〕	〔598,416,340〕
役員報酬	13,171,275	1,283,292	3,736,292		18,190,859
給与手当	148,347,546	21,594,843	13,505,776		183,448,165
賞与引当金繰入額	12,929,638	1,826,704	1,429,252		16,185,594
退職給付費用	13,342,836	1,940,776	1,212,985		16,496,597
福利厚生費	26,639,330	3,874,814	2,421,752		32,935,896
建物附属設備減価償却費	2,364,420	211,739	141,160		2,717,319
什器備品減価償却費	2,137,155	191,387	127,591		2,456,133
ソフトウェア償却費	18,987,788	1,700,399	1,133,600		21,821,787
会議費	21,995,755	6,599,298	12,951,977		41,547,030
諸謝金	5,619,619	1,517,329	1,088,610		8,225,558
関係費	12,231,240	24,595,269	2,481,346		39,307,855
事務所借室費	98,387,634	8,829,660	5,045,517		112,262,811
旅費交通費	2,285,908	230,747	1,441,699		3,958,354
通信・郵送費	6,580,664	868,262	5,635,083		13,084,009
印刷・資料費	25,225,473	2,463,706	19,358,838		47,048,017
支払負担金	945,000	2,390,505	293,748		3,629,253

計算書内訳表
平成23年3月31日まで

(単位：円)

収益事業等会計				法人会計	内部取引消去	合　　計
研究事業	会員管理事業	共通	小計			
(0)	(0)	(0)	(0)	(0)	(0)	(19,337,879)
			0	0		3,809,509
		0		0		7,877,912
			0	0		7,650,458
(152,614)	(208,368)	(0)	(360,982)	(465,166)	(0)	(9,013,243)
152,614	208,368		360,982	465,166		9,013,243
(0)	(0)	(0)	(0)	(0)	(0)	(6,700,000)
			0	0		6,700,000
(45,740,000)	(0)	(104,760,000)	(150,500,000)	(157,140,000)	(0)	(697,340,000)
		104,760,000	104,760,000	157,140,000		523,800,000
			0	0		127,800,000
45,740,000			45,740,000	0		45,740,000
(0)	(0)	(0)	(0)	(0)	(0)	(124,800,000)
			0	0		124,800,000
(0)	(0)	(1,152)	(1,152)	(994,490)	(0)	(1,001,690)
			0	994,490		994,490
		1,152	1,152	0		7,200
45,892,614	208,368	104,761,152	150,862,134	158,599,656	0	858,192,812
(76,538,066)	(48,111,844)	(0)	(124,649,910)		(0)	(723,066,250)
1,283,292	490,600		1,773,892			19,964,751
16,178,131	20,802,843		36,980,974			220,429,139
1,404,069	1,737,837		3,141,906			19,327,500
1,455,582	1,940,775		3,396,357			19,892,954
2,906,109	3,874,814		6,780,923			39,716,819
141,159	211,739		352,898			3,070,217
127,591	191,388		318,979			2,775,112
1,133,599	1,700,399		2,833,998			24,655,785
36,430,994	881,203		37,312,197			78,859,227
4,805,352	0		4,805,352			13,030,910
42,000	0		42,000			39,349,855
5,045,517	8,829,659		13,875,176			126,137,987
251,520	140,953		392,473			4,350,827
820,139	1,627,947		2,448,086			15,532,095
2,741,656	3,025,815		5,767,471			52,815,488
0	0		0			3,629,253

公益社団法人　経済同友会

科　目	公益目的事業会計				
	政策調査事業	国際事業	政策広報活動事業	共通	小計
情報機器維持費	26,566,295	2,379,072	1,586,046		30,531,413
清掃費	2,073,636	186,096	106,340		2,366,072
消耗品費	811,467	72,670	48,444		932,581
雑費	850,293	22,041	398,703		1,271,037
②管理費					
役員報酬					
給与手当					
賞与引当金繰入額					
退職給付費用					
福利厚生費					
建物附属設備減価償却費					
什器備品減価償却費					
ソフトウェア償却費					
会議費					
事務所借室費					
旅費交通費					
通信・郵送費					
印刷・資料費					
支払負担金					
情報機器維持費					
事務所諸経費					
有価証券運用損					
経常費用計	441,492,972	82,778,609	74,144,759	0	598,416,340
評価損益等調整前当期経常増減額	△439,871,870	△82,570,241	△74,012,698	546,769,491	△49,685,318
基本財産評価損益等				△52,687	△52,687
特定資産評価損益等	△68,336	△6,120	△4,080		△78,536
評価損益等計	△68,336	△6,120	△4,080	△52,687	△131,223
当期経常増減額	△439,940,206	△82,576,361	△74,016,778	546,716,804	△49,816,541
2．経常外増減の部					
(1)経常外収益					
経常外収益計	0	0	0	0	0
(2)経常外費用					
①固定資産売却・除却損	[32,338]	[2,896]	[1,931]	[0]	[37,165]
什器備品除却損	32,338	2,896	1,931		37,165
経常外費用計	32,338	2,896	1,931	0	37,165
当期経常外増減額	△32,338	△2,896	△1,931	0	△37,165
当期一般正味財産増減額	[△439,972,544]	[△82,579,257]	[△74,018,709]	[546,716,804]	[△49,853,706]
一般正味財産期首残高	[ ]	[ ]	[ ]	[1,140,161,055]	[1,140,161,055]
一般正味財産期末残高	[△439,972,544]	[△82,579,257]	[△74,018,709]	[1,686,877,859]	[1,090,307,349]
Ⅱ　指定正味財産増減の部					
①基本財産運用益	[0]	[0]	[0]	[16,061,618]	[16,061,618]
基本財産受取利息				8,411,160	8,411,160

(単位：円)

収益事業等会計				法人会計	内部取引消去	合計
研究事業	会員管理事業	共通	小計			
1,586,046	2,379,072		3,965,118			34,496,531
106,340	186,096		292,436			2,658,508
48,444	72,670		121,114			1,053,695
30,526	18,034		48,560			1,319,597
				〔 227,847,442〕	〔 0〕	〔 227,847,442〕
				17,398,166		17,398,166
				46,806,399		46,806,399
				5,530,873		5,530,873
				4,366,746		4,366,746
				8,718,329		8,718,329
				458,768		458,768
				414,672		414,672
				3,684,198		3,684,198
				20,263,413		20,263,413
				42,450,605		42,450,605
				2,819,520		2,819,520
				1,320,238		1,320,238
				1,949,468		1,949,468
				8,091,639		8,091,639
				5,154,656		5,154,656
				57,934,331		57,934,331
				485,421		485,421
76,538,066	48,111,844	0	124,649,910	227,847,442	0	950,913,692
△30,645,452	△47,903,476	104,761,152	26,212,224	△69,247,786	0	△92,720,880
			0	0		△52,687
△4,080	△6,119		△10,199	△13,259		△101,994
△4,080	△6,119	0	△10,199	△13,259	0	△154,681
△30,649,532	△47,909,595	104,761,152	26,202,025	△69,261,045	0	△92,875,561
0	0	0	0	0	0	0
〔 1,931〕	〔 2,896〕	〔 0〕	〔 4,827〕	〔 6,274〕	〔 0〕	〔 48,266〕
1,931	2,896		4,827	6,274		48,266
1,931	2,896	0	4,827	6,274	0	48,266
△1,931	△2,896	0	△4,827	△6,274	0	△48,266
〔△30,651,463〕	〔△47,912,491〕	〔 104,761,152〕	〔 26,197,198〕	〔△69,267,319〕	〔 0〕	〔△92,923,827〕
〔 〕	〔 〕	〔 31,830,362〕	〔 31,830,362〕	〔 322,402,942〕	〔 〕	〔 1,494,394,359〕
〔△30,651,463〕	〔△47,912,491〕	〔 136,591,514〕	〔 58,027,560〕	〔 253,135,623〕		〔 1,401,470,532〕
〔 0〕	〔 0〕	〔 0〕	〔 0〕	〔 0〕	〔 0〕	〔 16,061,618〕
				0		8,411,160

公益社団法人　経済同友会

科　目	公益目的事業会計				
	政策調査事業	国際事業	政策広報活動事業	共通	小計
基本財産受取配当金				7,650,458	7,650,458
②受取寄付金	〔　　　　0〕	〔　　　　0〕	〔　　　　0〕	〔　9,000,000〕	〔　9,000,000〕
基本財産維持会費				9,000,000	9,000,000
③基本財産評価損	〔　　　　0〕	〔　　　　0〕	〔　　　　0〕	〔△94,732,165〕	〔△94,732,165〕
基本財産投資有価証券評価損	0	0	0	△94,732,165	△94,732,165
④一般正味財産への振替額	〔　　　　0〕	〔　　　　0〕	〔　　　　0〕	〔△15,528,370〕	〔△15,528,370〕
基本財産運用益振替額				△15,528,370	△15,528,370
当期指定正味財産増減額	〔　　　　0〕	〔　　　　0〕	〔　　　　0〕	〔△85,198,917〕	〔△85,198,917〕
指定正味財産期首残高	〔　　　　〕	〔　　　　〕	〔　　　　〕	〔1,112,046,174〕	〔1,112,046,174〕
指定正味財産期末残高	〔　　　　0〕	〔　　　　0〕	〔　　　　0〕	〔1,026,847,257〕	〔1,026,847,257〕
Ⅲ．正味財産期末残高	〔△439,972,544〕	〔△82,579,257〕	〔△74,018,709〕	〔2,713,725,116〕	〔2,117,154,606〕

　22年度分の貸借対照表・正味財産増減計算書の内訳表（資料3・4）を取り上げます。この事例では、公益社団法人の勘定科目について適用される会計基準を反映し、かつ法人の事業の実態に即した科目が選択されています。公益社団法人経済同友会は、定款上、①経済・経営・社会問題に関する調査、研究、審議、立案、建議、②海外経済界・国際経済団体との共通課題の意見交換、協力、③本会の事業に関する情報発信ならびに政策実現に向けた関係者との議論、④会員相互の理解、研鑽、⑤その他本会の目的達成に必要な事業等を事業目的としていますが、そのうち、政策調査事業、国際事業、政策広報活動事業を公益目的事業とし、研究事業、会員管理事業等を収益事業として運営を行っていることがわかります。

　これに対して、株式会社は、単体の貸借対照表・損益計算書においては、そのような事業区分を行っていません。内部管理的には、各種の管理方法が採用されているものと思われますが、その区分経理の開示は義務づけられていません。

　いずれにせよ、それぞれの制度が想定する適切なガバナンスの確保のために、計算書類等は重要な要素となるといえます。

(単位：円)

収益事業等会計				法人会計	内部取引消去	合　　計
研究事業	会員管理事業	共通	小計			
			0			7,650,458
〔　　　　0〕	〔　　　　0〕	〔　　　　0〕	〔　　　　0〕	〔　　　　0〕	〔　　　　0〕	〔　9,000,000〕
			0			9,000,000
〔　　　　0〕	〔　　　　0〕	〔　　　　0〕	〔　　　　0〕	〔　　　　0〕	〔　　　　0〕	〔　△94,732,165〕
			0			△94,732,165
〔　　　　0〕	〔　　　　0〕	〔　　　　0〕	〔　　　　0〕	〔　　　　0〕	〔　　　　0〕	〔　△15,528,370〕
			0			△15,528,370
〔　　　　0〕	〔　　　　0〕	〔　　　　0〕	〔　　　　0〕	〔　　　　0〕	〔　　　　0〕	〔　△85,198,917〕
〔　　　　〕	〔　　　　〕	〔　　　　〕	〔　　　　0〕	〔　　　　0〕	〔　　　　〕	〔　1,112,046,174〕
〔　　　　0〕	〔　　　　0〕	〔　　　　0〕	〔　　　　0〕	〔　　　　0〕	〔　　　　0〕	〔　1,026,847,257〕
〔△30,651,463〕	〔△47,912,491〕	〔 136,591,514〕	〔 58,027,560〕	〔 253,135,623〕	〔　　　　0〕	〔　2,428,317,789〕

Q24 公益法人の情報開示

公益社団法人・公益財団法人と株式会社を対比して、計算書類等の情報開示の仕組みで異なる点はあるのでしょうか。

◆ 解　説 ◆

1　情報開示の趣旨の相違点

　株式会社が法律上作成することを義務づけられた計算書類等については、会社法上、株主と債権者に対し、財務内容の正確な情報提供を行うため、各種の情報開示の制度が設けられています。その半面、株主・債権者でもない広く公衆に対する情報開示は、公告で要求される限度にとどまり（会社法939条）、営業秘密の保護等の観点からそれ以上の開示は、要求されていません。

　これに対し、公益社団法人・公益財団法人については、その計算書類等について、社員、評議員等に対する情報開示の制度があることはもとより、行政庁への財務内容の正確な情報提供のための情報開示の制度も準備されています。これは、行政庁が、適正なガバナンスの確保の観点から、税制優遇を受ける公益社団法人・公益財団法人として適正な事業・財務運営がなされているかを監督し、担保する役割を担っているためです。それに加え、広く公益に資する活動を行うことを担保するため、公衆に対して情報開示することも義務づけられています。

　上記のような各々の法人の性格づけに対応し、情報開示の仕組みも異なっています。

2 公益社団法人・公益財団法人の計算書類等の開示スケジュール

(1) 作成・備置・公告による開示

公益社団法人・公益財団法人の計算書類等については、［表6］のスケジュールで、作成・備置・公告による開示が要求されています。

(2) 閲覧請求権による開示

何人も、原則として、公益社団法人・公益財団法人の業務時間内であれば、いつでも、上記の①〜⑪の書類に関し、その書面またはその書面の写し

［表6］ 公益法人の開示スケジュール概要

公益社団法人・公益財団法人の開示スケジュールの概要		
①	事業計画書	事業年度開始前日までに備置
②	収支予算書	
③	資金調達および設備投資の見込みを記載した書類	
④	財産目録	事業年度経過後3カ月以内に作成、その後その主たる事務所に5年間、その従たる事務所に3年間備置
⑤	キャッシュフロー計算書（注1）	
⑥	運営組織および事業活動の概要およびびこれらに関する数値のうち重要なものを記載した書類	
⑦	各事業年度に係る計算書類（貸借対照表、および損益計算書（正味財産増減計算書）、各々の内訳表）	① 定時社員総会の1週間前の日（理事会設置の場合は2週間前の日）から5年間備置、定時評議員会の2週間前の日から5年間その主たる事務所に、3年間その従たる事務所に備置 ② 定時社員総会または定時評議員会終結後遅滞なく公告（注2）
⑧	事業報告書	
⑨	これらの附属明細書	
⑩	監査報告書	
⑪	会計監査報告書（注1）	

(注1) 会計監査人を設置した場合のみ。
(注2) ただし、負債総額200億円以上の大規模法人の場合に限り、貸借対照表に加え、損益計算書（正味財産増減計算書）の公告までが必要。

(電磁的記録の場合も可)の閲覧を請求をすることができます(公益法人認定法21条4項)。なお、この閲覧に関しては、定款、役員等名簿、役員報酬支給基準等も対象となります。ただし、役員名簿、社員名簿に関しては、個人の住所記載、記録を除外して閲覧させることができます(公益法人認定法21条5項)。

(3) 行政庁への提出と公開による開示

公益社団法人・公益財団法人は、毎事業年度経過後3カ月以内に、事業報告に係る提出書(様式5号、公益法人認定法施行規則38条1項)にあわせて、①〜⑪の書類等を提出しなければなりません(詳細は、公益法人認定法22条1項、公益法人認定法施行規則38条)。行政庁は、公益社団法人・公益財団法人から提出された上記書類等について、請求があった場合には、一定の要件のもとでその閲覧または謄写をさせなければなりません(公益法人認定法22条2項)。

3 開示スケジュールの相違に関する留意点

公益社団法人・公益財団法人と株式会社の開示スケジュールは、各事業年度に係る計算書類(貸借対照表、および損益計算書(正味財産増減計算書)、各々の内訳表)、事業報告書、これらの附属明細書、監査報告書、会計監査報告書の開示についてみれば、基本的にほぼ共通の仕組みになっています。

すなわち、株主総会、社員総会、評議員会の期日の1週間前(例外的に2週間前)から、本・支店(主たる事務所および従たる事務所)に備置が必要になる点、その後の5年(支店、従たる事務所では3年)の備置が必要な点等は共通です(会社法442条、一般社団財団法人法129条1項・2項、199条)。また、原則として貸借対照表が公告の対象となるものの、大規模な法人に限り、例外的に損益計算書の公告まで求められる点もおおむね共通しています(会社法440条、一般社団財団法人法128条1項、199条)。

ただし、公益社団法人・公益財団法人には、株式会社とは異なり、財務三基準をはじめとした公益認定基準の充足が求められます。そこで、その充足状況の判定等のため、事業計画書、収支予算書、資金調達および設備投資の

見込みを記載した書類を事業年度開始までに開示する必要があります（公益法人認定法21条1項、公益法人認定法施行規則27条）。

また、事業年度終了後3カ月以内に、財産目録、キャッシュフロー計算書、運営組織および事業活動の概要ならびにこれらに関する数値のうち重要なものを記載した書類の開示が求められ、その後5年間（支店、従たる事務所では3年間）の備置が求められます（公益法人認定法21条2項、公益法人認定法施行規則28条）。

これらの点は、株式会社の開示スケジュールとは大きく相違する点です。もっとも、ガバナンスや内部統制の前提やその機能が十分発揮されているかを確認するという観点からみれば、両制度とも共通する点があるといえます。

第 3 章

ケースで学ぶⅠ
――社員総会・理事――

本章からは、具体的な事例に沿って、法人のガバナンスのあり方を検討するうえで、特に問題となる点を順に検討することにします。まずは、社員総会、理事および理事会という社団法人におけるガバナンスを担う機関に関する問題点を取り上げます。
　第1節では、社員総会の運営上の問題点を検討します。社員総会は、社団法人における最高の意思決定機関です。したがって、社団法人の事業目的に沿った戦略的な方向性についての意思決定をする重要な機関ですので、その運営が混乱したり、何者かの恣意が入ったりした場合、当該法人のガバナンスの根幹を揺るがすことになります。ここでは、実際に判例および裁判例で問題となった事例を紹介しつつ、あるべき社員総会のあり方について考察します。
　第2節、第3節は、理事および理事会のあり方について検討します。法人の不祥事の多くは、特定の理事による放漫な業務執行、すなわち理事会の運営の機能不全に起因するものといえます。そのため、法人のガバナンスは、そういった理事の暴走を牽制し、監督し、あるいは事後的に是正するためにあるということもできます。理事に就任されているすべての方に、常に意識していただきたい視点です。

第1節　社員総会の適正な運営と社員の処分

Q25　社員総会Ⅰ―社員総会の開催

　当法人は、今般、一般社団法人としての社員総会を初めて開催します。新制度下では、招集手続および議事運営方法等に大きな変更があったと聞いており、従来の手続のままでは法的な問題が生じてしまうのではないか心配しています。一般社団法人の社員総会を開催するに際して、どのような点に留意したらよいのでしょうか。

　◆　結　　論　◆

　社員総会の開催手続だけでなく運営全般について、法令にのっとった対応をする必要がありますので、従来の手続を総合的に見直す必要があります。特に、理事や監事等の役員は、社員総会における説明義務が課せられていることには留意が必要であり、当該法人の規模や風土等に応じた対応も求められるところです。社員総会の混乱リスクを回避するためにも、また、社員総会は最高の意思決定機関として法人のガバナンス上の根幹ですから、株式会社の株主総会に準じた入念な準備をする必要性は、いっそう高まっていると思われます。

　◆　解　　説　◆

1　社員総会の権限

　社員総会とは、一般社団法人の社員全員によって構成される会議体で、一般社団財団法人法第三節第2款には「社員総会以外の機関の設置」と規定さ

れており、社員総会はすべての一般社団法人が必ず設置すべき機関とされています（Q8参照）。

社員総会は、一般社団財団法人法に規定する事項および一般社団法人の組織、運営、管理その他一般社団法人に関するいっさいの事項について決議することができます（一般社団財団法人法35条1項）。したがって、社員総会は一般社団法人の最高意思決定機関といえます。

ただし、理事会設置一般社団法人においては、社員総会は、一般社団財団法人法に規定する事項および定款で定めた事項に限り、決議をすることができるとされ、権限が制限されます。これは、特に多数の社員によって構成される一般社団法人において、当該法人の業務執行に係る意思決定を理事会に委ね、もって当該法人の意思決定の機動性を確保する趣旨です。

このような社員総会の権限は、会社法上の株主総会とほぼ同じですが（会社法295条）、一般社団法人は非営利法人であることから、株主総会と異なり、社員に剰余金を分配する旨の決議をすることはできません（一般社団財団法人法35条3項）。

2 社員総会の開催手続

(1) 社員総会の招集

社員総会には、毎事業年度の終了後一定の時期に招集される定時社員総会と、必要に応じて招集される臨時社員総会とがありますが、いずれの総会も原則として理事が招集します（一般社団財団法人法36条）。

社員総会の招集に際しては、理事（理事会設置一般社団法人においては理事会）は、次の事項を定め（決議し）なければなりません（一般社団財団法人法38条、一般社団財団法人法施行規則4条）。

① 社員総会の日時および場所
② 社員総会の目的である事項があるときは、当該事項
③ 社員総会に出席しない社員が書面によって議決権を行使することができることとするときは、その旨（書面による議決権行使）
④ 社員総会に出席しない社員が電磁的方法によって議決権を行使すること

ができるとするときは、その旨（いわゆるwebによる議決権行使）
⑤　③または④に掲げる事項を定めたときは、
　　イ　社員総会参考書類に記載すべき事項
　　ロ　特定の時（社員総会の日時以前の時であって、招集通知を発送した日から2週間を経過した日以後の時に限る）をもって書面による議決権の行使の期限とする旨を定めるときは、その特定の時
　　ハ　特定の時（社員総会の日時以前の時であって、招集通知を発した日から2週間を経過した日以後の時に限る）をもって電磁的方法による議決権の行使の期限とする旨を定めるときは、その特定の時
⑥　代理人による議決権の行使について、代理権（代理人の資格を含む）を証明する方法、代理人の数その他代理人による議決権の行使に関する事項を定めるとき（定款に当該事項についての定めがある場合を除く）は、その事項
⑦　⑤に規定する場合以外の場合において、次に掲げる事項が社員総会の目的である事項であるときは、当該事項に係る議案の概要（議案が確定していない場合にあっては、その旨）
　　イ　役員等の選任
　　ロ　役員等の報酬等
　　ハ　事業の全部の譲渡
　　ニ　定款の変更
　　ホ　合併

(2)　招集通知の発送

　社員総会を招集するには、理事は社員総会の1週間前までに、社員に対してその通知をしなければなりません。書面による議決権行使またはwebによる議決権行使を定めた場合には、社員総会の2週間前までに書面にて通知しなければなりません（一般社団財団法人法39条1項・2項）。

　これは、書面による議決権行使またはwebによる議決権行使を定めた場合、社員に対しては、招集通知の発送に際し、議決権の行使について参考となるべき事項を記載した社員総会参考書類が交付されます（一般社団財団法

人法41条1項、42条1項)。これは、書面またはwebで議決権を行使する社員に、社員総会参考書類を十分に吟味する時間を与え、もって書面またはwebによる議決権行使の実効性を確保するためです。

なお、招集通知および社員総会参考書類は、社員の承諾を得て、電磁的方法により発することができます(一般社団財団法人法39条3項)。

(3) 招集手続を懈怠した場合の罰則

社員総会は社員全員の同意がなければ招集手続を省略することはできません(一般社団財団法人法40条)。社員総会の招集は理事の義務ですから(一般社団財団法人法35条3項)、理事が招集手続を懈怠した場合には、決議取消事由となるほか(一般社団財団法人法266条1項1号)、100万円以下の過料に処されます(一般社団財団法人法342条9号)。

3 計算書類の承認・報告

定時社員総会の主な目的は、計算書類の承認にあります。計算書類とは貸借対照表および損益計算書をいいますが(一般社団財団法人法123条2項)、一般社団財団法人法は、各事業年度における計算書類の承認を定時総会にのみ係らしめているからです(一般社団財団法人法126条2項)(Q12参照)。

ただし、会計監査人設置一般社団法人については、理事会の承認を受けた計算書類が法令および定款に従い一般社団法人の財産および損益の状況を正しく表示しているものとして、以下のいずれにも該当する場合には、社員総会の承認が不要となります。

① 計算書類についての会計監査報告の内容に、監査の対象となった計算関係書類が一般に公正妥当と認められる会計の慣行に準拠して、当該計算関係書類に係る期間の財産および損益の状況をすべての重要な点において適正に表示していると認められる旨の無限定適正意見が含まれていること

② ①の会計監査報告に係る監査報告の内容として会計監査人の監査の方法または結果を相当でないと認める意見がないこと

③ 計算書類が一般社団財団法人法施行規則43条3項の規定により監査を受けたものとみなされたものでないこと

社員総会の承認が不要である場合には、理事は計算書類の内容を定時社員総会に報告する必要があります（一般社団財団法人法127条）。

なお、一般社団法人は、計算書類のほかに、事業報告および附属明細書の作成も義務づけられており、計算書類、事業報告および附属明細書の記載事項は法務省令で規定されています（一般社団財団法人法126条2項、一般社団財団法人法施行規則3款・4款）。

4 社員総会の運営

(1) 議　　長

社員総会の議事運営は議長によってなされます。

議長には社員総会の秩序を維持し、議事を整理する権限があり、議長は、その命令に従わない者その他社員総会の秩序を乱す者を退場させることができます（一般社団財団法人法54条）。なお、副議長を置く例もあります。

社員総会の議長は、定款に定めがない場合はそのつど、総会において選任します。実務上は代表理事（会長や理事長など）を議長とする旨を定款で定めるのが一般的ですが、法人によっては、任期制で常任の議長を置く旨の定款を定める例もあります。

(2) 理事等の説明義務

a　説明義務

理事（監事設置一般社団法人にあっては、理事および監事）は、社員総会において、社員から特定の事項について説明を求められた場合には、当該事項について必要な説明をしなければなりません（一般社団財団法人法53条）。

理事等が説明義務を履行しなかった場合には、「決議の方法が法令若しくは定款に違反し、または著しく不公正なとき」に該当するとして、決議取消事由となります（一般社団財団法人法266条1項1号）。

b　説明を拒むことができる場合

ただし、以下の場合には例外的に説明を拒むことができます（一般社団財団法人法53条参照）。

① 質問事項が社員総会の目的である事項に関しないものである場合

② 説明をすることにより社員の共同の利益を著しく害する場合
③ 社員が説明を求めた事項について説明をするために調査をすることが必要である場合（次に掲げる場合を除く）
　イ　当該社員が社員総会の日より相当の期間前に当該事項を一般社団法人に対して通知した場合
　ロ　当該事項について説明をするために必要な調査が著しく容易である場合
④ 社員が説明を求めた事項について説明をすることにより一般社団法人その他の者（当該社員を除く）の権利を侵害することとなる場合
⑤ 社員が当該社員総会において実質的に同一の事項について繰り返して説明を求める場合
⑥ ①～⑤に掲げる場合のほか、社員が説明を求めた事項について説明をしないことにつき正当な理由がある場合

(3) 議事の運営—大規模な一般社団法人の場合

社員総会の議事を適正に運営するためには、議長が適切に議事整理権を行使しつつ、理事等が十分に説明義務を果たしていく必要があります。議事運営の究極の目的は、議案の可決ならびに決議取消の回避にあることから、議長の議事整理権は、説明義務の適切な履行の確保のために行われると考えることもできます。

しかし、上述のとおり、説明義務の範囲は除外事由を含め、一読して明確に確定できるものではありません。また、どの程度まで説明義務を尽くせばよいのかについては、条文をみても容易に判断することはできません。

この点、書面による議決権行使やwebによる議決権行使がなされる、大規模な一般社団法人の社員総会における説明義務の範囲については、招集通知、計算書類、報告事項、附属明細書、社員総会参考書類（以下「招集通知等」といいます）をもって一定程度確定されます。これは、書面による議決権行使やwebによる議決権行使に際し、社員は、招集通知等の記載をもって議案の賛否の判断をするのであり、招集通知等の記載をもって議決権行使の実効性が確保されていると解されることから、説明義務の範囲は招集通知等

の記載事項を超えるものではないと解されるからです。

　しかし、説明義務の程度については、招集通知等にどの程度まで詳細に事実を書き込めばよいのか、実際の社員総会において、社員からの質問に対し、どの程度まで詳細に回答すればよいのか、また、説明義務を過度に意識して未確定事項まで回答してしまうおそれはないかなど、多様な事情を考慮して決せられます。

　説明義務を尽くしたといえるか否かについては、会社法上の株主総会の事例も参考に、判例および実務の積み重ねに基づく専門的な判断が要求されます。

　したがって、決議取消およびそれによる混乱のリスクを考えれば、特に大規模な一般社団法人においては、社員総会の招集通知等の作成に際し、専門印刷会社や証券代行に招集通知等の作成事務を依頼するだけでなく、説明義務を尽くすという観点からの招集通知等の記載内容の確認や、事前のリハーサル、社員総会本番における事務局立会などをも含め、株主総会や社員総会の指導に精通した弁護士に相談するのが得策です。

(4)　議事の運営──中小規模の一般社団法人の場合

　書面による議決権行使やwebによる議決権行使が予定されていない、中小規模の一般社団法人の場合、一般的には、理事および社員の人間関係がより密であり、社員の一般社団法人の運営に対する参加意識も高く、社員の一般社団法人の情報へのアクセスも、大規模な一般社団法人に比べ、容易である場合が多いことから、説明義務の範囲および程度については、社員相互間での暗黙の了解が形成しやすいといえます。

　しかし、こうした法人では、一般社団法人における社員一人ひとりの存在感が大きいことから、ひとたび社員間で一般社団法人の運営方法に関する意見が分かれると、深刻な紛争になりやすく、当該一般社団法人が機能不全に陥る可能性があります。

　かかる事態を回避するためには、各社員に対する事前の根回しや社員総会での説明方法、議事録の記載方法を含め、株主総会や社員総会の指導に精通した弁護士に相談し、紛争予防を図るのが得策です。

5　決議および議事録

(1)　決　議

　社員総会の決議は、定款に別段の定めがある場合を除き、総社員の議決権の過半数を有する社員が出席し、出席した当該社員の議決権の過半数をもってなされるのが原則です（一般社団財団法人法49条1項）。なお、大規模な社団法人においては、定款により総会の定足数をなくすことが考えられます。

　例外的に、以下に定める事項については、総社員の半数以上であって、総社員の議決権の3分の2（これを上回る割合を定款で定めた場合にあっては、その割合）以上に当たる多数をもってなされます。

① 　社員の除名（一般社団財団法人法30条1項）
② 　監事の解任（同法70条1項）
③ 　役員等の法人に対する責任の一部免除（同法113条1項）
④ 　定款の変更（同法146条）
⑤ 　事業の全部譲渡（同法147条）
⑥ 　決議による解散（同法148条3号）
⑦ 　解散後の係属決定（同法150条）
⑧ 　合併契約の承認（同法247条、251条1項、257条）

　ここで留意すべきなのは、一般社団財団法人法は、原則として議決権の数について「社員は、各一個の議決権を有する」と規定している点です（一般社団財団法人法48条1項）。これは、資金や労力の面で法人に貢献している社員も、さほど熱心に活動はしない社員も、変わらず1人1票であることを意味します。このことは、社員総会において、社団に対し貢献しておらず、社団の現状の理解も十分でない社員が、自らの意見を押し通そうとし、それに共鳴するような社員が現れ、一定のグループを形成したような場合などに、現実的な問題として現れることとなります。係る問題に対処するためにも、4(3)(4)で述べたような事前の準備が重要になってきます。

(2)　議　事　録

　社員総会の議事については、法務省令で定めるところにより、議事録を作

成しなければなりません（一般社団財団法人法57条、一般社団財団法人法施行規則11条。Q37参照）。

コラム　社員総会の混乱リスクを防げ

　一般社団法人の社員総会には、会社法の株主総会に準じた手続が導入されています。このことは、株式会社の株主総会で起こるような議事の混乱が一般社団法人でも起こりうることを意味します。

　特に、一般社団法人においては、株主総会のような資本多数決ではなく、社員1人に1票の議決権が与えられていることから、一般社団法人の現執行部が安定多数を維持するには、社員一人ひとりの支持が重要になります。

　一方で、一般社団法人の社員総会においては、社員による議案提案権、議決権の代理行使、書面による議決権行使が認められており（一般社団財団法人法50条、51条）、ひとたび社員間で社団法人の運営につき意見が異なれば、委任状争奪戦や、自派の提案に係る議案への賛成投票の勧誘合戦に発展する可能性があります。

　当然、かかる事態になれば、社員総会の議場も各派に分かれて、喧々囂々の議論がなされることとなります。また、議決権行使結果の集計に際しても、検査役の選任（一般社団財団法人法46条）も含め、丁寧な集計が求められるのであり、ロングラン総会を覚悟せざるをえません。

　このような社員総会の混乱リスクを回避するためにも、株式会社の株主総会に準じた入念な準備を行う必要があるといえます（近時の事案としては、東京地判平23.4.27社団法人日本クレー射撃協会事件が重要となります）。

Q26　社員総会Ⅱ—社員総会と招集通知

　理事長が自らの法人運営方針に反している社員らに対し、故意に社員総会の招集通知をせずに、社員総会を開催しようとしています。社員として、どのように対処したらよいのでしょうか。

◆　結　論　◆

　社員総会の開催前であれば、社員が、裁判所に対し、当該理事長による違法な社員総会の招集行為につき差止訴訟を提起することや、差止訴訟を本案とする仮処分命令を申し立てるという方法があります。また、社員総会運営の客観性を担保するため、少数社員は、裁判所に対し、総会検査役の選任を申し立て、招集手続を調査させることができます。

　他方、社員総会の開催後は、社員等（理事、監事等含みます）は、社員総会の決議取消の訴えを提起することができ、招集通知の瑕疵が著しい場合は、社員総会の決議不存在の確認の訴えを提起することもできます。

　なお、公益社団法人も、一般社団法人と同様に、社員を存立の基礎とし、社員総会を最高の意思決定機関とするため、同様の結論となります。また、一般財団法人および公益財団法人においても、評議員会の招集通知の瑕疵につき、同様の結論となります。

◆　解　説　◆

1　招集通知

　理事長は、社員総会の開催日の1週間前までに、社員に対し、招集通知を発しなければなりません（一般社団財団法人法39条1項）。ただし、社員総会に出席しない社員が書面または電磁的方法によって議決権を行使することができることを理事会で定めた場合は（一般社団財団法人法39条1項3号・4

号)、社員総会の開催日の2週間前までとなります（一般社団財団法人法39条1項ただし書)。

2 社員総会決議の瑕疵

(1) 社員総会決議取消の訴えと裁量棄却制度

招集通知に瑕疵がある場合、社員等（理事、監事等含みます）は、招集手続の法令違反を理由に（一般社団財団法人法39条1項）決議取消の訴えを提起することができます（一般社団財団法人法266条)。

決議取消の訴えについては、決議を取り消すことによって生じる混乱を避けるため、裁量棄却と呼ばれる制度があります。これは、会社法においても同様の要件のもとで認められている制度（会社法831条2項）であり、その瑕疵が社員総会等の招集の手続または決議の方法が法令または定款に違反するという手続上の瑕疵にとどまるときにおいて、裁判所が、①その違反する事実が重大でなく、かつ、②当該違反があっても決議に影響を及ぼさないものであると認める場合には、その裁量において、決議取消の訴えの請求を棄却することができるという制度です。

(2) 裁量棄却制度に関する参考裁判例

社員総会決議取消の訴えにおける裁量棄却制度は、会社法（旧商法）と同様の要件であることから、株主総会の決議取消しの訴えにつき裁量棄却を認めた裁判例が参考になります。たとえば、①招集通知の届かなかった株主の持株数は発行済株式総数の0.62％にすぎず、②仮に①の株主が決議に参加したとしても決議内容が変わったとは言いがたく、さらに、③会社では創立以来株主総会が開催されておらず、これについて異議が述べられたこともなかったような場合には裁量棄却を認めています（高松高判平4．6．29判タ798号244頁)。一方、発行済株式総数の5分の1弱を有する株主に招集通知を発しておらず、決議が僅差でなされた場合には裁量棄却を認めていません（京都地判平元．4．20判タ701号226頁)。

(3) 社員総会決議無効確認の訴え、社員総会不存在確認の訴え

さらに、半数の社員に招集通知が発送されなかった場合などその瑕疵が著

しい場合は、社員総会の無効の確認の訴え（一般社団財団法人法265条2項）（大阪高判昭63.12.23判タ703号216頁）や不存在の訴えを提起する方法が相当でしょう（一般社団財団法人法265条1項）（東京地判平16.1.26判例集未掲載）。

3 違法行為の差止め

(1) 理事の行為の差止請求

設問のように、理事長が招集通知を発しないことが事前に明らかになっており、総会検査役の選任だけでは、理事長の違法行為の抑止ができず、一部の社員が議決権を行使できなかったことにより決議内容に影響が出るなど、法人に「著しい損害」が生じるおそれがある場合には、社員は、理事の当該行為の差止めを請求することができ（一般社団財団法人法88条）、差止訴訟を本案とする仮処分命令を申し立てることもできます。なお、監事が設置されている場合には、監事のチェック機能が働くため、社員のチェック機能は後退し、社員の差止請求権は、法人に「回復することができない損害」が生じるおそれがある場合に限定されます（一般社団財団法人法88条2項）。

(2) 参考裁判例

監事設置会社の社員の違法行為差止請求権の損害の要件である「回復することができない損害」は、旧商法272条の取締役の違法行為差止請求権の損害の要件である「回復することができない損害」と同一の文言であることから、取締役の違法行為差止請求権の裁判例が参考となります。

具体的には、株主と認められる者に対する招集通知を発しないまま株主総会を開催した事案において、招集手続の法令違反に当たる等として、取締役の違法行為差止請求権（旧商法272条）を本案として臨時株主総会の開催禁止の仮処分命令を求めた事例で裁判所が、株主総会に手続上の違法が生ずることについては疎明があるとしつつも、株主総会が開催されることによって会社に回復困難な重大な損害を被らせることについての疎明がないとして訴えを却下したものがあります（東京高決平17.6.28判時1911号163頁）。

4　総会検査役の選任

(1) 目　的

　総会検査役は、法人または少数社員が、社員総会に係る招集の手続または決議の方法を調査させるため、当該社員総会に先立ち、裁判所に対して検査役の選任を申し立てることによって選任されます。

　当該制度の目的は、裁判所から選任された総会検査役の調査により、社員総会の招集手続と決議方法の適法性を客観的に担保するとともに、事後に招集手続と決議方法の瑕疵が問題となったとき、その事実関係を明確にして法的安定性を確保することにあります。検査役の調査報告書は、事後に招集手続の瑕疵を訴訟で争うときの重要な証拠となります。

(2) 選任の請求権者

　選任の請求権者は、法人または議決権の30分の1（これを下回る割合を定款で定めた場合は、その割合）以上の議決権を有する社員です（一般社団財団法人法46条1項）。

(3) 総会検査役の職務権限

　総会検査役は、総会の招集手続および決議方法を調査して、裁判所に対し、調査報告書を提出します。招集手続については、招集通知手続の瑕疵の有無や参考書類・議決権行使書面の内容等を調査し、決議の方法については、総会の開会、議事運営、決議、閉会等の総会決議の成否に影響する事項を調査します。

(4) 裁判所の役割

　裁判所は、調査報告書を受領後、必要と認めるときは、①総会決議の瑕疵を是正させるため一定期間内に社員総会を招集させる措置、②調査結果を社員に通知という措置の全部または一部を理事に命じなければいけません（一般社団財団法人法47条1項）。

(5) アドバイス

　社員総会は、一般社団法人および公益社団法人のいずれにとっても、法人内部における最高の意思決定機関であり、ガバナンスの要諦となります。し

たがって、社員総会の手続が適切に行われることは、不正行為を防止し、社団法人の適正な運営を行ううえでの基本となりますので、手続に瑕疵が生じないようにすることが非常に大切です。

Q27 社員の除名

理事長が自らの法人運営方針に反している社員らを除名することを考えているようです。どのような手続で除名することができるのでしょうか。また、社員が除名を争う方法として、どのような司法手続を利用することができるのでしょうか。

◆ 結　論 ◆

社員の除名は、正当な事由があるときに限り、社員総会の特別決議によって行うことができます。この場合、法人は、当該社員に対し、当該社員総会の日から1週間前までにその旨を通知し、かつ、社員総会において弁明する機会を与えなければなりません。除名は、除名した社員にその旨を通知しなければ、当該社員に対抗することができません。

当該社員が、除名処分を受ける前に、その除名の効力を争うには、除名決議を行う社員総会において弁明をする方法があります。他方、除名処分を受けた後は、除名処分無効確認訴訟や地位確認訴訟によって除名の効力を争うことができます。

◆ 解　説 ◆

1　社員の除名

(1)　除名事由

a　一般社団財団法人法上の正当な事由の意義

除名処分は、当該社員の意思に反して退社させる処分であるため、「正当な事由」がある場合に限り、社員総会の特別決議をもって行うことができます（一般社団財団法人法30条、49条2項1号）。

社員を除名するに際しては、除名に該当する「正当な事由」の内容につい

ては、定款に定める必要があります。社員の除名事由として、通常、定款に記載されるのは、①定款または規則に違反したとき、②法人の名誉を傷つけたとき、③法人の設立趣旨・目的に反する行為をしたとき、④社員としての重要な義務を履行しないときなどです。

　設問のように、法人運営方針に反している社員らを除名したい場合は、その社員らの行為が②または③に該当するかどうかが問題となります。

b　参考裁判例1　（東京地判平20．8．13判例集未掲載）

　会員が法人の会長等の活動を批判する文書を他の会員に送付したことが、法人の目的に反し、法人の名誉を害したとして除名された事案です。

　本件では、社団法人は、定款に基づいて運営されるものであるから、定款に定められた懲戒処分については、基本的に法人の裁量に委ねられているとしました。そのうえで、除名処分が、会員の地位を奪い、社団から享受する利益を全面的に奪う最も厳しい制裁であることから、法人の裁量も無限定なものではないこと、会員は、理事および監事を選任・解任する権限をもち、社団法人の運営について広く意見を述べる権利をもつこと、理事は、会員から広く批判されることを甘受すべき立場にあることを指摘しました。結論としては、会員の意見表明の活動が明らかに社会的な相当性を逸脱しているという事情のない限り、社団法人の秩序を乱し、名誉を毀損したとして除名事由に当たるということはできないというべきと判断しています。

　この判断で注目すべき点は、被告である社団法人が、公益法人であっても任意団体の性格が強い団体にあっては、会員の除名事由の判断について団体の自律的規制・裁量が認められるべきであると主張したのに対し、裁判所は、一般論としては否定しないとしつつも、本件での除名事由は、被告の会員である原告が被告の運営を批判する活動をしたことであって、このような事情を理由に除名することを緩やかに認めると団体内部の少数派は、多数派に反対すると、多数派の意向によって簡単に除名されてしまうことになりかねないとし、本件については、被告の主張を採用することができないとした点です。

c　**参考裁判例2**（広島地判昭50．6．18判時811号87頁）

　社員が理事長に対しその運営が違法であるとの書面を送ったこと、天引きによる負担金の徴収につき寄附の強要であるとして返還訴訟を提起したこと、他の会員に対し自己の意見書を発送したこと、費用の使途についての説明を総会において求め、理事者から拒絶されるや否や帳簿の閲覧を求め、その閲覧のための仮処分申請をなし却下されたこと等を理由に法人の対面を汚し綱紀を乱したとして除名処分された事案です。

　本件では、裁判所は、当該会員の行為について、いずれも会員として許される権利行使の範囲であり、手段として執拗にすぎ、やや失当な面もあるものの、当該会員の問題提起に理事者が適切な措置をとらなかったことにも一因があることから、当該会員の行為は、除名原因としての法人の体面を汚し綱紀を乱したことに該当するとはいえないと判断しました。

　この裁判例からもわかるとおり、社員は、法人の運営方針について広く意見を述べる権利をもっていることから、設問でも、社員が法人の運営方針に反する行為をしたとしても、当該行為が明らかに相当性の範囲を逸脱しているか否かを慎重に検討したうえで、除名処分を行う必要があるといえるでしょう。

(2)　**除名手続**

　除名処分を受ける社員に対し、権利を防御する機会を与えるため、法人は、当該社員に対し、当該社員総会の日から1週間前までにその旨を通知し、かつ、社員総会にて弁明する機会を与えなければなりません（一般社団財団法人法30条1項後段）。弁明の機会を付与するにあたっては、法人は、当該社員に対し、どのような事実を原因として、どの条項を根拠に除名処分を行おうとしているのかを通知することが必要になります。

　なお、実務上、除名手続に関する通知を受け取った会員が、不名誉を避けるため、退会届を出すことにより、除名を免れようとすることも見受けられます。こうした事態を避けるため、定款の入退会に関する部分に、除名の手続の完了までは、退会届を保留するものとする旨の規程を置くことも一つの案として考えられます。

(3) 除名決議・効力

　社員総会による除名決議は、特別決議をもって行われなければなりません（一般社団財団法人法49条2項1号、30条）。除名の効力は社員総会の決議をもって発生しますが、法人は、除名した社員に対し、その旨を通知しなければ、これを対抗することはできません（一般社団財団法人法30条2項）。このように、除名の通知の有無は重要であることから、法人は、除名した社員に対し、内容証明郵便をもって通知するのが相当です。

2　除名を争う方法

(1)　社員総会および訴訟で争う方法

　まず、当該社員は、除名処分の社員総会において、客観的事実の有無、その除名事由該当性の有無等を弁明し（一般社団財団法人法30条）、特別決議で可決されないよう争うことが考えられます。

　除名処分を受けた後は、当該社員は、除名手続上の瑕疵や除名事由の不存在等を理由として、地位保全の仮処分の申立て、除名処分無効確認訴訟、地位確認訴訟等で争うことができます。

　なお、これらの訴訟においては、除名事由に該当するかどうかとともに、前提として除名処分が法人内部の自律的処分であることから、そもそも、裁判所で判断すべき事項か、法人の裁量的判断をどこまで尊重するか等も争点となりますので、その点についての主張、立証を視野に入れた訴訟準備が必要となります。

(2)　地位保全の仮処分の申立てについての参考裁判例

　地位保全の仮処分の申立てについては、注意すべき裁判例があります。会員が、届出自動車教習所等を会員として組織された公益法人がなした会員除名処分の無効を主張し、営業上の損害賠償請求権を保全するために、会員たる地位の保全を求めた事案において、裁判所は、「本件のように営業上の損害賠償請求権を保全するために地位保全の仮処分がなされる場合には、被保全権利の疎明が必要であるほか、保全の必要性として、地位を保全しておかなければ回復しがたい著しい損害を生ずるか否かにより判断されるべき」と

して、本件処分により債権者の主張するような不利益が生ずるか検討し、結論的には、債権者の主張するような不利益は認められず、被保全権利の疎明がないとして申立てを却下しました（旭川地決平11.1.26判タ1037号248頁）。
このように、地位保全の仮処分の申立てをする場合は、被保全権利の疎明および保全の必要性について、慎重な検討が必要となると思われます。

第2節　理事の権限と責任

Q28　理事の善管注意義務

先日、理事長肝いりの新規事業で、法人に多額の損失が発生してしまいました。当法人では理事長がすべての業務を行い、理事会でも理事長からの形式的な報告のみで契約締結等を行ってしまうことが多々見受けられます。このような状況下でも、単に理事会で賛成したにすぎない理事までもが損失の責任を負わなければならないのでしょうか。また、理事は、株式会社の取締役と同程度の善管注意義務を負っているのでしょうか。

◆　結　論　◆

理事は、理事としての職務権限のもと、自ら職務執行を行った場合だけでなく、理事会等で賛成をしただけであっても、法人に損害が発生した場合については善管注意義務違反を理由として損害賠償義務を肯定される可能性があります。理事は、株式会社の取締役と同程度の善管注意義務を負っていますので、既存の株式会社に関する裁判例の実情をよく参照しながら、法的な義務の内容のみならず、理事としての意思決定にあたって注意すべき事柄をよく理解しておく必要があります。

◆　解　説　◆

1　法制度の概要

(1) 善管注意義務とは

a　委任関係に基づく善管注意義務

理事と、一般社団法人・一般財団法人またはこれらの公益法人（以下「一

般社団法人等」といいます）との関係は委任関係にあり（一般社団財団法人法64条）、理事は委任の本旨に従い、善良なる管理者の注意をもって、その職務を行わなければなりません（善管注意義務）。この善管注意義務については、会社法と同様の規定となっているため、株式会社と同様の注意義務が課されていると解されます。

b 経営判断の原則

　この点、株式会社における任務懈怠の判断については、判例において、いわゆる経営判断の原則が適用されています。経営判断原則とは、行為当時の状況に照らして合理的な情報収集・事実調査が行われた場合には、その状況と取締役に要求される能力水準に照らして不合理な判断がなされない限り、その経営判断を尊重して法的責任を問わないとするものです。

　取締役の業務執行と同様、理事の業務執行も不確実な状況で迅速な決断を迫られる場合があることから、理事の善管注意義務違反の主張においても、同原則が考慮されることが予想されます。この原則による保護を受けるためには、理事は、その判断に先立って十分な情報収集・事実調査を行う必要があります。そのため、同原則は、理事の損害賠償のリスクを軽減すると同時に、十分情報収集・事実調査が行われることを促します。この際、契約関係や発注等業務執行に関する事項について広く情報収集をするためにも、専門家のサポートを利用することが考えられます。

(2) 損害賠償責任等

　理事は、法人に対しその任務を怠って（任務懈怠）一般社団法人等に損害を与えた場合には、一般社団法人等に対し、その損害を賠償する責任を負います（一般社団財団法人法111条1項、198条）。任務懈怠とは、その職務上要求される注意義務に違反することであり、善管注意義務違反を含みます。

　特に、理事による競業取引により会社に損害が生じた場合の損害額の推定規定（一般社団財団法人法111条2項）や利益相反取引を行った場合の任務懈怠の推定規定があり（一般社団財団法人法111条3項、116条1項、198条）、一般社団法人等による立証責任が緩和されています。これは責任追及をする社員の側にとっては訴訟提起と立証がしやすくなることを意味しますが、その

分、理事は厳しい責任を追及される可能性が増大したことを覚悟する必要があります。

(3) 損害賠償責任の制限等

以上に対し、理事の損害賠償責任については、以下のとおりの手続をとれば、その責任を一部または全部を免除できる可能性があります。

a　総社員、総評議員の同意による責任免除

すべての社員（一般財団法人の場合には評議員）の同意があれば、理事の法人に対する損害賠償責任は、免除することができます（一般社団財団法人法112条、198条）。

b　社員総会、評議員会の特別決議による責任の一部免除

社員総会または評議員会の特別決議による承認を得ることにより、任務懈怠について善意かつ重過失がない場合において、その賠償責任を一定額を限度として、免除することができます。

2　理事等が善管注意義務違反に問われたケース

(1) 善管注意義務違反の判断が分かれた例（岡山地裁平19．3．27判タ1280号249頁）

a　事案の概要

信用金庫の理事が、①返済能力のない造船会社に融資を実行したこと、②リスクの高いアジア債を大量に購入したことにより当該信用金庫に損害を与えたとして、善管注意義務違反が問われました。

b　裁判所の判断

①については、造船会社の債権者団から支援要請を受け、債権者らからの出資もあり、多少のリスクを冒してでも支援に踏み切ったのは、社会的に十分許容されるとして、善管注意義務違反を否定しています。

一方で、②については、信用金庫の自己資本額を超過しており、理事らはアジア債のデフォルトの危険を分散すべき善管注意義務に反するとして、その責任を認めています。

(2) 常務会で承認した理事に対しても善管注意義務違反を認めた例（東京地判昭55．6．27判タ440号128頁）

a 事案の概要

本件は、財団法人勤労者福祉協会がゴルフ場の建設を企画し、労働省の中止勧告等を無視して計画を強行し、法人自体を破綻させた事案について、当該法人の理事に対する損害賠償責任が問われました。

b 裁判所の判断

当該ゴルフ場建設計画は、資金的に到底無理であり、客観的にはその実現の可能性はほとんどなかったといえます。それにもかかわらず、理事Aは無理に計画を推進し、その他理事も常務会を構成する理事として、この計画を可決し、その推進を承認し、その事務の遂行を理事Aに一任したうえ、次々と無理な計画を立てては失敗していくことに十分な監督をなさずして放置し、ついには当該財団法人を倒産させ、事業のすべてが中断される結果に終わらしめたことは、いずれも公益法人である協会の理事としてとるべき善良な管理者としての注意を怠り、その義務に違反したものといわざるをえない、として計画を推進した理事だけでなく、常務会で当該計画に賛成した理事についても善管注意義務違反を認めました。

コラム　理事に就任する際の心構え

　以上のように、一般社団法人等の理事への就任を予定している場合には、株式会社と同様の重い責任が課せられていることを十分に理解する必要があります。

　理事の就任前に確認、検討すべき事項には、以下の点があげられます。
① 当該一般社団法人等の業務内容、経営状況、財産状況を理解しているか。
② 理事等の権限、義務、職責を十分に理解しているか。
③ 一般社団財団法人法や当該法人の業務に関する法令を理解しているか。
④ 理事会には必ず出席することができるか。
⑤ 当該一般社団法人等において損害賠償責任の一部免除の決議を得る予定があるか。
⑥ 代表訴訟を提起されるリスクを十分に理解しているか。

　これらの内容は、専門的かつ多岐にわたるため、弁護士等の専門家に相談するのがリスクの回避につながるといえます。また、理事就任後も、理事として審議事項に関する積極的な発言、合理的で妥当な判断、時には反対の意見を述べることも必要です。理事の責任を追及されないための行動を確認するためにも、常にアドバイスを求めることができる専門家を確保することが賢明といえます。なお、そうした専門家をそもそも理事として選任しておくことも検討に値するでしょう。

Q29　理事の目的外行為

　法人の理事長が、定款記載の当該法人の目的からは許されない事業を行おうとしています。そして、そのような事業にしか使えないような不動産を取得しようとしています。どのように対応したらよいのでしょうか。

◆　結　　論　◆

　理事長の目的外行為が事前に判明した場合、（現実的な対応とは別に）法的な対応としては、第一に理事会を招集し、その席上、理事会の総意として理事長に中止を説得することになります。その説得にも応じない場合、理事長の行為を差し止める必要がありますので、監事、社員（評議員）は違法行為の差止請求を行うことになります。

　なお、そのような目的外行為をやめない理事長については、適正なガバナンス確保の観点から、不適任であるとして、理事は、理事会の席上で、辞任勧告をすることが考えられます。かりに理事長が、辞任勧告に応じない場合、理事会で代表理事を解任することとなります。

　社員または評議員は、理事に対し、当該理事長の理事からの解任を社員総会または評議員会の目的事項とすることを請求し、社員総会または評議員会の普通決議をもって解任することができます。かりに、当該社員総会または評議員会において理事長を支持する社員が多数を占め、解任決議が否決された場合であっても、少数社員または評議員は、裁判所に対し、理事の解任の訴えを提起することができます。それと同時に、判決により理事長でないことが確定する可能性がある者に職務を執行させないように、理事長の職務執行を停止し、またはその職務を代行する者を選任することもできます。

　他方、理事長の目的外行為が事後に判明した場合、法人の行為能力は定款の目的によって制限されているとして、取引の相手方に対し、当該行為の無効を主張することによって、法人が責任を負うことを免れることが考えられ

ます。

◆ 解　説 ◆

1　定款の目的範囲外の行為の効力

(1)　取引の無効の主張

　理事長が定款に定めた目的外の行為をしたことが事後的に判明した場合、法人の行為能力は、定款の目的によって制限されていることから（民法34条）、当該行為は無効となります。そのため、法人は、契約の相手方等に対して当該行為の無効を主張することになります。

(2)　定款の目的の範囲内か否かの判断基準

　もっとも、このような無効の主張を許せば、相手方の取引の安全が損なわれますので、その前提として、当該行為が法人の定款の目的の範囲内か否かが重大な争点となります。

　裁判例をみると、法人の性質によって、目的の範囲の判断の仕方が異なります。まず、営利法人の場合には、株式会社が政党に政治献金を行うことを会社の目的の範囲内とするなど（最判昭45.6.24裁判集民事99号431頁）、目的の範囲を広く解しています。これに対して、非営利法人の場合には、労働金庫の非組合員に対する貸付行為を目的の範囲外とするなど（最判昭44.7.4裁判集民事96号57頁）、目的の範囲をやや狭く解する傾向にあります。強制加入団体である税理士会の政治団体への寄附については、前述の営利法人である株式会社と異なり、目的の範囲外と判断しています（最判平8.3.19民集50巻3号615頁）。一般法人については、非営利性を有しているため、非営利法人の目的の範囲についての裁判所の解釈が参考になります。また、公益法人については、公益目的事業を実施することを目的としているので、育英事業を目的とする財団法人がその資金を利殖目的で他に貸し付けた行為が目的の範囲外とされた裁判例（広島高岡山支判昭30.9.16高民集8巻6号406頁）があり、裁判所は公益法人については目的の範囲内を厳格に解する傾向があります。

以上のとおり、一般社団法人については、非営利性を有しているので、目的の範囲内か否かは株式会社の場合よりもやや狭く解されるでしょうし、ことに公益社団法人・公益財団法人の場合には、目的の範囲は厳格に解されるでしょう。

(3) 実務上の注意点

このように、理事長が定款の目的外の行為を行った場合には、法人は、その行為の無効を主張することとなります。しかしながら、裁判所の判断次第で、理事長の行為が目的の範囲内と判断され、取引が有効とされるおそれもあります。また、理事長の行為が無効とされたとしても、理事長の行為により取引相手等の第三者に損害を与えた場合には、法人が賠償責任を負うことになりますので（一般社団財団法人法79条、197条）、完全にリスクが排除できるわけではありません。そのため、理事長が定款の目的外の行為を行おうとしていることが事前に判明した場合には、当該行為を阻止する必要があり、その手段としては、以下の2ないし6があげられます。

2　理事会の理事長に対する監督

理事会は理事の職務の監督を行う組織ですので（一般社団財団法人法90条1項2号、197条）、理事会による理事長に対するコントロールがなされることが期待されます。理事会は代表理事の選解任権を有しており（一般社団財団法人法90条1項3号、197条）、その権限を背景にして、理事長に対して定款の目的外行為を停止するように働きかけることが求められます。

しかし、理事同士のなれ合いがある場合や、理事長が他の理事に対して強い影響力をもっている場合には、理事会の理事長に対するコントロールが十分に機能しないおそれがあります。その場合、監事が、理事会の招集を請求し（一般社団財団法人法101条2項）、理事会で理事長に対して、適正な意見を述べることによって（一般社団財団法人法101条1項）、理事会によるコントロールが機能するよう促す必要があります。

3 社員または評議員の提案権

　社員総会または評議員会の会議の目的事項は理事または理事会が定めますが（一般社団財団法人法38条、188条）、単独や少数の社員または評議員であっても一定の事項を社員総会または評議員会の目的とすることを請求したり、議案を提出することができます（一般社団財団法人法43条、44条、184条、185条）。この社員または評議員の提案権は、社員または評議員が、ガバナンス上、法人の運営に積極的に関与することを担保する制度であり、後述の理事の解任も含まれます。

4 違法行為の差止請求

(1) 監事による差止請求

　監事（一般社団財団法人法103条）は、理事が定款の目的の範囲外の行為をし、またはそのような行為をするおそれがある場合において、当該行為によって当該法人に著しい損害が発生する場合には、当該行為の差止めを請求できます。

(2) 社員または評議員による差止請求

　それに加えて、社員または評議員は、理事が定款の目的の範囲外の行為をし、またはこれらの行為をするおそれがある場合において、当該行為により当該法人に著しい損害（監事設置の場合は、「回復することができない損害」）が生じるおそれがあるときは、当該理事に対して、当該行為の差止めを求めることができます（一般社団財団法人法88条1項、197条）。

5 理事の辞任・解任

(1) 理事の辞任

　理事はいつでも任期満了前に辞任することができるので（民法651条1項）、設問のように、理事長が定款の目的外の行為を行おうとしている場合には、他の理事は、当該理事長に辞任を勧告し、辞任を促すことが考えられます。

(2) 理事の解任決議

　理事長が辞任勧告に応じない場合には、理事会にて代表理事を解任することができます。社員総会または評議員会の普通決議をもって理事を解任することも考えられます（一般社団財団法人法70条1項、90条2項3号、176条）。理事の定款に違反する重大な行為があったにもかかわらず、当該理事を解任する旨の決議が社員総会または評議員会において否決されたときは、総社員（当該請求に係る理事である社員を除く）の議決権の10分の1（これを下回る割合を定款で定めた場合はその割合）以上の議決権を有する社員または評議員は、当該理事の解任を裁判所に請求することもできます（一般社団財団法人法285条）。

6　理事の職務執行停止・代行者選任の仮処分

　理事の解任の訴えが提起された場合でも、その判決が確定するまでは、理事の地位には影響がありません。そこで、判決により理事でないことが確定する可能性がある者に職務を執行させると著しい損害が発生するおそれがある場合などには、仮処分を申立て、理事の職務執行を停止し、またはその職務を代行する者を選任することが考えられます（民事保全法23条2項）。

Q30　理事の専断行為

　代表理事が理事会の承認を得ないで法人が所有してその事務所が入っている建物を担保に入れ、借入れをしてしまいました。このような場合に、代表理事の行為は有効となるのでしょうか。

◆　結　　論　◆

　代表理事の行為は、取引として有効と扱われてしまう可能性が高いことから、取引の相手方から債務の支払請求があった場合には、弁済をしなければなりません。ただし、取引の相手方において、代表理事が当該行為につき理事会の承認を経ていないことを知り、または知ることができたときについては、無効とすることができますので、相手方の認識をうかがわせる事情を含め取引に関する周辺事情を調査して対処することが必要になります。

◆　解　　説　◆

1　代表理事の権限の制限

　理事会設置一般社団法人・一般財団法人においては、一般社団財団法人法90条4項各号に列挙されている事項その他の重要な業務執行の決定を理事に委任することはできないとされています（一般社団財団法人法90条4項、197条）。設問の事例における「法人が所有してその事務所が入っている建物の処分」は当該法人にとって「重要な財産の処分」（一般社団財団法人法90条4項1号、197条）に該当する可能性があり、代表理事が理事会の承認を得ずに行うことには慎重を要します。

　この点について、株式会社に関するものですが、判例は、「代表取締役は株式会社の業務に関して一切の裁判上または裁判外の行為をする権限を有することにかんがみれば、代表取締役が取締役会の決議を経ないでした重要な

業務執行に該当する取引も、内部的な意思決定を欠くにすぎないから、原則として有効であり、取引の相手方が取締役会の決議を経ていないことを知り又は知り得べかりしときに限り無効になる」(最判昭40.9.22民集19巻6号1656頁、最判平21.4.17民集63巻4号535頁）と判示しており、この考え方は一般社団財団法人法における代表理事の行為についても妥当すると考えられます。

したがって、当該代表理事の行為は、原則として有効となります。ただし、取引の相手方において、代表理事が当該行為につき理事会の承認を経ていないことを知り、または知ることができたときには無効とされます。

2 理事会付議事項

一般社団財団法人法90条4項各号に定める事項は、限定列挙ではなく例示列挙ですから、たとえば、年間予算の設定および変更のようなこれらの事項と同程度の重要性があると判断される業務執行事項の決定は、理事会の付議事項としてあらかじめ定めておくことが、理事の業務執行および法人活動の適正を確保する観点から重要だと考えられます。

なお、大規模一般法人においては、一般社団財団法人法90条4項5号の理事の職務の執行が法令および定款に適合することを確保するための体制その他一般社団法人の業務の適正を確保するために必要なものとして一般社団財団法人法施行規則（平成19年4月20日法務省令第28号）13条、14条および62条で準用する14条で定める体制の整備は義務となるので（一般社団財団法人法90条5項、197条)、注意が必要です。

3 実務上の対策

以上のように、理事会の付議事項については、あらかじめなんらかのかたちで規定しておくことが肝要です。各法人での定款および各種決裁権限規程等をいま一度見直し、専門家のアドバイスを受けながら、決裁権限が細かく網羅されているか、実際に適切な運用がなされているかを確認することが望まれます。

Q31　退任登記の未了

辞任したはずの代表理事が、次の代表理事への引継ぎまでの間に、所持していた代表理事印を悪用して勝手に法人の財産を処分しました。このような場合には、法人はこの取引の責任を負わなければならないのでしょうか。

◆　結　論　◆

法人が理事の辞任の登記をしたときは、辞任した理事が所有していた代表理事印を悪用して勝手に法人の財産を処分したとしても、法人は、第三者が正当な事由によってその登記があることを知らなかったときでない限り、この取引の責任を負う必要はありません。

◆　解　説　◆

1　理事の登記

法人は、「理事」の氏名と、「代表理事」の氏名および住所を登記しなければならず（一般社団財団法人法301条2項5号・6号、302条2項5号・6号）、これらの事項に変更が生じたとき、変更の登記をしなければなりません（一般社団財団法人法303条）。本問のように、理事が辞任したとき、法人はその変更の登記をしなければなりません。

2　退任した理事の行為

(1)　辞任の変更の登記が未了の間の行為

辞任した理事が法人の代表者として善意の第三者と取引を行ったとき、法人は責任を負わなければなりません。なぜなら、登記をすべき事項は、登記の後でなければ、これをもって善意の第三者に対抗することができないから

です（一般社団財団法人法299条1項前段）。

したがって、本問のような場合、理事の辞任の登記が未了ならば、法人は責任を負わなければなりません。

(2) 辞任の変更の登記が完了後の行為

辞任した理事が法人の代表者として善意の第三者と取引を行ったとしても、原則として、法人は責任を負う必要はありません。

ただし、登記の後であっても、第三者が正当な事由によってその登記があることを知らなかったときは、法人は責任を負うことがあります（一般社団財団法人法299条1項後段）。ここにいう正当な事由とは、客観的な障害のため第三者が登記簿を閲覧することが不可能ないし著しく困難であるような特段の事情をいいます（最判平6.4.19民集48巻3号922頁）。

したがって、本問の場合、法人が理事の辞任の登記を行った後であれば、第三者が正当な事由によってその登記があることを知らなかったときでない限り、法人は取引の責任を負う必要はありません。

なお、一般社団財団法人法の制定前の各法（旧社会福祉事業法等）には、一般社団財団法人法299条1項後段に相当する条文がありません。そのため、かつては理事が辞任の変更の登記を行った後に法人の代表者として行った行為につき民法112条の適用ないし類推適用の可否が問題となりましたが（最判平6.4.19民集48巻3号922頁）、今後は問題とならないものと思われます。

Q32 代表訴訟

　私は、助成、寄附の事業を行う公益法人の社員です。当社団法人の理事会規則および資産運用に関する内規では、外部専門家の意見を聴取し、その結果とともに理事会に付議して決議を得なければ、一定の格付以下の債券を購入してはならないと定められています。ところが、代表理事が専門家の意見聴取も理事会への付議も行わずに、利回りねらいでその種の債券を購入し、その結果法人に損害が生じ、法人の助成、寄附事業に回す予算がとれなくなってしまいました。この場合、社員が法人の損害を回復するための手段としてはどのようなものがあるのでしょうか。

◆　結　　論　◆

　社員は、公益社団法人・一般社団法人に対して役員の責任追及訴訟を提起することを請求できます（以下、本問では、「社団法人」とします）。社団法人が同訴訟を提起しない場合には、自ら訴訟を提起し、社団法人の被った損害を回復するという手段があります。

◆　解　　説　◆

1　役員等の社団法人に対する損害賠償責任と社員による代表訴訟制度

　役員等（理事、監事または会計監査人）が、その任務を怠ったときは、社団法人に対して、これによって生じた損害を賠償する責任を負います（一般社団財団法人法111条1項）。社団法人に対する損害賠償責任を負わせることにより、役員等が適切に任務を遂行するように促すものです（Q28参照）。

　しかし、他の役員等が実際に違法な行為を行った役員の責任を追及することは、必ずしも十分には期待できません。なぜなら、役員相互の関係を考え

ると、同僚である当該役員の責任を厳しく追及できなくなる可能性があるからです。

そこで、上記の役員等の損害賠償責任を通じた適切な任務遂行を確保するため、社員による代表訴訟制度が定められています。これは、社員が、違法な行為を行った役員等を被告として訴訟を提起し、社団法人に対して損害賠償請求をすることを求めるものです。以下、具体的な手続を説明します。

2 社員による提訴請求

社団法人の社員が代表訴訟を提起しようとする場合には、原則として、まず、当該訴訟を提起する前に、社団法人に対し、役員等に対する責任追及訴訟を提起することを請求する手続をとるよう求める必要があります（一般社団財団法人法278条1項）。これに応じて、社団法人が理事に対して当該責任を追及する訴訟を提起する場合には、監事が社団法人を代表することとされています（一般社団財団法人法104条1項）。

社員が提訴請求および代表訴訟を行うためには、提訴請求を行う時点以降において社団法人の社員資格を有するをもって足り、株主代表訴訟の場合（会社法847条1項本文）のように提訴請求の6カ月前からその資格を保有することという保有期間の制限はありません。これは、不特定多数の者が株主となりうる株式会社とは異なり、社団法人においては社員の資格の取得に関する規定を定めて社員となる者を選別でき（一般社団財団法人法11条1項5号）、一方的に社員を退社させることも可能であるため（一般社団財団法人法29条、30条）、そもそも社団法人の運営を妨害する目的で不当な提訴請求および代表訴訟がなされる類型的な危険が少ないと考えられるからです。

社員が提訴請求を行う場合には、提訴請求書に①社団法人に対し役員に対する責任追及訴訟の提起を請求する旨（一般社団財団法人法278条1項本文）、②責任追及訴訟の被告となるべき役員の氏名（一般社団財団法人法施行規則85条1号）、③当該役員等に対して社団法人に一定の賠償金を支払うように求める旨（一般社団財団法人法施行規則85条2号前段）および④当該役員等に対する責任追及の理由となる具体的事実（一般社団財団法人法施行規則85条2号

後段）を記載したうえで、理事の責任追及訴訟の提起を請求する場合には（この場合に社団法人を代表する）監事に対し、理事以外の責任追及訴訟の提起を請求する場合には理事に対し、これを（社員が代表訴訟を提起する場合等に提訴請求書が到達してから60日間が経過したことを証明するために）配達証明付きの内容証明郵便で送付する必要があります。

3　社員による代表訴訟の提起

社員による提訴請求書が社団法人に到達してから、60日以内に同法人が役員等に対する責任追及訴訟を提起しない場合には、当該社員は、社団法人に対し、責任追及訴訟を提起しない理由を通知することを求めることができます（一般社団財団法人法278条3項）。これにより、社員は、自己が代表訴訟を提起するか否かを判断することができ、実際に代表訴訟を提起する場合に参考になる資料を入手することができます。

当該社員による提訴請求書が社団法人に到達してから、60日以内に同法人が役員等に対する責任追及訴訟を提起しない場合には、当該社員は、同法人のために、同法人の主たる事務所の所在地を管轄する地方裁判所に対し（一般社団財団法人法279条）、当該役員等に対する責任追及訴訟を提起することができます（一般社団財団法人法278条2項）。同訴訟の提起について裁判所に対して手数料として納める印紙代は、1万3,000円です（一般社団財団法人法278条5項、民訴費用法4条2項、別表第1）。当該社員は、60日間の経過を待っていたのでは社団法人に回復することができない損害が生じるおそれがある場合には、この期間の経過を待たずに代表訴訟を提起することができます（一般社団財団法人法278条4項）。また、代表訴訟の認容判決の執行が困難になる可能性がある場合には、仮差押命令等を活用し、財産保全を図る必要があります（民事保全法20条、23条）。役員がその財産を隠匿して無資力になるおそれがある場合には、このような方法をとることも検討するべきでしょう。

コラム 役員賠償責任保険

　法人に対する損害賠償責任については、無報酬の役員等も責任を負い、役員等を退任した者も在任期間中の任務懈怠については当該責任を負います。上記の代表訴訟制度により、社団法人の役員等は重い責任を負うリスクが高まっており、損害保険各社により、このようなリスクに対応するための役員賠償責任保険が販売される動きが出ています。これは、社団法人が契約者となり、役員が代表訴訟に敗訴した場合などに賠償金および訴訟費用等が保険金として支払われる保険です。

Q33　法人による保証・理事による保証

　一部の理事が、自己の個人的な債務を、法人が保証するように求めてきています。そもそも、一般法人・公益法人が理事の個人的債務を保証することはできるのでしょうか。また、当法人では、社員全体が受益する施設の建設を行うため、その建設資金を金融機関から社団法人が主債務者となって借り入れる予定です。そこで、金融機関から、理事がこの借入債務の連帯保証人になることを求められています。そもそも、一般法人・公益法人の債務を理事が保証することはできるのでしょうか。

◆　結　論　◆

　一般法人においては、社員総会または理事会の承認により、理事の個人的な債務を一般法人が保証することは原則として可能です。しかし、公益法人においては法人が理事個人の債務を保証することはむずかしいと考えたほうがよいでしょう。
　一方、一般法人の債務を理事が保証できるかについては、原則として可能です。会員全体が受益する施設の建設資金についての理事の保証などはその典型例です。ただし、法人の財産と理事の個人資産の混同等があるような場合には、法人格否認の問題が生じうることから、その可否が個別に判断されることになります。また、公益法人の債務を理事が保証できるかについては、慎重な検討が必要でしょう。

◆　解　説　◆

1　理事の個人的な債務を法人が保証する場合

(1)　債務保証に関する法規制（利益相反取引）

　理事の個人的な債務を法人が保証する場合、法人の犠牲のもとに理事が債

務を免れうるという利益相反関係が生じます。このような関係が生じる場合は、利益相反取引として、次の(2)以下で説明するとおり、一定の手続を経る必要があります。ここに、利益相反取引とは、一般社団法人・一般財団法人または公益認定を受けたこれらの法人（以下「一般社団法人等」といいます）と理事との間で行う以下の取引をいいます（一般社団財団法人法84条1項2号・3号、197条）。

① 理事が自己または第三者のためにする一般社団法人等との取引（直接取引）
② 一般社団法人等が当該理事以外の者との間でする一般社団法人等と理事との利益が相反する取引（間接取引）

本問で問題となる法人による債務保証は、②の間接取引に含まれます。

(2) 社員総会・理事会での承認

理事が利益相反取引を行う場合には、法人の機関設計ごとに、以下の機関による承認が必要となります。当該承認を受けた場合には、民法108条（双方代理の禁止）の規定の適用は排除されます（一般社団財団法人法84条2項、197条）。

この利益相反取引の規定を無視して、なんら法人内部での決議を経ずに当該取引を行うなどの行為はガバナンスの機能不全の最たるものです。理事は、常に利益相反取引の可能性に目を光らせ慎重に対応すべきでしょう。

a 一般社団法人・公益社団法人

(a) 原則―社員総会での承認

社員総会において、当該取引について、「重要な事実」を開示し、その承認を受けなければなりません（一般社団財団法人法84条1項柱書）。「重要な事実」とは、取引の内容のうち、法人の利益と対立する重要な部分をいい、たとえば、取引の価格のほか、取引の相手方、目的物、数量、取引期間、利益の額等が考えられます。

(b) 例外―理事会での承認

理事会を設置する一般社団法人においては、社員総会ではなく、理事会の承認を得なければなりません（一般社団財団法人法92条1項）。また、理事会

の承認決議に従って取引が行われたかを確認するため、上記①の直接取引の場合には当該取引をした理事が、②の間接取引の場合には実際に取引を行った法人側の理事が、遅滞なく当該取引についての重要な事実を理事会に報告しなければなりません（一般社団財団法人法92条2項）。

公益社団法人の場合には、理事会の設置が義務づけられていますので（公益法人認定法5条14号ハ）、必ず上記理事会の承認および取引を行った場合の報告を行うことが必要になります。

b 一般財団法人および公益財団法人

一般財団法人・公益財団法人には、理事会の設置が義務づけられていますので（一般社団財団法人法170条）、理事会が設置されている一般社団法人と同様の規制が適用されます（一般社団財団法人法197条、84条1項・2項、92条2項）。

(3) 利益相反取引における任務懈怠の推定

利益相反取引によって一般法人に損害が生じた場合には、当該取引をした理事（一般社団財団法人法111条3項1号）、当該取引をすることを決定した理事（一般社団財団法人法111条3項2号）、当該取引に関する理事会の承認の決議に賛成した理事（一般社団財団法人法111条3項3号）は、その任務を怠ったものと推定されます（一般社団財団法人法111条3項、198条）。

したがって、理事としては、自らが利益相反取引を行わないからといって安心することはできず、他の理事が行う利益相反取引についても、当該取引を承認してよいかを慎重に判断しなければなりません。

(4) 公益法人における場合

公益法人についても一般社団財団法人法が適用されますので、原則として理事会等による承認を得れば、利益相反取引を行うことができるように思えます。

しかし、公益法人認定法5条3号には、公益認定の基準として、「その事業を行うに当たり、社員、評議員、理事、監事、使用人その他の政令で定める当該法人の関係者に対し特別の利益を与えないものであること」が定められています。また、公益認定等ガイドライン「3．認定法5条3号、第4号

関係〈特別の利益〉」は、「『特別の利益』とは、利益を与える個人又は団体の選定や利益の規模が、事業の内容や実施方法等具体的事情に即し、社会通念に照らして合理性を欠く不相当な利益の供与その他の優遇がこれに当たる」と定めています。

したがって、公益法人では、上記の基準に抵触しない利益相反取引のみが可能であると考えられ、実際には理事個人の債務を保証することが特別の利益に該当すると理解することが自然であると思われます。

よって、公益法人が理事と取引を行う場合には、当該取引が理事等に「特別の利益」を与えないものであるかどうかについて弁護士等の専門家と相談のうえ、所轄官庁にも確認することが賢明です。

2 法人の債務を理事が保証する場合

(1) 一般社団法人・一般財団法人の債務を理事が保証できるか

会社法においては、実務上、会社が取締役から負担のない贈与を受ける場合や、会社が取締役から無利息・無担保の貸付を受ける場合など、抽象的にみて会社に損害が生じえない取引は、利益相反取引の規制からはずれ、取締役会の承認なくして行うことができると解されています。したがって、会社法と同様の利益相反取引規制をもつ一般社団法人・一般財団法人についても、理事が無償でかつ求償権を事前に放棄するなどして法人の債務を保証する場合には、法人には損害が生じえないとして利益相反取引規制からはずれ、理事会の承認なくして行うことができると解するのが一般的です。

ただし、一般社団法人・一般財団法人については、特に上場企業等とは異なり、株主等のステークホルダーによる厳しい監視がされにくく、理事個人の資産と法人の資産の区別が明確でない場合が出てくることが今後十分に考えられます。特に、理事が個人の債務および個人資産を当該法人に移転させることを企図としたビークルとして利用しているような場合には（Q6参照）、理事が財産隠匿目的に一般法人を利用しているとして、一般法人の法人格そのものが否認される可能性もあり（法人格否認の法理）、係る場合にまで、利益相反等を理由に理事の連帯保証を認めないことは、結論として不当

であるといえます。このように、一般法人の債務を理事が連帯保証できるかどうかは、当該法人の資産状況、理事との関係等により結論が変わりうるので、この点については専門家に相談することが望ましいといえます。

(2) 公益法人の債務を理事が保証できるか

一方、公益法人の債務については、公益認定との関係で別個の考察が必要となります。

理事が公益法人の債務を保証することにより、当該理事の公益法人に対する不当な支配が生じないよう、当該公益法人における借入れの目的、意義等を十分に検証する必要があります。

Q34　理事の退職金

　理事の退職金について、現在の当法人の定款では「理事に対して、社員総会（評議員会）において定める総額の範囲内で、社員総会（評議員会）において別に定める報酬等の支給の基準に従って、算定した額を報酬等として支給することができる」となっています。今後、法人の活動が充実するのに伴って、理事の負担の増大が見込まれますので、報酬をはじめ退職金の面での手当についても検討をし直していく必要があると考えています。実際の運用上は、どのような点を心がけたらよいのでしょうか。

◆　結　論　◆

　理事の報酬等の規制におけるお手盛り防止の趣旨をふまえ、定款の規定を受けて、理事会の決議により、退職金についても、一定程度明確な基準を内規として整備しておきましょう。内規は、法人の業務内容、理事の負担する業務、専門性、業務としての拘束時間等の事情を総合的に勘案のうえ、整備されることが望ましいといえます。

◆　解　説　◆

1　理事の退職金の報酬等該当性

　一般社団財団法人法89条は、「理事の報酬等（報酬、賞与その他の職務執行の対価として一般社団法人等から受ける財産上の利益をいう。以下同じ）は、定款にその額を定めていないときは、社員総会の決議によって定める」と規定しています（一般財団法人については、同法197条により準用）（Q11参照）。

　そして、公益法人認定法5条13号は、公益認定の基準の一つとして、「その理事、監事および評議員に対する報酬等（報酬、賞与その他の職務遂行の対価として受ける財産上の利益および退職手当をいう。以下同じ）について、内閣

府令で定めるところにより、民間事業者の役員の報酬等および従業員の給与、当該法人の経理の状況その他の事情を考慮して、不当に高額なものとならないような支給の基準を定めているものであること」と規定し、一般社団財団法人法における報酬等の定義に「退職手当」を付加しています。

以上から、理事の退職金は、終任した理事等に支払われるものですが、その在職中の職務執行の対価として支給される限り、報酬等に含まれるといえます（株式会社の役員の退職慰労金についての判例として、最判昭39.12.11民集18巻10号2143頁）。

2　報酬等の決定手続

(1)　報酬等の決定に関する規定の趣旨

前述のとおり、一般社団財団法人法89条、197条は、理事の報酬等は、定款で定めていないときは、社員総会・評議員会の決議で定めることとされています。

これは、本来は、理事の報酬等は業務執行機関である理事会で決定する事項ですが、理事会で自分たちの報酬等を決定するとなると、不当に高額なもの（いわゆる「お手盛り」）となり、法人の財産がむやみに流出するおそれが生じるためです。

本問のように、定款に「理事に対して、社員総会（評議員会）において定める総額の範囲内で、社員総会（評議員会）において別に定める報酬等の支給の基準に従って、算定した額を報酬等として支給することができる」という規定があった場合でも、別に定める報酬等の支給基準の内容の決定について、理事会に一任し、さらに理事長に再委任するかたちとなってしまっている場合には、上記お手盛り防止の趣旨との関係で問題となりますので、実務上定め方の工夫が必要です。

(2)　株式会社の事例からの考察

同様の趣旨の規定が会社法361条にあり、取締役の報酬等について定めています。取締役の報酬等の額の決定についても、取締役会に委ねるとお手盛りの弊害があるため、定款または株主総会の決議で定めることが要求されて

いるのです（なお、株式会社と一般社団法人・一般財団法人との相違点についてはＱ６参照）。

　理事の報酬等の議論も、この会社法の条文を前提にした場合の、
① 　株主総会は、退職慰労金額の決定を取締役会に一任することができるか
② 　株主総会から退職慰労金額の決定を一任された取締役会は、その決定をさらに代表取締役に一任することができるか
という論点と同様に考えられます。

　まず①については、一般社団財団法人法89条、197条に対応する、取締役の報酬規定である旧商法269条（会社法361条）に関して、参考となる判例があります。

　その判例によれば、旧商法269条はお手盛りによる弊害から株主を保護するための規定であるところ、この規定の趣旨からして、無条件に取締役会に退職慰労金額の決定を一任することは許されないものの、株主総会決議において、明示的もしくは黙示的に、退職慰労金支給に関する基準を示し、具体的な金額・支払期日・支払方法などは同基準によって定めるべきものとして、その決定を取締役会に委ねることは許されるとされています（最判昭39.12.11民集18巻10号2143頁、最判昭44.10.28裁判集民事97号95頁）。

　具体的には、イ．退任役員に対する退職慰労金の支給に関し、一定の基準が慣行ないし内規によって確立していること（基準の確立）、ロ．その基準が株主らにも推知しうべき状況にあること（基準の推知可能性）、ハ．株主総会の決議において、明示的もしくは黙示的に、支給に関する基準を示し、当該退職慰労金の金額等を同基準に従って、定めることを取締役会に委ねたこと（基準に従って金額等を決めることを一任する旨の株主総会決議）、を要します。

　①をクリアした場合に、次に、②については、個別の株主総会決議が代表取締役への再委任を禁ずる趣旨でなければ、一定基準に従うという枠によって株主保護が図られている以上、退職慰労金額の決定を代表取締役へ再委任しても違法とはいえないと解されています。

3 本問におけるよりよいガバナンスへの道筋

(1) 退職金の支給基準の明確性

以上を前提にすれば、本問において、理事会の決議で定めた役員報酬等規程における退職金の支給基準が、不明確であったり、無限定な裁量を許すものである場合には、理事会に無条件で一任したのと同じ結果になり、無効とされるおそれがあります。

(2) 公益法人の場合の退職金の支給基準

また、公益法人の理事等の報酬等が、民間事業者の役員の報酬等や公益法人の経理の状況に照らし、不当に高額な場合には、法人の非営利性を潜脱するおそれがあり適当ではないという趣旨から、理事等に対する報酬等が不当に高額なものとならないよう支給の基準を定めていることが公益認定の基準とされています（公益法人認定法5条13号）。この支給基準は、理事等の勤務形態に応じた報酬等の区分、金額の算定方法、支給の方法等が明らかになるよう定める必要があります（公益法人認定法施行規則3条）。これは公益法人に対する規制ではありますが、一般社団法人・一般財団法人においても、支給基準自体は明確に定めておくことが望ましいといえます。

(3) 参考裁判例

なお、寄附行為そのものの有効性が争われた事案ではありませんが、公益法人の寄附行為で「(役員の報酬)に関し必要な事項は、理事会の議決を経て、理事長が定める」と規定し、この定めを受けた役員報酬等規程において、「常勤の役員に報酬を支給する。報酬は月額としてその額については、理事長が定める」「……退職手当の額は、理事長が定める」などと規定し、退職手当の算定方法について特段規程等の定めがなかった事案において、役員報酬の決定と受給が寄附行為に違反して無効な措置とまではいえないが、混乱を招かないようにするために、寄附行為等の改定をするなどの立法的な措置が必要である、と判示されたものがあります（さいたま地判平22.3.25判例集未掲載）。

⑷ 結　　論

　以上のことから、設問の定款を前提とするならば、たとえば、役員報酬等規程において、「退職金の額は、役員等の在職期間1月につき、退職した日におけるその者の本給月額に100分の○の割合を乗じて得た金額とする」などと規定することが考えられます。

Q35 公益法人と理事長

当公益法人の非常勤の役員として、大所高所からの視点を提供していただくため、社会的地位があり人脈の豊富なA氏を招聘したいと考えています。常勤の理事との役割分担や権限の違いを明確にしたいと思いますが、A氏をどのように処遇すればよいのでしょうか。

◆ 結　論 ◆

A氏の処遇については、代表権のない理事に選任する方法と、代表理事に選任しつつも非常勤であることにかんがみ、一部の権限を制限する方法とが考えられます。

こうした方法を採用するためにも、複数の理事を選任した場合には、それぞれの役割分担を定款や職務権限規程などの内規で定めておくことが望ましいといえます。なお、第三者に対しても事前にこのような内規の存在を周知させるため、特定の行為ごとに理事長名の使用や権限行使を使い分けることによって、内部分担を対外的にも主張できる可能性が高まります。

◆ 解　説 ◆

1　名誉職的な地位を置き、平理事とする方法

(1)　定款での定め方

まず、対象となる人物に名誉的な総裁、会長、スペシャルアドバイザーといった名称のみを与え、権限においては代表権限や業務執行権限は付与せずに平理事とする旨の定款を置く方法が考えられます。

具体的には、たとえば、「会長（もちろん、他のさまざまな表現がありえます）は、理事のなかから理事会の決議により推戴することができる」「理事長と専務理事は理事のなかから理事会の決議により選任する」「常務理事は

理事のなかから理事会の決議により選任することができる」と規定したうえで、「理事長、専務理事をもって一般社団財団法人法の代表理事、常務理事をもって同法の業務執行理事とする」と規定する方法です（なお、法の名称とは異なる通称名や略称を定款に使用する場合には、法の名称と定款で使用する名称がどのような関係にあるのかを、定款上、明確にする必要がある点に留意してください）。

(2) 表見代表理事に関する注意点

この場合の注意点としては、「○○法人会長何某」という肩書を利用して、内規上は平理事では結べないような契約を締結したような場合に、善意の相手方に対して、当該会長が平理事であり、当該契約締結権限がない旨を主張できないことがあげられます（表見代表理事。一般社団財団法人法82条「一般社団法人は、代表理事以外の理事に理事長その他一般社団法人を代表する権限を有するものと認められる名称を付した場合には、当該理事がした行為について、善意の第三者に対してその責任を負う」）。

(3) 内部監視体制の整備

そこで、当該会長が平理事として行える行為を法人内部の全職員に把握させ、当該会長名で行われる行為について、常に認識・監視できる体制を構築しておくほか、また、外部の第三者に対して会長名でなんらかの行為が行われるような場合には、事前に第三者に定款や内規の存在を知らせる手段を講じておくことが重要です。このような手段を講じておくと、後に争いになった場合に、当該第三者が、当該会長が平理事として業務執行権限ないしは代表権限がないことについて悪意であることを立証できる可能性が高まり、ひいては、法人に不利な法的効果を帰属させないようにすることができます。

2　代表理事としながらも、一部権限を制限する方法

(1) 定款の定め方

次に、対象となる人物について、業務内容によって代表権限や業務執行権限を付与してよいという場合については、以下のようにします。

すなわち、一般社団財団法人法77条1項は「理事は、一般社団法人を代表

する。ただし、他に代表理事その他一般社団法人を代表する者を定めた場合は、この限りでない」と規定し、同条2項で、「前項本文の理事が2人以上ある場合には、理事は、各自、一般社団法人を代表する」と規定していますので、これに従って、たとえば、代表理事を複数置き、職務権限規程においてそれぞれの権限の分担を定め、それに伴い各人の代表権限に制限を設ける方法が考えられます。たとえば以下の例のように適宜適切な割振りを規定することが考えられます。

> ［例］
> 　（代表理事）
> 　第●条　代表理事のうち、1名を理事長とし、1名を専務理事とする。
> 　（理事長）
> 　第●条　理事長の職務権限は、別表に掲げるもののほか、次のとおりとする。
> ⑴　代表理事としてこの法人を代表し、その業務を執行する。（以下略）
> 　（専務理事）
> 　第●条　専務理事の職務権限は、別表に掲げるもののほか、次のとおりとする。
> ⑴　理事長を補佐し、この法人の業務を執行する。（以下略）

⑵　内部的な権限の制限を第三者に対抗することについての注意点

このような規定があれば、たとえば、ある契約を締結しようとする際に、契約の相手方が、理事長が役員を務める会社であるような場合で、当該理事長名で公益法人側の契約者名として明示することを避けたいような場合、理事長以外の業務執行理事などを契約者名義とすることができると考えられます。

しかし、注意しなければならないのは、このような内部分担は、善意の第

(別表）理事の職務権限

項　目	決裁権者 理事長	決裁権者 専務理事
事業計画および予算の案の作成に関すること	○	
契約（書面による）の締結（当該契約の内容に応じ、契約者名義を専務理事に委任する権限を含む）	○	
契約（書面による）金額の範囲内の支出		○
訴訟に関すること（当該訴訟の内容に応じ、訴訟追行権限を専務理事に委任する権限を含む）	○	
外部に対する文書発簡（特に重要なもの）	○	
外部に対する文書発簡（重要なもの）		○

三者に対抗することができないということです（一般社団財団法人法77条5項）。したがって、内部の職務権限規程では重要な契約の締結に関する権限を有しないA代表理事が、実際に重要な契約の締結行為を行った場合、内部の職務分担について善意の第三者に対しては、「A代表理事が行った行為は権限逸脱行為であり当該契約締結の効果が法人に帰属しない」ということを対抗できないのです。また、内部の職務分担については、登記に表示する方法もありません。

(3) 内部監視体制の整備

そこで、内部の職務権限規程において複数名の代表理事の権限を分担させる場合には、それぞれの権限の範囲を法人内部の全職員に把握させ、代表理事の業務執行状況を常に認識・監視できる体制を構築しておくこと、また、外部の第三者との業務執行行為が行われる場合には、事前に第三者に内部の職務権限規程の存在を知らせる手段を講じ、後に争いになった場合に第三者が代表理事の権限が制限されていることについて悪意であることを立証できるようにすることなど、法人に不利な法的効果が帰属しないような対策が必要です。

ただし、たとえば、内部の職務権限規程では、訴訟に関するいっさいの代表権限はA代表理事が担当し、B代表理事の訴訟代表権を制限することとな

っている場合でも、外部の第三者が、B代表理事を代表者として訴えの提起をすること自体を防止することはできません。なお、この場合には、当該訴訟の審理手続のなかで、代表者の補正の上申をするなど、個別に対応することが考えられます。

第3節　理事会の適正な運営

Q36　理事会と代理出席

理事の代理人が、理事会に出席して議事に参加することはできるのでしょうか。

◆ 結　論 ◆

一般社団財団法人法のもとでは、理事本人が出席して、その資質・能力を生かして活発な議論がなされることが想定されていますので、できません。ただし、円滑な法人運営のため、一定の条件のもと、書面または電磁的方法により決議する方法を活用することができます。

◆ 解　説 ◆

1　理事と法人との関係

一般社団財団法人法64条は、「一般社団法人と役員（注：理事および監事をいいます）および会計監査人との関係は、委任に関する規定に従う」と規定し、同法172条1項は、一般財団法人につき同趣旨の規定を置いています（Q28参照）。

このように、理事と法人との関係は、委任関係にあり、委任の趣旨は、当該法人の利益のために法人の事務を処理することにあります。公益法人は、一般法人が公益認定を受けたものであるため（公益法人認定法4条）、一般法人に関する上記規定が適用され、理事と法人とは委任関係に立ちます。

2　委任契約の趣旨との関係

　委任契約は通常、受任者の個人的資質、能力を信頼して締結されるものであり、委任事務を他の者に復委任することは、原則として許されません。そして、上記1のとおり、理事は、その個人的な能力や資質に着目し、法人運営を委任されている者であることから、自ら理事会に出席し、議決権を行使することが求められ、代理人を理事会に出席させ、議事に参加させることはできません。

　理事会は、一般法人・公益法人にとってのガバナンス確立にとっての基本的機関であり、そのため、専門家としての能力を信頼して選任した外部理事も含めて、各理事の資質・能力を生かした活発な議論が行われる必要があります。

3　書面または電磁的方法による決議の活用

　しかし、理事本人の理事会への出席を求めることが困難な場合もあるため、理事会決議を機動的に行う代替手段がいっさいないわけではありません。

　すなわち、定款に定めを設けることにより、理事会の決議の目的である事項につき、理事全員が同意し、かつ、監事が異議を述べないときに限り、書面または電磁的方法により決議することができるという方法を活用することが考えられます（一般社団財団法人法96条、197条）。

　たとえば、電子メールにより理事会決議を行うような場合、メールにより議案の内容を理事と監事の全員に伝達し、事務方が理事全員から議案に同意する旨の電子メールを受け取り、監事に異議がないことを確認したうえで、理事会決議の議事録を作成することにより手続は完了できます。もっとも、一堂に会した理事会とは異なるので、たとえば、他人が理事になりすまして議案への同意のメール送信を行うおそれがあるため、後に無効とならないよう、同意表明が本人の意思に基づくものか電話などで確認しておくこともよいでしょう。このような運用を行うことにより、理事会決議を機動的に行うことが可能となり、円滑な法人運営が担保できるものと思われます。

Q37 議事録の署名者

　当法人においては、定款で理事会に出席した代表理事が議事録の署名者となることを定めています。しかし、代表理事が体調を崩し、理事会を欠席してしまいました。この場合、議事録の署名・押印はどうすればよいのでしょうか。

◆　結　　論　◆

　出席した理事と監事の全員が署名し、または記名押印する必要があります。

◆　解　　説　◆

1　理事会における議事録の意味

(1)　理事会の意味

　理事会とは、当該法人のすべての理事で組織され、法人の業務執行の決定、理事の職務執行の監督、代表理事の選定および解職をする権限を有する機関です（一般社団財団法人法90条、197条）。一般社団法人にあっては、定款の定めによって設置することができる任意の機関とされていますが（一般社団財団法人法60条2項）、一般財団法人・公益社団法人および公益財団法人においては、法律上必ず設置することが要求されています（一般社団財団法人法170条1項、公益法人認定法5条14号ハ）。

(2)　理事会の議事録に署名押印することの意味

　理事会の決議は重要な事項に関することが多く、これを記録化することは、法人のガバナンスという観点からもきわめて重要です。そのため、理事会を開催したときは、当該理事会の議事録を作成し、これを10年間保管しなければなりません（一般社団財団法人法95条3項、97条1項、197条）。

議事録の作成には、その議事録によって、その法人の設立からの経過を記録するという実務上の意義があるとともに、①開催された会議の議事をめぐって紛争が生じた場合に、議事の経緯を明らかにする（証拠保全）、②法人の内部記録として、その会議における審議の結果を保存し、閲覧・謄写の用に供される（ディスクロージャーの充実）、③登記すべき事項につき、理事会の決議を要する場合に、登記申請時にその議事録を添付する必要がある（法人の登記申請時の添付書面）という法律上の意義があるといわれています。また、役員責任との関係では、議事録に異議をとどめないものは、その決議に賛成したものと推定される点（一般社団財団法人法95条5項、197条）に留意してください。

2 議事録への署名・記名押印

(1) 原則―出席理事・監事による署名等

議事録が書面をもって作成されているときには、原則として出席した理事および監事は、その議事録に署名し、または記名押印しなければなりません（一般社団財団法人法95条3項、197条）。理事会の議事録自体は事務局の職員が作成したり、場合によっては社外の専門家が作成を代行することがありうるため、記載内容を理事および監事ら自らが確認のうえ、署名・記名押印させることとしているのです。もっとも、出席した理事・監事の全部または一部が署名することを拒否した場合にも、その議事録としての効力には影響しないと考えられています。

(2) 定款に特別の定めがある場合

これに対し、法人の定款で議事録に署名し、または記名押印しなければならない者を当該理事会に出席した代表理事とする旨の定めがある場合にあっては、当該代表理事および監事が署名・記名押印すれば足ります（一般社団財団法人法95条3項、197条）。これは、会社における取締役会議事録等にはみられない（会社法369条3項）、一般法人・公益法人の理事会議事録特有の取扱いです。定款の定めとしては、具体的には次のような記載が考えられます。

> （議事録）
> 第●条　理事会の議事については、法令で定めるところにより、議事録を作成しなければならない。
> 2　出席した代表理事および監事は、前項の議事録に記名押印しなければならない。

　なお、この場合、定款で署名者と定められていない理事は、理事会に出席したとしても議事録に署名する必要はないことになりますが、理事会の決議に参加した理事であって議事録に異議をとどめないものは、その決議に賛成したものと推定され（一般社団財団法人法95条5項、197条）、当該法人に対し法的責任を負うことになる場合がありますので（一般社団財団法人法111条3項3号、198条）、議事録の記載に誤りがないか常に確認しておく必要があります。

(3)　定款で署名者とされた代表理事が出席しなかった場合
　前記のような定款の定めがあったとしても、署名者とされた代表理事が体調を崩してしまった場合など、やむをえない理由により理事会に出席できない場合もありえます。この場合は、定款で署名者と定めた「出席した代表理事」が存在しないことになりますから、定款になんらの定めがなかった場合の原則（一般社団財団法人法95条3項、197条）に戻ると考えられます。したがって、出席した理事全員と監事全員が署名・記名押印しなければならないことになります。

3　まとめ

　理事会の議事録は、一般法人・公益法人におけるガバナンスの出発点ともいうべき、大変重要なものです。理事会の議事録は、理事会の日から10年間、主たる事業所に備え置かれ（一般社団財団法人法97条1項、197条）、社員・評議員・債権者の閲覧・謄写の用に供されます（一般社団財団法人法97条2項・3項、197条）。理事会決議の瑕疵について争いとなる場合は、必ず、

最初に議事録の記載が確認されることになるでしょう。議事録に署名する理事・監事は、理事会の議事録には理事会外部からの監視の目が常に光っていることを意識し、適法かつ適切に作成されているか慎重に確認したうえで、署名・記名押印する必要があります。

Q38 代表理事の音信不通

当法人においては、代表理事を理事会の招集権者として定めています。代表理事と連絡がとれなくなってしまった場合には、理事である私が理事会を招集することができるのでしょうか。また、一般的に、理事会の招集権者をどのように定めておくことが実務上便宜なのでしょうか。

◆ 結　論 ◆

定款に、代表理事に事故があるときは各理事が招集権限を有することを定めていた場合は、各理事は有効に理事会を招集することができます。

他方、このような定めがない場合も、代表理事が震災に巻き込まれた等のため、長期間連絡がつかないことが合理的に推測される場合には、各理事が理事会を招集することができると考えられます。

◆ 解　説 ◆

1 理事会の招集権者

理事会は、原則として各理事が招集することができるとされています（一般社団財団法人法93条1項本文、197条）。しかし、この原則によるときは、各理事が自由に理事会を招集することになり、無用な混乱が生じかねません。そこで、定款または理事会の決議によって、特定の理事に対してのみ招集権限を与える旨を定めることができることとされました（一般社団財団法人法93条1項ただし書、197条）。

2 実際上の取扱い

一般法人・公益法人においては、定款等で招集権限を有する理事を定めておくのが一般的です。ここで招集権限を与えられる特定の理事は、必ずしも

代表理事に限られるものではありません。しかし、実務上は、代表理事に招集権限を与えることが多いものと思われます。

もっとも、なんらかの理由（事故、自然災害等）により、代表理事が理事会を招集することができない事態も考えられます。その場合には、各理事に招集権があるという原則に戻り、次のように定款に定めておくことが一般的です。

（招集権）
第●条　理事会は、代表理事が招集する。ただし、代表理事が欠けたときまたは代表理事に事故があるときは、各理事が理事会を招集する。

なお、実務上、各理事に招集権を与えるというかたちにすると、だれが招集をする責任を負うのかが不明瞭になりがちであるという考え方から、副会長もしくは常任理事のような特定の理事が招集するという旨の定款の定めを置くことも考えられます。

3　招集権者である代表理事と連絡がとれなくなってしまった場合の対応

不幸にも、震災等により代表理事と連絡がとれなくなってしまった状況において、緊急に理事会を招集する必要が生じた場合、どのように対応すればよいのでしょうか。

(1)　定款に代表理事に事故があった事態を想定した定めがある場合

定款に、代表理事を招集権者として規定しつつ代表理事に事故がある場合を想定した規定を設けていたとすれば、同規定により、代表理事以外の所定の理事に招集権限が与えられることになるため、この者が理事会を招集すれば足ります。

(2)　定款になんら定めがない場合

それでは、定款にこのような定めがない場合、理事会を招集することがで

きるのは、連絡のとれない代表理事だけであり、その代表理事以外の者が理事会を招集しても、招集権者の招集によらない理事会ということになるのでしょうか。

a　連絡不能が一時的な場合

　たしかに、交通事情等により、一時的に定款上の招集権者と連絡がとれないにすぎない場合にまで、他の理事が単独で理事会を招集できると考えると、意図的に定款上の招集権者を連絡不能の状況に置くことで、事実上、招集権者についての定款の定めを骨抜きにする等の濫用をされるリスクが高まります。したがって、この場合は、理事会の招集権者はあくまで定款上の招集権者だけであると考えるべきでしょう。

　なお、招集権者以外の者が招集した理事会における決議の効力については、寄附行為（一般社団財団法人法では定款に当たります）で理事会および評議員会は理事長が招集することを定めている旧民法上の財団法人において、招集権者たる理事長の招集したものではない理事会について、「評議員会ならびに理事会はいずれも法律上不存在のものというべく、その決議もまた効力を有しないものというべきである」とした判例があります（最判昭42.9.19判時502号37頁）。

　したがって、上記の場合には、当該理事会の決議は原則として無効となる可能性が高いと考えられます。

b　連絡不能が長期にわたることが予想される場合

　これに対し、定款上の招集権者が大規模な災害に巻き込まれたため、少なくとも当面の間、その者と連絡がつかないことが合理的に推測されるなど、定款上の招集権者が存在しなくなった場合に準じる状況が発生した場合には、定款の合理的解釈として、招集権者を代表理事とする定款の定めがない場合の原則に戻り、各理事に招集権限が与えられると解する余地があります。

　この点に関連し、旧民法下の下級審裁判例のなかには、招集権者である理事長が死亡等により存在しなくなった場合、あるいは、心身の故障により招集手続をとりえない場合で、かつ、寄附行為に理事長の職務代行者の定めが

ない等の場合、「例外的に一般の理事（平理事）ないし理事の職務を行う者が理事会を招集することができ」るとするもの（大阪高判平3．2．22判時1394号79頁）があります。

　もっとも、この大阪高裁判決は続けて「仮にそうでないとしても、右一般の理事（平理事）ないし理事の職務を行う者の招集により、現在の理事ないし理事の職務を行う者の全員が出席して、理事会の決議をした場合には、右理事会の決議は有効である」と判示しており、また、招集権者である専務理事と他の理事とが対立し、他の理事らが専務理事に不利益な措置をとろうとした事案において、「正規の手続によらねばならないとするのは難きを強いるものであって、相当ではなく、他の理事達全員の合意によって理事会を招集しうる」とした裁判例（高松高判昭39．9．3判時387号37頁）もありますので、念のため、連絡のつかない定款上の招集権者以外の理事全員の合意があったことを理事会議事録（Q37参照）等に記載し、記録化しておくことが望ましいと考えられます。

4　まとめ

　理事会は、当該法人の業務執行を決定するとともに、理事の職務執行を監督する、当該法人におけるガバナンスの中核を担う機関です。そのため、理事会の招集手続に瑕疵があることが発覚すれば、それは当該法人のガバナンス全体に疑問符がついたといわざるをえません。そのような事態が生じないよう、招集手続を含め理事会の運営には、細心の注意をもって臨むべきでしょう。弁護士等に相談しながら定款や議事録等を作成することも必要となります。

Q39 理事会の定足数

　当法人では、理事の人数は7名以上10名以下とすることを定款で規定しています。当初は10人の理事が選任されていましたが、震災により、AとBの2名を除く8名が亡くなってしまいました。今般、Aが招集し、ABの2人のみが出席した理事会で、Aを理事長に選任するなどの決議がされましたが、このような決議は有効なのでしょうか。

◆ 結　論 ◆

　現存する理事全員が出席して決議された場合、当該決議は有効とされる余地がありますが、そもそも理事に欠員が生じることのないよう、あらかじめ慎重に定足数を設計しておく、補欠理事を選任しておくなどの対応をとるべきです。

◆ 解　説 ◆

1　理事会の定足数

　理事会の決議は、議決に加わることができる理事の過半数が出席し、その過半数をもって行うのが原則です。ただし、定足数、決議要件とも、定款の定めにより過半数よりも加重することはさしつかえありません（一般社団財団法人法95条1項、197条）。

2　旧法下の裁判例

　定足数を満たさない場合の決議の効力について、旧民法上の公益財団法人に関する裁判例は、本問類似の事案において、「寄附行為（筆者注：現行一般社団財団法人法上の定款に相当）に定められた3分の2以上の理事が現存しない場合には、仮理事を選任するまでもなく、3分の2未満の現存する理事全

員が出席して開催された理事会の決議は、法律上は有効と解すべき」としました（大阪高判平3.2.22判時1394号79頁）。旧法下においては、本来的には仮理事の選任を裁判所に請求し、裁判所により選任された仮理事が理事会に出席することで定足数を満たす方法をとるべきであったと思われますが、この裁判例は、理事や理事長が死亡して、代表理事を選任するための理事会を開催する場合には、例外的に、必ずしも仮理事を選任する必要はなく、現存する理事で理事会を開催することができるとしたものと考えられます。

3 理事の欠員に備えた準備

　これに対し、現行法は、理事の欠員の場合に備えて、あらかじめ補欠の理事を選任しておくことを認めました（一般社団財団法人法63条2項、177条）。補欠の理事を選任しておけば、理事の欠員が生じた場合にも決議が成立しないような事態を防ぐことができます。

　現行法においては、任期の満了または辞任によって理事が退任したとしても、当該理事は、新たに選任された理事が就任するまで、なお理事としての権利義務を有するとされる（一般社団財団法人法75条1項、177条）など、そもそも理事の欠員が生じないように手当がされていますが、補欠理事の制度により、本問のように複数の理事が同時に死亡したような場合にも、理事の欠員により決議が成立しないような事態を避けることができるようになりました。

4 実際に理事の欠員が生じた場合の対応

　かりに補欠の理事を選任しておらず、実際に理事の欠員が生じてしまった場合にも、利害関係人が裁判所に申し立てることによって、一時理事の職務を行うべき者を選任することができます（一般社団財団法人法75条1項、177条）。これは旧法における仮理事に相当する制度であり、この者を含めることで、定足数を満たす有効な理事会を開くことができるようになります。

　もし、このような手続をとることなく、残存の理事の1人が理事会を招集し、残存の理事のみで理事会を開催した場合も、前掲大阪高判平3.2.22

（判時1394号79頁）の考え方によれば、当該理事会での決議も有効となる余地はあるでしょう。

　しかし、当該法人のガバナンスにとって、理事会が適正に招集・運営されることはきわめて重要であり、そもそも理事の欠員が生じるような事態に陥ることのないようにすることが大切です。そのためには、当該法人の設立時に定款を作成するときから慎重に定足数を設計し、さらに万一、理事の欠員が生じた場合に備えて、社員総会・評議員会において前述の補欠理事の選任を行っておくべきだと考えられます。

第 4 章

ケースで学ぶⅡ
―監事・財団法人―

本章では、法人の監事の役割と財団法人固有の問題について検討します。
　法人の監事は、内部ガバナンスを充実させるうえで一つの要ともいうべき存在です。したがって、まずは監事の職責を十分に理解するとともに、その権限を行使するにあたっての留意点について、監事が不正を見過ごしてしまったケース等（監視義務違反等が認められる場合）を通じ、十分に理解していただきたいと思います。
　次に、財団法人とは、設立者が拠出した財産の集合体に対して法人格を付与された存在です。したがって、社団法人と異なり社員という存在がないことから、社員意思を通じたガバナンスが期待できません。そこで、新たに法律上の機関として定められた評議員（会）は、財団法人のガバナンスを考えるうえで、その役割はきわめて大きいといえます。その一方で、評議員は、代表訴訟等の権能を有するのか、評議員の報酬は評議員（会）の手によって勝手に変更できるのか、さらには、評議員（会）の人選を事実上支配することによって、結局、当該法人が関係官庁等の天下り先にならないのか、といったさまざまな疑問も考えられるところです。本章の各ケースを通じて、財団法人における適切なガバナンスの構築を考えていただきたいと思います。

第1節 監　　事

Q40　監事の役割

A法人の監事に就任することを要請されています。監事就任にあたって注意すべきポイントを教えてください。

◆　結　　論　◆

監事が法人のガバナンスにおいて重要な役割を担っていることを認識し、与えられた種々の権限を適時かつ適切に行使できるように常に注意を払う必要があります。権限の行使に際して法的な問題がある場合は、弁護士等外部のアドバイザーに助言を求めることも重要です。

◆　解　　説　◆

1　監事の職責

　監事とは、一般法人・公益法人において理事の職務執行を監査して監査報告を作成するとともに（一般社団財団法人法99条1項、197条）、各事業年度に係る計算書類および事業報告ならびに附属明細書の監査（一般社団財団法人法124条1項、199条）を行う機関です。
　監事は、上記目的のため、理事の不正行為等に関する理事（理事会設置一般社団法人にあっては、理事会）への報告（一般社団財団法人法100条、197条）、理事会への出席および意見陳述（一般社団財団法人法101条1項、197条）、理事提出議案等の調査および社員総会・評議員会への報告（一般社団財団法人法102条、197条）、理事の目的外行為等の差止め（一般社団財団法人法103条1項、197条）、法人と理事との間の訴えにおける法人の代表（一般社団

財団法人法104条1項、197条）等を行うとされています。これらの権限は、主として理事の権限行使に対する法人内部（理事会・社員総会・評議員会）のガバナンス機能を補助することを目的としています（理事会・社員総会・評議員会への報告および理事会における意見陳述は、これらの法人内部の機関に対して理事の活動の状況を報告すること等を通じ、当該機関に対して判断資料を提供することによって、理事の活動に対する当該機関の監視監督を実効的なものにする役割を担っています）。もっとも、法人内部のガバナンスが十分に期待できない場合には、監事自ら理事の権限行使の適正を確保する活動を行うことが求められます（理事の目的外行為の差止めの制度は、理事会等の招集を待っていては理事の違法行為により法人に著しい損害が発生することを避けられない場合に、監事自ら理事の違法行為を防止することを期待する制度です。また、法人と理事との間の訴えにおいて監事が法人を代表する制度は、法人が理事に対して訴えを提起する場合にも理事が法人を代表することとすれば、利益相反関係が生じてしまうことを理由とするものです）。したがって、監事の基本的な職責は、理事の活動内容を常日頃から把握するとともに、ほかの機関との緊密な連携関係を構築し、理事の活動内容の報告を怠らないようにすることだということができます。

　監事は法人との間で委任関係に立ちますので（一般社団財団法人法64条、172条1項）、上記の監事の権限は、権限であると同時に義務でもあり、監事がその行使を怠った場合には、後述のとおり、監事自身が責任を問われることもありえます（一般社団財団法人法111条1項、198条）。

2　不正を見逃してしまった場合の監事の責任

　かりに、監事が前記のような権限の行使を怠り、理事の不正行為を見逃してしまった場合は、監事としての善管注意義務（一般社団財団法人法64条、172条1項、民法644条）に違反したとして、当該法人に対し、損害賠償責任を負うことがあります（一般社団財団法人法111条1項、198条）。また、一般社団法人・公益社団法人においては、社員によって社員代表訴訟を提起され（一般社団財団法人法278条1項）、または監事に悪意または重大な過失があっ

た場合には、直接、第三者から損害賠償請求を受けることもあります（一般社団財団法人法117条１項、198条）。監事は前記のような多種多様な権限を有する半面、その権限の行使・不行使について、常に法人・社員・第三者による責任追及のリスクにさらされているということができるでしょう。

3　権限行使にあたっての留意点

　旧民法においても前記１のような監事の職責に関する一応の規定はありました（旧民法59条）。しかし、旧民法上の公益法人は、主務官庁の全面的な監督に服するとされていたため（旧民法67条）、監事の職責は主務官庁の監督責任に比べると、相対的に軽いと考えられる傾向にありました。

　これに対し、現行法上の一般法人は、主務官庁による監督に服するわけではなく、公益法人についても旧民法上の法人において、主務官庁による監督だけでは法人のガバナンスを確保するうえでは不十分であったとの反省から、制度の構築がされましたので監事の職責の重要度は飛躍的に高まっているということができます。そのため、旧民法上の公益法人における監事の感覚のまま、現行法における一般法人・公益法人の監事の職務を行ってしまうと、予期せぬ法的責任を追及されてしまうことにもなりかねません。監事に就任するにあたっては、自身が法人の適切なガバナンスを確保するうえできわめて重要な役割を担うことになることを認識し、その権限が適時、適切に行使されるよう常に注意を払う必要があります。しかしながら、判例等を熟知した専門家でない者が監事となっている場合、監事としてなすべき監視のあり方や手続等がわからないことから、ほとんど非を感じないまま従来の悪しき慣行に流れてしまうこともありえますので、①監事としての適切な職務を遂行するに際して問題点があれば、外部の専門家（弁護士等）に意見を求めることができるような体制を用意することや②適切な監督機能発揮や組織防衛の観点から、法律の専門家等に監事の就任を依頼するなどの組織改革を進めることを検討すべきでしょう。

Q41　監事の監視義務違反

　当法人では、代表理事（専務理事）が、自ら責任を負担することを前提として理事会の一任を取り付け、さまざまな事項を処理判断しており、監事も理事会には一度も出席したこともなく、定例的な理事の業務執行の監査を逐一行わないのが慣行となっています。そのような状況のなか、当法人の代表理事が、当該慣行に沿ったかたちで、理事会での十分な検討を尽くさないまま、見通しの甘い事業計画を実行に移してしまい、結果として当法人に損害が発生してしまいました。私は当法人の監事ですが、このような名目的な立場でも、任務懈怠が認められてしまうのでしょうか。

◆　結　論　◆

　名目的な監事であっても、代表理事が事業を進めるのに際して、監事が十分な調査・報告（監視監督）を行っていないとして、監事の業務執行監査における任務懈怠を理由とした損害賠償責任を負担する場合があります。このように、監事にはきわめて重い責任があることを自覚する必要があり、外部の専門家（弁護士等）を監事に選任しておく、あるいは少なくとも弁護士の法的見解（意見書等）を求めるなど、ガバナンスを強化しておくことが大切です。なお、このことは、一般法人・公益法人の双方に当てはまります。

◆　解　説　◆

1　監事の権限・責任と会社法上の監査役との類似性

　一般社団法人・一般財団法人とその監事との関係は、委任に関する規定に従うものとされています（一般社団財団法人法64条、172条1項）。したがって、監事は、その職務を遂行するにつき善管注意義務を負います（民法644条）。そして、監事は、理事の職務の執行を監査する者（一般社団財団法人法

99条1項）として、業務財産状況の調査権（一般社団財団法人法99条2項・3項、197条）、理事会への出席・意見陳述権（一般社団財団法人法101条、197条）、理事の違法行為差止請求権（一般社団財団法人法103条1項、197条）などの権限をもっています。そのため、監事がこれらの権限を十分に行使せずに、理事の職務執行の監視を怠れば、善管注意義務違反に問われることとなります。

これは、株式会社における監査役が、取締役の職務の執行を監査する者（会社法381条1項）としての、業務財産状況の調査権（会社法381条2項・3項）、取締役会への出席・意見陳述権（会社法383条）、理事の違法行為差止請求権（会社法385条）などの権限を与えられているにもかかわらず、これらの権限不行使により善管注意義務違反に問われることとパラレルに考えられます。

したがって、一般社団法人・一般財団法人の監事の任務懈怠の有無について判断するにあたっては、株式会社の監査役に関する法の解釈適用が参考となります。

2　名目的な監事の責任

本問の監事は、設問記載の慣行のもと、名目的な存在であったと思われますが、この場合の監事の責任については、参考となる判例があります。

(1)　会社法（旧商法）上の事例から

まず、会社法上の取締役の事例ですが、取締役は会社の業務執行を監督する取締役会を構成する者として代表取締役の業務執行一般につきこれを監視する職務を負うとされているところ、この点は名目的に取締役に就任した者であっても同様であるというのが判例の考え方であり（最判昭55.3.18裁判集民事129号331頁）、これは監査役についても同様に考えられます（判例タイムズ1314号132頁）。よって、同様の論理で、名目的に就任した監事についても、善管注意義務違反に問われることがあるといえます。

(2)　農業協同組合の事例から

次に、農業協同組合における監事の責任が問われた事案においても、同様

の結論とされたものがあります。当該農業協同組合の代表理事が堆肥センターの建設事業を計画・実行し、結局資金調達のメドが立たず中止となったことについて、監事はその事業資金の調達見込みについて調査確認し、見込みがないとしてこれを差し止めるべきであったにもかかわらず、その調査確認をしなかったとして、当該監事に対し、業務監査に関する任務懈怠が問われました（最判平21.11.27判時2067号136頁。なお、この事案では、本設問と同様の慣行がありました）。この事案において、裁判所は、上記会社法の判例と同様の考え方を敷衍し、当該農業協同組合において、上記のような慣行があったとしても、理事の業務執行を監査する監事の職責は軽減されるものではないとしたうえで、建設資金の調達方法を調査確認しなかった当該監事には、監事としての任務懈怠があるとして、損害賠償請求を認めました。

(3) 事業計画や資金調達の検討

事業計画の見通しや資金調達に係る見込みなどに関しては、ガバナンスにおける最重要事項であると思われますから、理事者間の相互牽制機能が十分に発揮されることを前提に、監事による監査が行われるべきだと思われます。

監事の責任追及については、法人自身から損害賠償請求訴訟を提起されることが考えられます（一般社団財団法人法111条1項、198条）が、本問のような理事等が実際に監事の責任を追及することは、必ずしも十分には期待できません。そこで、一般社団法人においては、社員が当該監事を被告として訴訟を提起し、社団法人に対して損害賠償を行うことを求める社員による代表訴訟制度が定められており（一般社団財団法人法278条以下）、印紙代も1万3,000円（一般社団財団法人法278条5項、民訴費用法4条2項、別表第1）と低廉となっていることなどから、今後はかかる制度を利用した責任追及訴訟がふえることも予想されます。

3 今後の組織としてのあり方

上記の農業協同組合の最高裁判例は、控訴審が本問のような慣行を前提にしながら監事の責任を否定したのに対し、当該慣行自体適正なものとはいえ

ず、この慣行によって監事の職責が軽減されるものではないと断言しています。従来、組織内部では特段疑問視されてこなかった「慣行」や「常識」が、法廷では通用しないことが明らかにされたことをふまえれば、従前の「慣行」や「常識」を疑い、監事監査のあり方の見直しを行う必要があります。

第2節　財団法人

Q42　財団の基本財産

法人の財産管理に関するガバナンスの手法について教えてください。

当財団法人では不動産Aを基本財産と定め、その財産を処分する場合には理事会の決議と評議員会の決議を得ることを求めていますが、これに違反して理事長が不動産Aを売却してしまった場合には、どうなるのでしょうか。

◆　結　論　◆

財産管理の方法としては、定款や理事会規則において一定の財産の処分について社員総会もしくは評議員会または理事会に付議することを求めるような規定を置くことが考えられます。財団法人においては、定款で基本財産を定めることができます。

不動産Aが基本財産である場合には、定款に定める手続に従わずになされた契約は無効となります。

◆　解　説　◆

1　法人の財産管理に関するガバナンスの方法

(1)　定款または理事会規則による理事長の代表権の制限

一定の範囲に属する財産を処分する場合には、社員総会もしくは評議員会または理事会の承認決議を必要とする旨を規定することによって、理事長の代表権は制限されます。このように、一定の範囲に属する財産を定めて法人内部の手続を履践することを求めることによって、各機関による承認を経ず

に当該財産が処分されることを防止することができます。

(2) 基本財産の処分に関する理事長の代表権の制限

財団法人の財産のうち当該財団法人の目的である事業を行うために不可欠なものとして定款で定めた基本財産があるときは、理事は、定款で定めるところにこれを維持しなければならず、かつ、これについて当該財団法人の目的である事業を行うことを妨げることとなる処分をすることはできません（一般社団財団法人法172条2項）。

財団法人は、設立者の意思を定款に固定化し、その定款に掲げる目的のために設立者が拠出した財産の集合体に対して法人格を与え、設立者の意思に従った財産の利用がなされることを確保するための制度です。そのため、財団法人の目的を果たすためになくてはならない重要な財産がある場合には、設立者が定款にその管理方法を定め、当該定めに従って、厳重な管理に服させることによって、設立者の意思が実現されることを確保することを可能にしているのです。

なお、基本財産が滅失した場合には、財団法人の目的に向けた財産の利用が不可能になってしまうことから、財団法人の目的として定款に定めた事業の成功が不能になったものと評価され、財団法人は解散することとなります（一般社団財団法人法202条1項3号）。

2 定款の定めに反する基本財産の処分の有効性

不動産Aが基本財産に該当し、その処分につき社員総会または評議員会および理事会の決議を要する場合、理事長がかかる決議を得ずに締結した不動産Aの売買契約は無効であると考えられます。

なぜなら、①基本財産が財団法人の目的である事業においてきわめて重要な意味を有するため、財団法人の静的安全を保護する必要性が高い一方、②当該財産が基本財産に該当することは容易に認識でき、取引の相手方には定款の規定を確認する機会があるため、取引の相手方の取引安全を保護する必要性は低いからです。

3　契約の無効を主張する手段

(1)　評議員の場合

評議員の場合、財団法人を代表して取引の相手方に契約の無効を主張することはできないことから、評議員会の決議を通じて、理事に契約の無効を主張するように促すことや監事に対して下記の差止請求権の行使を促すことが考えられます（Q43参照）。

評議員は、理事長が契約を履行することで財団法人に回復することができない損害が生じるおそれがあるときは、理事長に対し、当該行為をやめることを請求することができます（一般社団財団法人法197条、88条）。

(2)　監　事

監事の場合、財団法人を代表して取引の相手方に契約の無効を主張することはできないため、理事会に理事長の行為を報告すること（一般社団財団法人法197条、100条）や評議員会に理事長の行為を報告すること（一般社団財団法人法197条、102条）により、理事に契約の無効を主張するように促すことが考えられます。

また、監事は、理事長が契約を履行することで財団法人に著しい損害が生じるおそれがあるときは、理事長に対し、当該行為をやめることを請求できます（一般社団財団法人法197条、103条2項）。

(3)　他の理事

理事は、理事長の職務執行を監督する理事会（一般社団財団法人法197条、90条2項2号）の一員であることから、理事長の業務執行を監視する義務を負っており、その義務の履行として、理事会の決議により理事長の権限に制限を加えること（一般社団財団法人法197条、77条5項）や理事長の解職（一般社団財団法人法197条、90条2項3号）を行うことが考えられます。

Q43 評議員によるガバナンス

当財団法人においては、理事会規則において、不動産Aを処分する場合には理事会に付議しなければならないと定めています。理事長が理事会の決議をしないで財団が保有する不動産を売却するような事態が起こった場合、評議員としては、どのような対応策があるのでしょうか。

また、当法人は、一般財団法人ですが、評議員の報酬については、定款で無報酬とされています。評議員の一部から報酬の支給を求める声があがっていますが、評議員会は、評議員の報酬に関する定款の定めを自由に変更できるのでしょうか。

◆ 結　論 ◆

　評議員は、自ら訴訟を提起することはできませんが、評議員会を通じて財団法人自身が役員の責任追及訴訟を提起するように監督することができ、そのような活動をすることが期待されているといえます。

　評議員は財団法人（別段の記載がない限り、一般財団法人および公益財団法人をいう。以下本問において同じ）に対して善管注意義務を負っており、不当に高額な報酬を認めるような定款の変更はできません。しかし、評議員会によってそのような定款の変更がなされてしまった場合には、それが有効な定款の規定になってしまいます。

　このように、評議員は財団法人のガバナンスの要になる重要な機関ですので、設立者は、定款において評議員の選解任に関する定めを注意深く規定する必要があります。

◆ 解　　説 ◆

1　財団法人における代表訴訟

(1)　役員等の財団法人に対する損害賠償責任

　財団法人においても、役員等は法人に対する損害責任を負います（一般社団財団法人法198条、111条1項）。なお、「役員等」には評議員も含まれます。

(2)　評議員による代表訴訟の可否

　財団法人の評議員は、社団法人における社員の場合と異なり、代表訴訟を提起することはできません。この理由については、①一般財団法人には一般社団法人における社員に相当する者が存在しないこと、②評議員は、財団法人に対し、財団法人との間の委任関係に基づく善管注意義務を負う者として、理事および監事の選解任権を有する評議員会を通じて監督権を及ぼすことが求められていること、があげられています。

　①の理由は、評議員および評議員会が社員の存在しない財団法人において社員および社員総会にかわるガバナンスを働かせる機関として設置されたことにかんがみれば、評議員による代表訴訟を認めない実質的な理由づけにはならないものと考えられます。

　②の理由は、社員総会も理事および監事の選解任権を有することにかんがみれば、評議員会を通じた監督権を及ぼすことができるという点のみでは、評議員による代表訴訟を否定する理由にはなりません。②の理由づけの本質は、評議員が財団法人との間の委任関係に基づく善管注意義務を負う者であるという点に求められます。すなわち、評議員会は財団法人の設立者の意思を代替する機関として、社員総会と同等の最高意思決定機関として位置づけられているものの、評議員はあくまでも財団法人からの受任者として活動するものであり（一般社団財団法人法172条1項）、各社員が自己の利益のために社員総会における役員選解任決議に自由に議決権を行使するのと異なり、評議員は財団法人の利益のために善管注意義務に基づき適切に活動することが期待されているのです。

評議員に期待される活動としては、迅速に評議員会を招集して（一般社団財団法人法180条）、理事会に対して責任追及訴訟を提起するように促す決議をすること（評議員会は一般社団財団法人法または定款に定めのある事項を除いて決議することができないので（一般社団財団法人法178条2項）、あらかじめ定款にこのような決議を行うことができることを定めておく必要があります。Q45参照）のほか、違法行為を行った役員等や当該役員等の責任追及を怠る他の役員等を解任することが求められます（一般社団財団法人法176条1項1号）。

なお、財団法人に対して損害賠償責任を負う「役員等」には評議員も含まれるので、評議員が上記の対応を怠った場合には、損害賠償責任を負う可能性もあります。

2　評議員の報酬等

(1)　制度設計等

評議員の報酬等は、定款で定めなければならないこととされています（一般社団財団法人法196条）。これは、理事からの独立性を確保する趣旨であるとされています。すなわち、評議員は財団法人の設立者の意思を代替する最高意思決定機関として位置づけられており、理事による影響力が極力排除される必要があるため、理事が変更できない定款に報酬等の定めを置くのです。

そして、財団法人の定款の規定は、評議員会の決議によって変更することができます（一般社団財団法人法200条1項本文）。同項ただし書には裁判所の許可なくして評議員会が変更できない事項が定められていますが、ここに評議員の報酬等に関する事項は掲げられておりません。そのため、評議員会の決議によって、評議員の報酬等に関する定款の定めを変更することができます。

なお、評議員の報酬を無償とする財団法人もありますが、評議員はたとえ無報酬であっても財団法人に対する損害賠償責任を負うため（一般社団財団法人法198条、111条）、本問の事例のように、評議員からリスクに応じた報酬を求められる場合もありえます。

(2) お手盛りの危険およびそれに対する対処

　このような制度設計を前提にすると、評議員は、評議員会で評議員の報酬に関する定款の規定を変更する決議を行うことによって、自らが受け取る報酬を増額することができるようになります（「お手盛り」の危険）。もちろん、評議員は、財団法人との間の委任関係に基づき善管注意義務を負っているので（一般社団財団法人法172条1項）、不当に高額な報酬を定めた場合には、財団法人に対する任務懈怠として損害賠償責任を負います（一般社団財団法人法198条、111条）。しかし、評議員会が理事の選解任権を有していることから、理事による評議員の責任追及がなされないおそれもあります。この問題は、評議員が財団法人の設立者の意思を代替する機関であるという性質と評議員が財団法人から委託を受けた受任者であるという性質の双方を有することによって生じるものであり、前者の性質から評議員が最高意思決定機関として位置づけられている以上、一般財団法人の定款が不当に変更されてしまうおそれがあることは否定できません。

　なお、公益財団法人については、行政庁による監督等がなされることから、評議員の報酬に関する問題が生じにくくなっています。具体的には、評議員に対する報酬等が不当に高額なものとならないように支給の基準を定めているものであることが公益認定の要件となっており（公益法人認定法5条13号）、定款の変更については行政庁への届出を義務づけ（公益法人認定法13条1項3号）、変更後の定款における評議員の報酬等が不当に高額なものとなった場合には公益認定の取消しが行われます（公益法人認定法29条2項1号）。

3　評議員の人選および設立時の原始定款の重要性

　財団法人の設立者は、評議員会が理事等に対して社員による代表訴訟にかわるガバナンスを働かせることができるよう、専門的知見に基づいて積極的かつ機動的に活動できる評議員を選任しておくことが重要です。また、評議員会が不正に報酬を高額化させた場合には、これを制限することはむずかしいので、このような不正行為に及ばないような評議員の人選が必要です。こ

のように、評議員は財団法人のガバナンスを支える重要な役割を担う存在であり、その人選がきわめて重要であるということができます。

　財団法人の設立者は、設立時評議員の選任に関する事項（一般社団財団法人法153条1項6号）および評議員の選解任の方法（一般社団財団法人法153条1項8号）を定款に規定することができます。そのため、設立者が設立時の原始定款において、①評議員選解任のための任意の機関を設置する方法や②外部の特定の者（たとえば設立者の代表者）に選解任を委ねる方法を規定することによって、設立者の意思を評議員の選解任に反映することや適切な人選を期待することができます。評議員の選解任に関する定めを評議員の決議によって変更することは原則として認められておらず（一般社団財団法人法200条1項ただし書）、評議員の選解任に関する定款の規定の重要性を物語っています。

Q44 評議員会の決議の瑕疵

　当財団法人では理事長と常務理事とが激しく対立しています。先般、理事長は、常務理事に対し任期満了を機に理事を辞任するよう要請し、評議員会の開催を求めて常務理事と話し合いましたが、常務理事はこれを拒否し、「このような状況のもとでは、評議員会を開催しても混乱に陥る危険があるので、評議員会を通常どおり4月に開催することは断念したい」旨の書面を各評議員に送付しました。ところが、理事長は、理事会の決議を経ることなく、理事長派の評議員に対してだけ招集通知を送付するとともに、「常務理事は、役員にふさわしくない」旨の書面もあわせて送付し、これにより開催された評議員会において、理事長派の理事および監事のみが再任され、常務理事は理事に再任されないこととなりました。私は、当法人の監事として、上記評議員会決議の適法性には疑問をもっています。どのような手段でこれを是正することができるでしょうか。

◆ 結　論 ◆

　招集につき理事会決議を経ていない以上、招集権者でない者により招集されたものとして、招集手続に重大な違法があります。そのため監事として決議取消の訴えを提起することができるほか、評議員会決議無効確認の訴え、評議員会決議不存在確認の訴えおよび新たに選任された役員の地位不存在確認の訴えを提起することができます（なお、評議員会決議無効確認の訴え、評議員決議不存在確認の訴えおよび新たに選任された役員の地位不存在確認の訴えは、いつでも、だれでも提起できます）。また、そもそも決議の瑕疵が疑われるような事態が生じないよう、正確な議事録作成を心がけるとともに、議事に混乱が予想される場合は、裁判所に対して評議員会検査役の選任を申し立てることも検討すべきです。

◆ 解　　説 ◆

1　評議員会の決議事項

　評議員会は、すべての評議員で組織された合議体であり、一般財団法人、公益財団法人の必置機関です（一般社団財団法人法170条1項、公益法人認定法2条2号。財団法人に関する機関の概要についてはQ8参照）。
　社団法人における社員総会に対応する機関ということができますが、評議員会は、法律に規定する事項および定款で定めた事項に限り、決議することができるとされ（一般社団財団法人法178条2項）、社員総会のように（一般社団財団法人法35条1項）、法人の万能機関とはされていません（詳細については、Q45参照）。それでも、役員の選任という法人の運営上の重要事項については評議員会の専決事項とされ（一般社団財団法人法177条、63条1項）、理事会その他の評議員会以外の機関が決定することができる旨を定款で定めることはできません（一般社団財団法人法178条3項）。

2　評議員会の招集手続

　評議員会は、原則として、理事会の決議に基づき理事（代表理事）が招集します（一般社団財団法人法179条3項、181条1項柱書）。具体的には、理事は、評議員の全員の同意がない限り、評議員会の日の1週間（定款で短縮可）前までに、評議員に対して招集通知を発送しなければなりません（その他にも社員総会の場合と基本的に同様の規定がされていますので、Q25参照）。
　本問の評議員会は、理事長（代表理事）が招集していますが、理事会の決議をいっさい経ていないため、結局、招集権限を有さない者によって招集されたものというほかないと思われます。

3　評議員決議の瑕疵を争う手段

(1)　一般社団財団法人法が規定する手段
　評議員決議に法的な瑕疵がある場合、法は、3種類の争訟ができる旨を定

めています（社員総会の決議の瑕疵に関しても同様の規定がされています。Q26参照）。

　第一に、①招集の手続または決議の方法が法令もしくは定款に違反し、または著しく不公正な場合、②決議の内容が定款に違反する場合、③特別利害関係人が議決権を行使したことによって、著しく不当な決議がされた場合には、評議員、理事、監事または清算人は、決議の日から3カ月以内に限り、決議取消しの訴えを提起することができます（一般社団財団法人法266条1項）。

　第二に、決議の内容が法令に違反する場合は、決議無効確認の訴えを提起することができます（一般社団財団法人法265条2項）。法は、かかる訴えについて特段の期間制限や提訴権者を限定する規定を置いていないことから、だれでも、いつでも提起することが可能と解されます。これは、内容が法令違反の決議はもともと無効であり、決議取消しの訴えの場合と違って、判決によってはじめて無効という効力が生じるものではないと考えられるためです。

　第三に、決議が存在しないと評価できる場合は、決議不存在確認の訴えを提起することができます（一般社団財団法人法265条1項）。この訴えについても、だれでも、いつでも提起することができるのは、決議無効確認の訴えの場合と同様です。

(2)　その他の手段

　前記のとおり、決議無効確認の訴えおよび決議不存在確認の訴えの対象となる決議の瑕疵は、もともと決議の効力が生じない場合であると考えられるため、一般社団財団法人法の規定する形式によらずとも主張することができます。考えうる訴訟形態としては、役員の地位の不存在を確認する訴訟を提起し、その理由のなかで選任決議の瑕疵を主張するというものです。

　たとえば最近の事例として、東京地判平23.8.31（執筆時・判例集未掲載）は、特例民法法人である全日本スキー連盟の役員改選で手続に不正があったとして、評議員らが同連盟に対して会長らの地位不存在確認を求めた事案において、評議員らの請求を認めたとの報道があります。同連盟においては、

会長を選出する場合、まず役員選出委員会が候補者1名を推挙し、評議員会で承認すると定められていましたが、先の役員改選にあたり、執行部派と反執行部派との対立から、同委員会が候補者を決めることができないまま、評議員会が新会長を選任しました。裁判所は、評議員会に独自に会長を選任する権限がないことから、当該会長選任決議は無効であると判断し、会長らの地位不存在を確認する判決を下しました。特例民法法人に関する事案であり、評議員会の決議事項等について新法とは異なる点もありますが、著名な法人の内部対立が評議員会にまで影響を与えた事例として、参考になると思われます。

4 評議員会の運営の適正を担保する手段

評議員会の運営の問題点は、以上のような訴訟によって、事後的に是正することも予定されています。しかし、それ以上に重要なのは、議事運営の適正・公正さに疑問符がつくような事態に陥ることを、事前に回避することです。

各評議員が使命感をもって適正にあたることがその第一歩であることは疑いようもありませんが、一般社団財団法人法は、評議員会についても、社員総会の場合と同様、裁判所による検査役の選任についての規定を置いています（一般社団財団法人法187条1項。なお、社員総会検査役についてはQ26参照）。

評議員会検査役は、評議員会の招集手続とその決議方法について必要な調査を行い、当該調査の結果を裁判所に報告します（一般社団財団法人法187条4項）。検査役の選任により、評議員会を不適切に運営しようとするものに対する牽制となることが期待できますが、それにもかかわらず決議の瑕疵が問題となってしまった場合も、検査役の報告書が裁判における証拠として重要となります。

5 評議員会の内紛とガバナンス

評議員会は、社員総会と比べると権限が限定されていますが、設立者の意思を尊重して法人の適正な運営が図られるよう理事の業務執行を監督する、

重要な機関であるということができます。また、Q45で述べるように、定款の定め次第では相当強力な権限を付与することも可能であり、他方、これに対する監視・監督がほとんど予定されていないという特徴があります。

したがって、ひとたび財団法人の執行部における路線対立が評議員会に波及してしまうと、当該法人のガバナンスは画餅に帰し、当該法人の運営が困難になることは想像にかたくありません。評議員としては、決議の瑕疵については常に外部の者の監視にさらされており、事後的に訴訟による解決が図られる可能性もあることを意識して日々の議事運営にあたるべきです。法的な問題が予想される場合に外部の法律専門家に助言を求めることも有用ですし、評議員の選任の段階で、弁護士、会計士らの外部専門家を登用することも検討に値すると思われます。

Q45 一般財団法人における天下り批判と機関設計に係るアドバイス

　当財団法人は、交通法規遵守や運転技術の向上につき一般人に対して啓蒙することを目的とする一般財団法人です。一般人の会員から会費を徴収して、交通法規の改正や運転技術に関する情報提供のための機関誌の発行、運転技術向上のための講習会などを事業として行っています。現在、当財団法人の評議員が3名おり、1名は中央省庁のOB、1名は警察のOB、残りの1名は学識経験者です。当財団法人の理事長は中央省庁のOBが、副理事長は警察のOBが就任しており、評議員のうち2名は前理事長および副理事長です。今般、複数の会員から、当財団法人に対し「官僚の天下りの温床になっているのではないか。会計帳簿を開示せよ」との要望を受けました。当財団法人として応じる必要があるのでしょうか、また、開示に応じるとした場合、どのような点に留意すべきでしょうか。

　なお、当財団法人の定款上、「評議員会の選任および解任は評議員会の決議で行う」と規定されています。

◆ 結　論 ◆

　一般社団財団法人法上、一般財団法人の事業に関する会員について、会計帳簿閲覧権は認められていません。したがって、法律上の開示義務はありません。しかし、透明性のある法人運営の観点から、当該一般財団法人を取り巻く状況によっては、任意の開示に応じる必要がある場合もあります。

　また、当該一般財団法人の事業の性質上、中央省庁や警察との関係が必要である場合でも、いわゆる天下り批判に耐えられるだけのガバナンス体制を整えておく必要があります。

◆ 解　　説 ◆

1　一般財団法人の会計帳簿閲覧請求

　一般社団財団法人法は一般財団法人に会計帳簿の作成を義務づけていますが（一般社団財団法人法199条、120条1項）、当該会計帳簿の閲覧請求については、評議員にしか閲覧請求権を認めていません（一般社団財団法人法199条、121条1項）。

　これは、一般社団法人の社員に対応するものとして評議員に閲覧請求権を認めたものですが、設問のように、一般財団法人の事業の会員などには、閲覧請求権がありませんので、かりに会員などから会計帳簿の閲覧を請求されたとしても、これに応じるべき法的な義務はありません。

　しかし、一般財団法人が、会員規約などで会員の会計帳簿閲覧請求権を認めることは可能ですし、かりにかかる規定がない場合であっても、一般財団法人の杜撰な財務管理や、会員から集めた会費の不正流用が強く疑われるような場合には、公的な器としての法人の社会的責任の観点から、任意に会計帳簿の開示を行い、説明を尽くす必要があります。

2　一般財団法人のガバナンス

(1)　評議員会のガバナンス上の問題点

　一般社団法人の社員総会に対応する機関として一般財団法人の評議員会があります。

　一般社団財団法人法178条2項は「評議員会は、この法律に規定する事項及び定款で定めた事項に限り、決議することができる」と評議員会の決議内容を限定するものの、一般財団法人の定款は設立時に作成された後は、財団の目的と評議員の選任および解任の方法を除いては評議員会で定款変更を行うことができ（一般社団財団法人法200条1項・同項但書、153条1項1号・8号）、定款変更の運用次第においては評議員会が自由にさまざまな事項を決定することができるように思われます。そのため、評議員に対する牽制機能

が不十分であることと相まって、一般財団法人との間で委任関係に立つ評議員が暴走して自らの権限を肥大化させ、一般財団法人を私物化する可能性も否定することはできません。

(2) 横すべり評議員が可能であること

さらに、一般社団財団法人法173条2項は「評議員は、一般財団法人の理事、監事又は使用人を兼ねることができない」と規定するものの、前任の理事を評議員に選任することまでは禁止されていないことから、前任の理事が評議員になるとの慣習が確立しているような法人においては、特定の出身母体の人間が当該法人を支配できるところとなり、当該法人の運営の公正性が著しく損なわれることとなりかねません。

3 評議員会のガバナンスを確保する手段ないし工夫

もっとも、設問のように一般財団法人の事業の性質上、中央省庁や警察との関係が必要である場合もあります。そのような場合でも、いわゆる天下り批判に耐えられるだけのガバナンス体制を整えておく必要があります。

当該法人の規模や事業内容等によって、さまざまな工夫が考えられるところですが、具体的には次のような方法が考えられます。

(1) 定款上の工夫

① 評議員の選任および解任の方法につき「評議員会の選任および解任は評議員会の決議で行う」などのような、現任の評議員による選解任権の濫用を許すような規定にしない（評議員の濫用を防ぐ工夫）。

　たとえば、評議員選定委員会などを設置し、当該一般社団法人と中立的な立場にある委員（弁護士や公認会計士など）が、評議員候補者の経歴、評議員候補者とした理由、当該候補者と一般社団法人および当該法人との関係などを精査して、評議員を選任または解任することが考えられます（評議員選解任に係る第三者機関等の設置）。評議員会に選解任権を与えるのであれば、当該一般社団法人と中立的な立場にある委員により構成される第三者委員会の諮問を経ることが考えられます。

② ある団体（官公庁を含む）の理事または使用人である者など、当該団体

と密接な関係にある評議員については、同じ団体に属する評議員の数を限定する（全評議員の3分の1を超えないなど・出身母体制限）。
③　現任の評議員の配偶者または三親等内の親族その他これに準ずる相互に密接な関係にある者の評議員への就任を制限する（親族制限）。
④　一般財団法人と中立的な立場にある弁護士や公認会計士を評議員に選任することを定款上義務づける（外部評議員・監事等の選任義務づけ）。

(2) 監事の活用と人選の重要性

　一般財団法人の運営の公平性を確保し、一般財団法人からの財産の不正流出を防ぐ方法としては、上述のような評議員会のガバナンスだけでなく、監事の有効活用も積極的に検討すべきです。

　監事は、いつでも理事および使用人ならびに子法人に対し、業務の報告を求め、業務および財産の状況の調査をすることができ（一般社団財団法人法197条、99条2項・3項）、また、理事が法人の目的の範囲外の行為その他法令もしくは定款に違反する行為をし、またはこれらの行為をするおそれがある場合において、当該行為によって当該法人に著しい損害が生ずるおそれがあるときは、当該理事に対し当該行為をやめることを請求することができます（一般社団財団法人法197条、103条1項）。

　さらに、理事は、監事を解任する議案を評議員会に提出しようとする場合、監事（監事が2人以上ある場合にあっては、その過半数）の同意を得なければならず、理事に比べて身分保障も厚くなっています（一般社団財団法人法177条、72条1項）。

　したがって、監事に適切な人材を得れば、かりに特定の評議員または当該評議員の出身母体の強い影響下にある理事が、当該評議員または出身母体の利益を図った法人運営を行おうとしても、監事の適正な権限行使により、当該運営を阻止することが可能となります。その意味では、監事には、当該一般財団法人とは中立の立場にあり、法律に基づいた適切な権限行使ができる者が選任されるのが望ましいといえます。

第 5 章

ケースで学ぶⅢ
───法人と地方公共団体との関係・法人と不祥事───

本章は、本書において繰り返し強調してきたガバナンス体制の構築・強化に向けた最終章となります。
　まず、第1節では、法人と地方公共団体との関係を取り上げます。地方公共団体との関係で特に問題となりうる、補助金と国家賠償の問題、すなわち、法人が地方公共団体から補助金等を不適切に受給した場合の責任、法人が国等の委託を受けて行った事業に関する国家賠償請求との関係等を、裁判例を多数取り上げながら検討します。また、法人が第三セクターの場合の特有の論点として、地方公共団体からの派遣職員への給与支給に関する留意点、第三セクターと入札制度の意義、最近裁判例に動きがみられる第三セクターの資金調達手段等にも焦点を当てていきます。
　これらを通じて、第三セクターを含め、各法人における資金調達や事業遂行上の注意点を洗い出し、ガバナンスを充実させることの重要性を再認識されることと思います。
　次に、第2節では、法人の内部統制が十分に機能しない場合に生じる不祥事をテーマに検討していきます。
　まず、不祥事の発生防止のための体制構築、不祥事が発生した場合の調査手法や対処法を確認したうえで、さらには反社会的勢力や独禁法違反にも目を向け、最後に公益法人の認定取消しを防止する方法や取消しに対する対処法等を取り上げます。不祥事の発生は、いわばガバナンス体制構築の失敗事例といえますが、本節を読むことで、今後の一般法人・公益法人の課題として、よりいっそうのガバナンス体制の充実を図っていくための指針を得られることでしょう。

第1節　法人と地方公共団体との関係

Q46　補助金等

当法人では、近年赤字経営が続いていましたが、今般、幸いにも地方公共団体（以下、「自治体」という）から事業に対する理解を得ることができ、補助金を受けることになりました。自治体から補助金等（助成金、交付金、給付金も含みます）の交付を受ける際、注意をすべき点を教えてください。たとえば、自治体から補助金等を不適切に受給した場合に、どういったことが問題になるのでしょうか。

◆　結　　論　◆

補助金等を不適切に受給した場合は、自治体から補助金等相当額の損害賠償請求または不当利得返還請求を受ける可能性があります。また、自治体が直ちにそのような請求をしなかったとしても、その自治体の住民から、自治体に対し、補助金等の交付を受けた法人に対する損害賠償請求または不当利得返還請求を義務づける住民訴訟が提起される可能性があり、その結果として、法人が自治体から損害賠償請求または不当利得返還請求を受ける可能性があります。

また、法人の代表者が、自治体から損害賠償請求を受ける可能性もあります。

◆　解　　説　◆

1　補助金等交付の適法性

地方自治体は、「公益上の必要がある場合に」限り、「補助」をすることが

できます（地方自治法232条の２）。したがって、「公益上の必要性」がない場合になされた補助金等の交付は違法となります。

補助金等の交付が違法であるか否かは、その補助金等の交付をした自治体の長が行った公益上の必要性があるとの判断に裁量権の逸脱、濫用があったか否かによって決せられます（最判平17.10.28民集59巻８号2296頁、最判平17.11.10判時1921号36頁。それぞれ権利能力なき社団・株式会社が補助金等を受けていた事案ですが、補助金等の交付が違法であるか否かの判断は行政庁の側の問題ですので、補助金等の受け手が一般法人・公益法人の場合にもそのまま妥当すると思われます）。

２　違法な補助金等交付の効力

補助金等の支出が違法である場合でも、その補助金等の交付契約（私法上の贈与契約）が当然に無効となるわけではありません（最判昭62.５.19民集41巻４号687頁、最判平16.１.15民集58巻１号156頁）。補助金等の交付が違法であって、補助金等を交付した自治体と交付を受けた法人との間で成立した補助金等交付に関する私法上の契約を無効としなければ、公益上の必要性がある場合にのみ補助金等の交付を認めた地方自治法232条の２の規定の趣旨を没却する結果となる特段の事情がある場合に限り、当該私法上の契約が無効になります（東京高判平18.９.26判時1959号21頁。権利能力なき社団が違法な補助金等を受けていたという事案ですが、補助金等の交付を受けたのが一般法人・公益法人の場合も同様に考えられます）。

３　違法な補助金等の交付を受けた場合の法的リスク

補助金等の交付に関する私法上の契約が無効である場合、補助金等の交付を受けた法人は、法律上の原因なく利益を得て、それによって自治体に補助金等相当額の損失を与えていることになりますので、その利得は不当利得に当たります。したがって、補助金等の交付を受けた法人は、その補助金等相当額の利得を自治体に対して、補助金等の交付が違法無効であることにつき善意の場合は利益の存する限度で（民法703条）、悪意の場合は補助金等相当

額に利息を付して返還しなければならないこととなります（民法704条）。

　また、違法に補助金等の交付を受けた法人は、法人の代表者がその職務を行うについて自治体に損害を加えたといえる場合は、自治体に対し、補助金等相当額の損害賠償責任を負います（一般社団財団法人法78条）。補助金等の交付が法人自体の故意・過失によって惹起されたといえる場合も同様です（不法行為責任、民法709条）。

　自治体がこれらの不当利得返還請求や損害賠償請求を行わない場合も、住民訴訟が提起され、その結果として、自治体から不当利得返還請求や損害賠償請求をされるということが考えられます。すなわち、地方自治法242条の2第1項4号は、自治体の住民が、自治体に対し、その自治体の違法な公金の支出に係る相手方に損害賠償または不当利得返還の請求をすることを求めることを、訴えをもって請求できるとしており（住民訴訟）、その損害賠償または不当利得返還の請求を命ずる判決が確定した場合には、違法な補助金等の交付を受けた法人は、自治体から損害賠償または不当利得返還の請求を受けることとなります（地方自治法242条の3）。

　法人の責任に関する裁判例としては、旧社会福祉法に基づく社会福祉法人の例ですが、法人の代表理事が県から補助金を過大に取得するため、請負工事代金を水増しして補助金の交付を申請し、その交付を受けたことが問題となった事案において、旧社会福祉法29条が準用していた旧民法44条に基づく責任を認めたものがあります（山形地判平14.3.26判時1801号103頁）。現行社会福祉法29条が準用する一般社団財団法人法78条は、旧民法44条とほぼ同内容であることにかんがみれば、現行法下においても同じ結論になるものと思われます。

　さらに、違法な補助金等の交付が、法人の代表者の故意・過失によって行われた場合には、民法709条に基づき、自治体からの代表者個人に対する損害賠償請求が認められることもあると考えられます。

　この場合、法人と代表者の不法行為に基づく損害賠償債務は、不真正連帯債務の関係に立ち、それぞれが損害全額の賠償責任を負うと考えられます。

4 裁判例の紹介

(1) 大阪高判平21.11.27（判例集未掲載）

市が財団法人に職員を派遣し、その派遣職員の人件費相当額を補助金または委託料として支出していた事案において、補助金の全部または一部が補助金交付団体への派遣職員人件費として支出されることが予定されていた場合には、補助金のうち派遣職員人件費に相当する部分は、公益法人等への一般職の地方公務員の派遣等に関する法律6条1項・2項を潜脱する違法なものであると判示しました。

また、上記補助金支出に関し、財団法人に対する不当利得返還請求件および市長に対する損害賠償請求権を放棄する旨の議会の決議は、住民訴訟の制度を根底から否定するものであり、議決権の濫用に当たり無効であると判示しました。

この裁判例は、旧民法34条に基づく財団法人に関するものですが、公益法人等への一般職の地方公務員の派遣等に関する法律2条1項1号は、「民法34条の規定により設立された法人」から「一般社団法人又は一般財団法人」に改正されていますので、一般法人（公益法人は公益認定を受けた一般法人ですので、公益法人も含みます）の場合にも同様の結論になると思われます。

(2) 大阪高判平22. 5 .18（判例集未掲載）

市が同和問題をはじめとする人権啓発事業を行う社団法人に対して補助金を交付していた事案において、同法人の沿革、概要および収支関係ならびに補助金交付の目的にかんがみると、公益上の必要性を肯定した市長の判断に裁量権の逸脱・濫用はないとした原審の判断を是認しました。

また、監査請求期を徒過しているかどうかの判断に関し、補助金の交付は、その交付がなされれば終了し、毎年度それが繰り返されていたとしても、そのつど、補助金の必要性・公益性を判断し、議会の予算の議決手続等を踏んでなされるものであるから、継続的行為には当たらず、毎年度の各交付決定について、それぞれ監査請求期間が進行すると判示しました。

旧民法34条に基づく社団法人に関する裁判例ですが、一般法人・公益法人

について、この法理を否定する理由はありませんので、同様の結論になると思われます。

(3) 福岡地判平23.5.9（判例集未掲載）

市が財団法人から建物の有償取得を予定していたところ、そのために必要な県知事の承認が得られなかったことから、財団法人を解散させたうえで建物を市に寄附させ、代金として支払う予定であった予算は、補助金というかたちで、新たに設立された団体（明示されていませんが、権利能力なき社団であると思われます）に受け取らせたという事案において、同団体に対する補助金の支出が違法なものであると判断されました。

同団体は設立当初から事業を行う意思を有していない団体であったと認定され、そのような団体に対する補助金の支出は、市長の補助金支出権限を逸脱・濫用したものであると判断されました。

権利能力なき社団に関する裁判例ですが、補助金を受け取るためだけの目的で一般法人を設立した場合にも同様の結論になると思われます。

5 対　策

前述のとおり、補助金等の交付が違法であることについて、法人が善意であった場合でも、法人は現存利益の返還をしなければならず（民法703条）、悪意であれば利息を付して返還しなければなりません（民法704条）。

補助金等をすでに費消していたとしても、それを法人の必要経費として使用した場合、法人はその費消した額に相当する金銭の支出を免れたことになりますので、その部分についても現存利益として返還しなければならないこととなります（前掲東京高判平18.9.26参照）。

いずれにしても、法人は補助金等の返還により多額の出費をさせられることになりますので、法人の財務基盤を危うくする可能性があります。

そのようなリスクを回避するためには、違法な補助金等の交付を受けないように留意するしかなく、法人自身が違法な補助金等の交付を要求することのないようにするのはもちろんですが、その補助金等の交付が違法なものでないかを、可能な限り調査するべきです。

その際、補助金等の交付が違法か否かの基準は、前述のとおり、自治体の長の判断に裁量権の逸脱、濫用があったか否かという抽象的なものですから、専門的な知識・判断が必要となるため、弁護士等の専門家に相談のうえで判断されることをお勧めします。

Q47　地方公共団体からの出向職員の給与

　当法人は地方公共団体の第三セクターですが、今般、地方公共団体から職員の派遣を受けることとなり、当該職員の給与の支払について、早急に検討する必要が出てきました。派遣された職員への給与の支給に関連して、注意すべき点を教えてください。

◆　結　　論　◆

　地方公共団体が当該職員に給与を支給することはできないので、当該第三セクターが給与を支給する必要があります。その際、当該給与の原資として地方公共団体からの補助金を用いた場合は、地方公共団体が給与を支給したものと評価されるおそれがありますので、支払原資には十分注意が必要です。

◆　解　　説　◆

1　地方公共団体が当該職員に給与を支給する場合

　地方公共団体は、社団法人または財団法人等のうち、その業務が当該地方公共団体の事務等と密接な関連を有し、その施策推進を図るため人的援助を行うことが必要であるものとして条例で定めるもの（以下「公益的法人等」といい、第三セクターの一部がこれに該当します）との間の取決めに基づき、職員の身分を有したまま、当該法人に職員を派遣することができます（公益的法人等への一般職の地方公務員の派遣等に関する法律2条1項）。ただし、その派遣期間中、地方公共団体は、原則として、当該職員に対して給与を支給することはできません（公益的法人等への一般職の地方公務員の派遣等に関する法律6条1項）。ただし、当該職員が派遣先団体において従事する業務が地方公共団体の委託を受けた業務等である場合には、地方公共団体は条例で定

めることにより給与を支給することができます（公益的法人等への一般職の地方公務員の派遣等に関する法律6条2項）。

公益的法人等に該当しない第三セクターの業務に従事する職員については、公益的法人等への一般職の地方公務員の派遣等に関する法律に定める職員派遣制度が適用されない以上、職務専念義務（地方公務員法35条）の観点から、職員の身分を有したまま派遣することはできず、当然、給与を支給することは認められないと考えられます。

よって、地方公共団体から派遣を受けた職員に対する給与は、原則として第三セクターが主体となって支払を行う必要があります。かりに地方公共団体が違法に職員に給与を支給した場合には住民訴訟の対象にもなりうるため、第三セクターが当該訴訟への対応を求められるおそれがあります。

2　地方公共団体が第三セクターに対して当該職員の給与に相当する補助金を交付する場合

第三セクターが派遣職員の給与の支払主体となり、地方公共団体が当該第三セクターに対して給与相当額の補助金を交付する場合は、給与の支払主体が形式的に異なることになります。だからといって、この場合に当該給与支払に何の問題も生じないとしたのでは、第三セクターが地方公共団体からその職員の天下り等を受け入れて、当該職員の給与相当額の補助金を受領するという事態が横行することにもなりかねません。

この点について、大阪高判平21.1.20（判例集未掲載）では、公益的法人等に職員を派遣した場合について、当該公益的法人等が職員に支払った給与の支払原資に占める派遣元の補助金の割合が高いことを根拠に、派遣元が派遣職員に対して給与を支給したものと評価されました。このような裁判例の存在を前提にすると、第三セクターに対して給与相当額の補助金を交付する場合には、地方公共団体が給与を支払ったものと評価される可能性があります。

よって、第三セクターは、地方公共団体から派遣された職員の給与について、自己が給与の支払主体となるだけでなく、原則として補助金以外の自己

の財産をその支払原資とする必要があります。以上のように、第三セクターが地方公共団体から受ける人的支援について一定の金銭的負担を求めることによって、第三セクターによる人的資源の効率的な活用を促すことが期待されます。

Q48 入札手続

　当法人は、地方公共団体（以下、「自治体」という）から出資を受けた第三セクターですが、今般、建物建設工事を行うこととなりました。当該工事を発注するにあたり、自治体の基準にあわせた入札手続等を行う必要があるのでしょうか。

◆　結　　論　◆

　地方自治法、地方自治法施行令、公共工事の入札および契約の適正化の促進に関する法律（以下「入札契約適正化法」といいます）および公共工事の品質確保の促進に関する法律（以下「公共工事品質確保法」といいます）は、第三セクターには適用されませんので、第三セクターが建物建設などを発注するに際し、自治体の基準にあわせた入札手続等を行う必要はありません。ただし、自治体が資本金の2分の1以上を出資する第三セクターについては、入札談合等関与行為の排除および防止ならびに職員による入札等の公正を害すべき行為の処罰に関する法律（以下「入札談合等関与行為防止法」といいます）が適用されますので、同法所定の入札談合等関与行為を行わないように留意しなければなりません。

　また、一般法人が公益法人化を目指す場合、公益認定との関係で、従来の割高な発注先、発注方法を見直し、費用を合理的な範囲に削減するために入札制度を導入する意義があります。

◆　解　　説　◆

1　入札手続における自治体が遵守すべき法令

　自治体は入札手続において、地方自治法、地方自治法施行令、入札契約適正化法、公共工事品質確保法、入札談合等関与行為防止法を遵守しなければ

なりません。

　他方、自治体から出資を受けた社団法人・財団法人であり、自治体との合弁法人ともいうべき第三セクターは、地方公共団体ではないので、入札契約適正化法などの適用は受けませんが、公金の出資を受けているという性格にかんがみて、建物の建設等を発注するに際し、自治体の基準にあわせた入札手続等を行う必要があるか否かが問題となります。

2　第三セクターに対する地方自治法および同法施行令の適用の有無

　地方自治法は、自治体が締結する契約は、一般競争入札、指名競争入札、随意契約またはせり売りの方法によること（地方自治法234条1項）、指名競争入札、随意契約またはせり売りは、政令で定める場合に該当するときに限り、これによること（地方自治法234条2項）を定めています。したがって、自治体が締結する契約は、原則として一般競争入札です。そして、地方自治法施行令は、指名競争入札、随意契約またはせり売りによることができる場合を各別に定めるほか、一般競争入札、指名競争入札、随意契約およびせり売りの手続を具体的に定めています。

　これらの規定は地方自治体を対象とするものです。総務省の定義によれば、第三セクターとは、地方公共団体が出資または出捐を行っている社団法人・財団法人および特定民法法人ならびに会社法法人であり、自治体ではないため、第三セクターは、原則として、契約締結にあたり、一般競争入札する必要はありませんし、地方自治法施行令所定の手続を踏む必要もありません。

3　第三セクターに対する入札契約適正化法および公共工事品質確保法の適用の有無

　入札契約適正化法は、国、自治体および入札契約適正化法施行令1条に定める特殊法人等（以下「特殊法人等」といいます）が行う公共工事の入札や契約の適正化を図るため（入札契約適正化法1条）、情報公表、不正行為措置、

施工体制、適正化措置、職員研修等を定めています。公共工事品質確保法は、入札契約適正化法が対象とする公共工事の品質の確保を図るため（入札契約適正化法1条、2条）、基本理念、自治体および発注者の責務、競争参加者の技術的能力審査、技術提案の請求、改善等を定めています。

第三セクターは特殊法人等に該当しませんので、入札契約適正化法および公共工事品質確保法は適用されません。したがって、これらの法律が定める措置や体制をとる必要はありません。

4　第三セクターに対する入札談合等関与行為防止法の適用の有無

入札談合等関与行為防止法の趣旨は、国・地方公共団体等の職員が関与した、いわゆる官製談合の発生を受けて、発注機関に対して組織的な対応を求め、その再発を防止する点にあります（入札談合等関与行為防止法1条）。

入札談合等関与行為防止法が対象とする発注機関には、国、自治体等のほか、官の出資比率が資本金の2分の1以上の第三セクターも含まれます（入札談合等関与行為防止法2条2項1号）。

したがって、このような第三セクターの役員および職員は、入札談合等関与行為防止法が定める入札談合等関与行為を行わないように留意しなければなりません。

入札談合等関与行為とは、入札、せり売りその他競争により相手方を選定する方法により行う契約の締結に関し、参加事業者が行う独占禁止法に違反する行為（「入札談合等」。入札談合等関与行為防止法2条4項）に関与する行為をいい、以下の4類型が禁止されています（入札談合等関与行為防止法2条5項）。

① 談合の明示的な指示（1号）
② 受注者に関する意向の表明（2号）
③ 発注に係る秘密情報の漏えい（3号）
④ 特定の入札談合の幇助（4号）

5 入札手続が意義をもつ場合

　入札不要という法制度と相まって、地元の雇用創出・地域振興という大義名分もあるため、第三セクターは、採算を度外視して地元企業優先の割高な発注を行う結果、財務の悪化を招きやすいという傾向があります。

　そのため、赤字の第三セクターを改革するにあたっては、自治体が、「公益法人改革による財団の位置づけや方向性を考慮しながら……費用の負担方法を検討していく」と総括する例が多くみられます（たとえば、弘前市『弘前市第三セクター改革プラン』4頁）。

　また、公益認定申請には①公益目的事業における収益が適正な費用を上回る見込み、②公益目的事業遂行に必要な経理的基礎を明らかにする財産目録や貸借対照表等の添付が必要です（公益法人認定法5条6号、7条2項4号）。

　したがって、第三セクターが公益法人移行を目指すのであれば、入札制度を導入する等、費用削減のため従来の発注先、発注方法を見直すことも検討すべきでしょう。

Q49　国家賠償請求

　当法人は、公共団体の委託を受けて事業を行っていますが、当該事業に関して、第三者が死傷するという事故が発生してしまいました。この場合、事業の委託者である公共団体は責任を負うのでしょうか。また、当法人やその理事、職員も責任を負うのでしょうか。

◆　結　　論　◆

① 　法人の職員が行った行為であっても、国または公共団体が国家賠償法上の責任を負うことがあります。
② 　国または公共団体が国家賠償法上の責任を負う場合には、法人やその理事および職員が責任を負うことはありません。国または公共団体が国家賠償法上の責任を負わない場合には、法人やその理事および職員が責任を負うことがあります。

◆　解　　説　◆

1　法人の職員の行為につき国または公共団体が責任を負うことはあるか

　国家賠償法1条1項は、「国又は公共団体の公権力の行使に当る公務員が、その職務を行うについて、故意又は過失によって違法に他人に損害を加えたときは、国又は公共団体が、これを賠償する責に任ずる」と規定しています。ここでいう「公務員」は、組織法上の公務員たる身分を与えられた者に限られず、国または公共団体のために公権力を行使する権限を与えられたいっさいの者をいい、そのような権限を委託された私人もこれに含まれるものと解されています（最判平19．1．25民集61巻1号1頁。民営の児童養護施設において、児童が他の児童から暴行を受け後遺障害を負ったという事案で、当該児

童養護施設を設置運営する社会福祉法人が、県の委託を受けて児童に対して行った養育看護行為が公権力の行使に当たるとされた事案)。

そして、私人が行う事務が、国または公共団体のための公権力の行使であるといいうるか否かは、当該事務それ自体が強制的契機を含むか、国または公共団体の行う公権力の行使と密接不可分のものか否か、当該私人が当該事務をもっぱら自らの事業・職務のために独自の判断で行うものかといった観点からこれを検討する必要があるとされます（鹿児島地判平18．9．29判タ1269号152頁。県の援護委託措置により通所していた知的障害者に対する知的障害者更生施設を運営する社会福祉法人による保護訓練が公権力の行使に当たらないとされた事案)。

すなわち、私人たる法人の職員が、国家賠償法上の公務員に該当すると認められるためには、単に当該法人が事業の委託を受けてその職員がその事業に従事していたというだけでは足りず、上記基準に照らし、その法人の職員の行為が国または公共団体の公権力の行使と評価できる場合に限られることになります。

そして、法人の職員の行為が国または公共団体の公権力の行使と評価され、当該職員が国家賠償法上の公務員に当たる場合には、法人の職員がその職務を行うについて、故意または過失によって違法に他人に損害を加えたときは、その事業を委託した国または公共団体は、国家賠償法上の責任を負うこととなります。

2 国または公共団体が責任を負う場合に、法人やその職員も責任を負うか

国または公共団体が国家賠償法上の責任を負う場合に、その事業を行っていた法人やその職員も責任を負うのでしょうか。

国家賠償法1条1項は、国または公共団体の公権力の行使にあたる公務員が、その職務を行うについて、故意または過失によって違法に他人に損害を与えた場合には、国または公共団体がその被害者に対して賠償の責任を負うこととし、公務員個人は民事上の損害賠償責任を負わないこととしたものと

解されています（最判昭30.4.19民集9巻5号534頁、最判昭53.10.20民集32巻7号1367頁）。

　したがって、この趣旨からすれば、国または公共団体以外の者の被用者が第三者に損害を加えた場合においても、当該被用者の行為が国または公共団体の公権力の行使に当たるとして国または公共団体が被害者に対して同項に基づく損害賠償責任を負う場合には、被用者個人は、民法709条に基づく損害賠償責任を負わず、また、使用者たる法人も、同法715条に基づく損害賠償責任を負わないものと考えるべきです（前掲最判平19.1.25。前述のとおり、この判例は社会福祉法人についての事案ですが、一般法人・公益法人においても妥当するものと思われます）。

　なお、法人の職員の行為が、国家賠償法上の公務員による職務行為と認められない場合、国家賠償法の適用はありませんので、法人やその理事および職員は、不法行為等に基づき損害賠償の責任を負う可能性があります（民法709条、715条、一般社団財団法人法117条、118条）。前掲鹿児島地裁判決は、国または公共団体の国家賠償責任を否定し、法人とその職員の不法行為責任を認めたものです。

3　法人やその理事が責任を負わないためのヒント

　国または公共団体からの委託を受けて公益事業を行っている法人やその理事および職員が責任を負わず、ひいては理事が責任を負わないようにするためには、法人の職員が違法な行為によって第三者に損害を加えないように監督をすること、すなわち適切なガバナンスを構築することが必要です。

　前述のとおり、法人の職員の行為が国または公共団体の公権力の行使と評価できるような場合には、国または公共団体が国家賠償法上の責任を負い、法人やその理事および職員は責任を負わないこととなっていますが、そうではない場合、法人やその理事および職員が不法行為に基づく損害賠償の責任を負う可能性があります。

　また、国または公共団体が国家賠償法上の責任を負い、法人やその理事および職員が不法行為責任を負わない場合であっても、法人やその理事が国ま

たは公共団体に対する関係で債務不履行等に基づく損害賠償責任を負うことが否定されるわけではありません。

　したがって、法人やその理事および職員は、そもそも違法な行為によって第三者に損害を与えることのないように、適切なガバナンスを構築し、理事者間の相互牽制機能、理事者への監督機能を発揮させるような工夫を常に心がける必要があります。

Q50 資金調達

当法人は、地方公共団体から出資を受けている第三セクターですが、今般、新たな資金調達を行う必要が生じました。資金調達を行うに際して、地方公共団体から経済的援助を受けることは可能なのでしょうか。

◆ 結　論 ◆

昨今の経済状況等を受け、第三セクターが地方公共団体からの経済的援助という形で資金調達を行うことは年々むずかしくなってきています。第三セクターとしては、自らの信用力を高めることが必要であり、そのためには、外部の専門家の意見の取入れやガバナンス体制の充実、事業内容の開示の充実といった改革を行う必要があります。

◆ 解　説 ◆

1　第三セクターに対する地方公共団体の経済的援助

　第三セクター（地方公共団体が出資を行っている一般法人（公益法人を含む）および会社）が担う事業は、多くの場合採算性が低く、第三セクターの財政基盤も脆弱であることが一般的といえます。そのため、第三セクターが事業資金を調達する際には地方公共団体の経済的援助が必要になることがあります。従来の地方公共団体による経済的援助の方法としては、第三セクターが地方公共団体から直接資金を調達する方法と、第三セクターが金融機関から資金を調達する際に地方公共団体が信用補完を行う方法があります。

(1)　第三セクターが地方公共団体から資金を調達する方法

a　地方公共団体による補助金

　第三セクターが地方公共団体から補助金によって直接資金調達する方法は、補助金を返済する義務を負わないため、第三セクターにとっては最も望

ましい資金調達手段です。もっとも、補助金は、地方公共団体が租税等を充てて対価性のない支出を行うことになりますから、それを正当化するだけの公益上の必要性の存在が不可欠です。地方自治法232条の2は「普通地方公共団体は、その公益上必要がある場合においては、寄附又は補助をすることができる」と定めています。補助金の支出について住民訴訟において同条違反が争われた事案は多く（最判平17.11.10判時1921号36頁等）、公益上の必要性の有無は、慎重に検討されなければなりません。

b 地方公共団体による貸付金等

第三セクターが地方公共団体から貸付金によって資金調達した場合も、一般よりも有利な条件による貸付は上記「補助」に当たると解されていますので（釧路地判平12.3.21判例地方自治239号40頁等）、補助金の場合と同様、公益上の必要性の有無が慎重に検討されることとなります。

なお、第三セクターが地方公共団体から出資金によって資金調達した場合も、資金助成目的で増資に応じるような場合は、上記「補助」に当たると解されています。

以上のような方法による資金調達は、地方公共団体の財政が悪化している今日において、徐々に実現がむずかしくなってきています。

(2) 第三セクターが資金調達する際に地方公共団体が信用補完を行う方法

a 地方公共団体による債務保証

財政援助制限法3条は、「政府又は地方公共団体は、会社その他の法人の債務については、保証契約をすることができない。ただし、財務大臣（地方公共団体のする保証契約にあっては、総務大臣）の指定する会社その他の法人の債務についてはこの限りではない」と規定しています。そのため、地方公共団体は、総務大臣の指定がない限り、第三セクターの負担する債務について、保証契約を締結することはできません。なお、現在までのところ、総務大臣の指定がなされた例はありません。

財政援助制限法3条の立法趣旨は、地方公共団体が他の法人の債務を保証して未必の債務・不確定な債務を負うことを防止することで、当該法人が経営破綻した場合に当初予期しなかった債務が現実化して巨額の財政負担を余

儀なくされることを回避し、地方公共団体の財政の健全化を図ることにあると解するのが一般的です。その他、法人の自主的努力を促す必要性、すなわち、主債務者が地方公共団体の保証債務の履行を期待して自主的な経営努力を怠るという地方公共団体への依存体質からの脱却を促し、自立した事業主体としての効率的な経営を確保することも、その立法趣旨の一つとして指摘されています。

b 地方公共団体による損失補償

損失補償とは、特定の者が金融機関等から融資を受ける場合、その融資の全部または一部が返済不能となって、当該金融機関等が損失を被ったときに、地方公共団体が融資を受けた者にかわって当該金融機関等に対して、その損失を補償することをいいます。

債務保証契約と損失補償契約とは、その法的性質を異にしていると解されています。具体的には、債務保証は、主債務との間に附従性・補充性があり、保証人は、①主債務と同一の責任を負い、②主債務が期限を経過して履行されない場合に保証債務の履行が求められ、③主債務が無効・不存在の場合には責任を免れ、④民法459条1項または462条2項に基づいて求償権を行使できます。これに対し、損失補償の場合には、主たる債務との附従性・補充性がなく（主たる債務の存在を必要としない）、補償の責任を負う者は、①契約に規定される範囲で責任を負い、②現実に債権回収が望めない事態に至って債権者に損害が認識された時点で責任を負い、③主債務が無効・不存在の場合でも責任を免れず、④当然には求償権は発生せず主債務から独立してその損失を補てんしなければなりません。

従来の行政解釈では、両者の法的性質の相違を理由に、損失補償契約を財政援助制限法3条の規制外としていました。地方公共団体にとっては、当面の財務負担を伴わずに第三セクターの信用補完を行うことができるメリットがあり、金融機関にとっては、履行の確実性がきわめて高い優良保証等がある融資先として取り扱うことができるというメリットがあったことから、損失補償は、広く行われてきました。

しかし、実際には、多くの場合で損失補償が保証債務と同様の機能を果た

すことが多く、保証債務の場合と同様、地方公共団体の財政の圧迫という問題が生じることがありました。たとえば、平成19年3月に財政再建団体に指定された夕張市の財政破綻の原因の一つには、公営企業や第三セクターに対する債務保証・損失補償の額が、同市の標準財政規模の3倍近い規模にふくれ上がっていたことがあげられ、損失補償についても財政援助制限法3条が適用ないし類推適用されるべきとの指摘がなされていました。また、実際に締結されていた損失補償契約には、数カ月の履行遅滞をもって損失が発生したものとみなす規定が置かれており、実質的に保証契約を締結しているのではないかという指摘があります。

この点、損失補償契約への財政援助制限法3条の適用の有無については、①両者の法的性質の違いや地方自治法221条3項が損失補償と保証を区別していることを理由に適用または類推適用を否定する見解（否定説）、②不確定な債務という性格が損失補償においても同様であることを理由に適用または類推適用を肯定する見解（肯定説）、③否定説を前提にしつつ、形式上損失補償であったとしても、その実質が保証契約と同視できる場合には、その実質が保証契約と同視できる場合には、同条の対象となるとする見解（折衷説）があります。折衷説は形式的には損失補償として締結されている契約の規定を検討して実質的に保証であると評価できる場合には、当該契約を保証契約として再構成するものです。

c 安曇野野菜園事件最高裁判決

以上のような議論があるなか、安曇野野菜園事件東京高裁判決（東京高裁平22．8．30判時2089号28頁）は、一定の条件を満たして保証契約と同視しうると評価された損失補償契約について財政援助制限法3条を類推適用し、同条違反の契約は無効であると判示し、否定説を前提にした実務を行っていた関係者に衝撃を与えました。この判決は、損失補償契約への類推適用という法的構成を採用しているものの、実質的に見て保証と評価できるような損失補償契約について本条の規制を及ぼすにすぎず、③折衷説に立つものと考えられます。

そして、最高裁の判断に関係者の注目が集まっていたところ、最高裁平成

23年11月27日第一小法廷判決（最高裁HP・執筆時判例集未掲載）は、「地方公共団体が法人の事業に関して当該法人の債権者との間で締結した損失保証契約について、財政援助制限法3条の規定の類推適用によって直ちに違法、無効になる場合があると解することは、……相当でないというべきである」と判示しました。この判決に対しては、東京高裁が用いた財政援助制限法3条の類推適用を否定した点をとらえて折衷説をも否定したと解する余地があるものの、同条の類推適用を否定する理由としてあげている事情はあくまでも純粋な損失補償に対する類推適用を意識したものと思われることから、実質的に保証であると評価しうる損失補償契約への同条の適用を否定するものではないことをとらえて、折衷説を否定するものではないと解する余地があります。そのため、最高裁判決後においても、あらゆる損失補償契約の財政援助制限法上の適法性・有効性について問題がないわけではないことに注意する必要があると思われます。

　また、総務省が地方公共団体に対して示した「第三セクター等の抜本的改革等に関する指針」（平成21年6月23日付総務省自治財政局長通知）は、「特別な理由があるとき以外は、第三セクターの資金調達に関する損失補償を行うべきではなく、他の手段による方法を検討するべきである」としています。そのため、同条に反しないものも含めて損失補償による信用補完を受けることはむずかしくなりつつあります。

　なお、損失補償契約も地方自治法232条の2の適用を受けると解されているため（上記の最高裁判決も明言しています）、公益上の必要性があるかどうかが慎重に判断される必要があります。

2　地方公共団体の経済的援助を受けない自力調達への見直し

　上記のとおり、第三セクターは、その資金調達の際、地方公共団体の経済的援助を得ることがむずかしくなりつつあります。そのため、第三セクターは、自らの信用力によって資金調達ができるように、積極的にその信用力を高める方策を講じることが必要です。

　具体的には、①事業計画の策定や需給予測に際して外部の専門家の意見を

取り入れることによって、客観的な需給予測に基づく合理的な事業計画を策定すること、②理事の法人運営に対する法人内部の監視・監督体制を充実させることによって、事業の効率化を図ること、③財務情報等の事業内容についての開示を充実させることによって、出資者や債権者による経営状態のチェックを強化して経営改善を促すことが求められています。

　第三セクターが地方公共団体の経済的援助を受けずに資金調達を行うとともに、その経営に市場原理を導入し、開示の充実による経営の透明化を図ることを目的として、レベニュー債などの新たな資金調達手段も登場しています。

> **コラム** レベニュー債とは
>
> 　レベニュー債とは、公共事業のファイナンス（資金調達）を目的として発行され、その公共事業の収益のみで元利金の支払を行う債券をいいます。第三セクターが営む事業を目的として、その事業の将来の収益を引当に発行されたレベニュー債の実例として、茨城県環境保全事業団がその廃棄物処理事業から将来発生する債権を信託銀行に譲渡し、その受益権を証券会社が引き受けて投資家に販売することによって資金調達を行ったという例があります。

第2節　法人と不祥事

Q51　不祥事の原因

当法人は、検定試験の実施を目的とする社団法人です。先般、理事長の親族が代表を務める企業との間で違法な利益相反取引が行われていたなど、さまざまな問題点が判明し、その原因として、内部統制が十分に機能していなかったことが指摘されました。早急に改革に着手しようと思いますが、法人の内部統制を機能させるために重要なポイントを教えてください。

◆　結　論　◆

法人の内部統制を機能させるには、①各機関がその機能を十分発揮できるよう適切な人材を選任し、②各機関の独立性を確保するとともに、②情報の共有を徹底する体制を確立する必要があります。外部理事や監事に、弁護士などの法令に関する専門的知識を有する者を登用し、法令遵守体制を構築することも有効です。

◆　解　説　◆

1　一般法人・公益法人における内部統制の意味

一般法人・公益法人における業務執行権限は、基本的に理事または代表理事に集中しています（一般社団財団法人法76条1項、91条1項1号、197条）。そのため、法人のガバナンスを向上させるためには、当該法人における内部統制を確立して、理事または代表理事による業務執行行為を適切にコントロールすることがきわめて重要になります。逆にいえば、内部統制の確立に

失敗し、理事または代表理事の独断による業務執行が行われるようになった法人が不祥事を起こし、時には当該法人そのものの存続すら危うくなる事態に陥っているということができます。

2　漢検協会の不祥事事案における調査委員会の報告

　内部統制の欠如による代表理事らの独断が行われた有名なケースの一つとして、しばしば旧民法上の公益法人であった財団法人日本漢字能力検定協会（以下、「漢検」という）の不祥事事案があげられます（事案の概要についてはＱ１参照）。

　このケースでは、弁護士等外部有識者による調査委員会が組織され、同委員会が作成した調査報告書が公表されました。この調査報告書は、①内部統制、②利益相反取引、③収支差益、④不動産の取得等、⑤その他の問題点に分けて、漢検の問題点を論じていますが、特に①内部統制の部分は、他の法人のガバナンスにとっても有益な視点を提供しています。以下、同調査報告書を参考に、一般法人・公益法人の内部統制の確立・強化にあたって重要となるポイントを整理してみましょう。

3　内部統制確立・強化のうえで重要なポイント

a　理事会が会議体として十分に機能しているか

　漢検のケースでは、法人設立以来、理事会がきわめて多忙な文化人、学識経験者らによる理事で構成されており、さらに寄附行為（一般社団財団法人法上の定款に相当）上、理事会への出席について、書面によることができると定められていたため、不祥事が行われた時期には、出席者が１名ないし２名にすぎなかったとされました。

　理事会が監督機能をもつ会議体として機能しなければ、理事会を通じた理事または代表理事に対するコントロールは、およそ不可能となってしまいます。多忙により理事会に出席できないような人材を選択することは、法人の基本的組織を軽視するものであり、望ましいものではありません。現法人において、同様に多忙な理事が多数を占めるような場合には、いま一度理事の

人選を見直し、さらに、理事会の理事に対するモニタリング機能を高めるため、弁護士等の高度の職業倫理をもつ専門家を外部理事として選任することが効果的といえます。

b 理事による職責の重要性の認識

漢検のケースでは、多くの理事には、理事会が漢字検定協会の業務執行決定機関であるという役割についての認識が乏しく、理事が適切に機能を果たすことができなかったとされました。

株式会社では、役員の法務研修が広く行われています。一般法人・公益法人においても、理事を対象とした法務研修を実施するなどして、自らの職責の重要性について認識してもらうことが重要です。

c 理事間の情報の共有

漢検のケースでは、理事会の機能を果たすために本来的に必要な重要情報が、あえて理事に対し伝達されていなかった事実が見受けられ、このことが理事会の形骸化をさらに加速させていたとされました。

理事会での議論を通じ代表理事の業務執行を適切にコントロールするためには、すべての理事が正確な情報を共有していることが前提となります。法人にとって重要な情報が迅速かつ確実に各理事に伝達されるよう、情報管理の責任者を定めるなど適切な施策を講じるべきであるといえます。

d 社員総会（評議員会）が理事のチェック機関として機能しているか

漢検のケースでは、評議員会が学識経験者らを中心に構成されており、法人の財務内容、業務の具体的内容についての対応は、執行部からの報告を聞くだけという受動的な役割しか果たしておらず、本来のチェック機能が十分に果たされていなかったとされました。

このような事態を避けるため、上記aで述べたのと同様に会議体を構成するメンバーの構成には十分留意しておく必要があります。

e 社員（評議員）間の情報の共有

漢検のケースでは、評議員会のチェック機能、諮問機能を果たすために本来的に必要な重要情報が、あえて評議員に対し伝達されていなかった事実が認められ、このことが評議員会の形骸化をさらに加速させていたとされました。

上記 c で述べたのと同様ですが、組織の拡大に伴い、社員（評議員）の人数が多数になる可能性がありますので、より効率的で十分な情報伝達手段を検討すべきであるといえます。

　f　監事が代表理事らに対する職責を十分に果たしうる人材か

漢検のケースでは、監事は、理事長らによる事業運営を安易に信頼し、受動的にこれを受け入れていたと考えられ、十分な情報収集を行わずに監査意見を付していたとされました。

監事は理事の職務執行を監査する機関であり（Q42参照）、法人の適正なガバナンスを確保するうえでも最重要の役職に位置づけられます。したがってその人選にはよりいっそう慎重になるべきであり、弁護士等法律専門家を外部監事として導入することを検討する必要があります。

　g　役員の選任ないし解任について、特定の理事に権限が集中していないか

漢検のケースでは、理事、監事、評議員それぞれについて、その人事権がすべて特定の理事に集中しており、その結果、個々に期待されている機能を十分に発揮することができない状況であったとされました。

定款作成時には、役員・評議員について、その独立した地位を確保し、その監督機能を高めるような規定を置くように設計すべきです。たとえば評議員の解任は、理事または理事会によりなすことを認めるべきではなく、これを定める場合には外部の第三者によることとする等の方策を検討すべきであると思われます。

4　まとめ

以上述べたように、法人のガバナンスを確保するためには、適切な内部統制システムを構築することが不可欠です。そのためには、システムを構成する個々の理事、監事等に適切な人物を選任するとともに、それぞれの職責を最大限発揮できるよう、効率的な体制を確立する必要があります。法人から独立した立場で法律的な観点から職務を執行する者として、弁護士等の法律専門家を外部理事・監事として登用することも法人のガバナンス向上のために有益と思われます。

Q52-1 粉飾決算と監事監査の調査方法

　私は、本事業年度から新たに任命された当公益社団法人の外部監事です。このたび、新たに顧問会計士を選任し、当法人の業務システムの状況の調査を依頼したところ、「業務システムの残高と総勘定元帳の残高が照合できない」との指摘を受けました。今後の調査次第では、粉飾決算が発見されるおそれもあると非常に心配しています。適切なガバナンスの確保に責任を負う立場の監事として、どのように対処したらよいか教えてください。

◆　結　論　◆

　監事は、粉飾決算の端緒をつかんだ場合、理事または使用人に対し、事業の報告を求め、その報告内容および開示されている計算書類等と事業および財務の実態との間にズレがないかを、業務・財産の調査権を駆使して確認する責務を負います。この調査においては、粉飾決算等が開始されたと思われる時期にさかのぼって、粉飾決算の実行主体、原因、内容、範囲、影響を特定することが必要になります。当該調査では、書面調査のみならず、経理責任者等を含む関係当事者に対するヒアリング等を伴うことも一般的です。調査の結果、粉飾決算等の事実が確認された場合は、その調査内容を理事会・社員総会に報告することが必要になります。さらには、監事による調査等だけでは足りない場合は、外部の有識者からなる第三者委員会を設置し、透明かつ迅速に調査を行うとともに、第三者の立場からの再発防止策や関係者の責任に係る提言等を受けることをも検討すべきです。

◆ 解　説 ◆

1　監事が、粉飾決算を疑う場合に行うべき調査について

(1)　粉飾決算の調査と社内の利害対立

　一般的にいって、粉飾決算は、法人の内部組織の末端の判断のみで実行されることはまれです。むしろ、代表理事、理事、管理職等（以下「代表理事等」といいます）の事業、経理に関する一定以上の決裁権のある者の判断に基づき、複数年度にわたって入念な偽装のもと実施されている可能性が高いといえます。その意味で、まさしくガバナンスの機能不全の極致の事態が粉飾決算であるといえます。

　したがって、監事が上記の権限を行使し調査を開始するにあたっては、監事がこれら代表理事等との深刻な利害対立の構造に巻き込まれても、適切に権限が行使できるよう、十分留意する必要があります。

(2)　監事の調査権限

　監事は、理事の職務執行を監査する機関であり（一般社団財団法人法99条1項前段）、その職務遂行には、事業および財務についての情報収集に関する権限の充実が欠かせません。そこで、監事には、①理事および使用人への事業報告請求権（一般社団財団法人法99条2項前段）、②法人の業務・財産の状況の調査権（一般社団財団法人法99条2項後段）、③子法人についても①②と同様の権限の行使（一般社団財団法人法99条3項）が認められています。粉飾決算が疑われる場合、監事は、これらの権限を十分に行使することが期待されています。

　以上の調査の対象となる資料等としては、おおむね、法人の規程・規則と、計算書類・会計帳簿の2種があります。まずは、法人の規程・規則を参考に、業務、経理に関する決裁権の所在、文書の偽造等が行われる環境がないか、法人の規程が運用の実態と乖離していないか、規程自体は適正でも実際にはこれと異なる運用がされていないか、粉飾の誘因となるような条項が入っていないか等を専門知識に基づき、調査する必要があります。

さらに、計算書類については、Q12、Q23で検討したとおりですが、その他に会計帳簿である仕訳帳、総勘定元帳、売掛金元帳、買掛金元帳、原材料台帳、製品台帳、固定資産台帳、給与台帳等を調査し、会計帳簿等に客観的に異常な数値を示している記録がないか、会計監査の技法を応用して取り組むことも有用です。あわせて、調査に先立ち関係者からのヒアリングにより、粉飾決算に関する供述が得られる場合には、それらも参考にして調査を進めることとなります。

(3) 監事の調査体制の構築に関する実務上の留意点

監事が上記の権限を行使するにあたっては、代表理事等との深刻な利害対立が予想されるため、適切な調査を遂げるためには、実務上、以下の3点に留意する必要があります。

a 調査の独立性を確保する体制の構築

(a) まず、第一に重要なのが、監事の調査の独立性を確保する体制を構築することです。

たしかに、監事については、選任・解任の面（一般社団財団法人法63条、74条、49条2項2号カッコ書、70条）、業務執行の面（一般社団財団法人法99条2項）、監査業務の費用負担の面（一般社団財団法人法106条）、および報酬の面（一般社団財団法人法105条）において、代表理事等の執行部からの独立性に配慮した制度的な手当がされています。しかしながら、実際に監事がガバナンス不全という病理の究極の現れである粉飾決算を調査していくうえでは、実務上一段詳細に独立性確保のための手段を講じる必要があります。特に、監事が外部の専門家等ではなく、法人内部の職員等からの昇進者である場合は、この点への配慮がきわめて重要になります。具体的には、以下の諸点が考えられます。

・他の理事、社員、評議員の理解と支援
・監事調査拠点の整備と情報管理
・監事の補助者の確保

第5章 ケースで学ぶⅢ─法人と地方公共団体との関係・法人と不祥事─

> ・監事調査のスケジュールの設定および管理

　(b)　特に監事調査の進め方の体制を決めるのは、他の理事、社員、評議員の理解と支援の有無です。

　まず理解と支援が得られる場合を説明します。これは、つまり、監事が粉飾決算の端緒をつかみ調査を実施しようとする場合において、他の理事、社員、評議員の主だったメンバー、たとえば常任の社員総会議長、評議員会議長等にその情報を共有し今後の計画を相談しても、代表理事等粉飾決算を主導している者に筒抜けにならず、監事の独立性に対する積極的な後方支援が得られる場合です。

　この場合には、他の理事、社員、評議員の指示により、いったん、粉飾に関与していると思われる者の業務執行を事実上やめさせ、自宅待機させるか、または調査ヒアリングへの協力に専念させる等の体制を組むことができる場合もあります。その場合には、監事調査においても、主たる事務所内で作業を実施することができ、法人の使用人を監事調査に用いることができる可能性もあり、調査完了までのスケジュールの予測可能性が高まります。

　(c)　これに対して、理解と支援が得られない場合とは、代表理事等の粉飾決算に関与した者が、他の理事を人事、報酬等の面で影響下に置いている場合や、社員、評議員が法人運営に主体的な関心をもたない場合です。

　この場合、監事の調査は、独立性の確保の観点から、相当程度密行性をもったものにならざるをえません。そこで、監事の調査拠点の整備がまず重要になります。監事が弁護士等の外部専門家である場合には、それぞれの事務所を拠点とすることで対応できる場合もありますが、内部監事の場合には、監事が専用で使えるスペースの確保が情報管理の観点からも重要になります。特に、主たる事務所の所在地において監事調査の作業をする場合には、代表理事等やその意を受けた使用人等からの妨害等が懸念されますので、拠点の施錠や保管すべき書類等の金庫への保管、データの管理等を含めた体制の構築はもとより、場合によっては、法人の使用人以外で監事調査の作業を

補助できる人材の採用と確保を図る必要がある場合すらあります。

b 調査の専門性を担保する体制づくり

以上のとおり、粉飾決算の実行主体、原因、内容、範囲、影響の特定には、調査体制の構築に始まり、法人内部の決裁手続、契約、取引の精査、事後的な責任追及の準備、財務・会計および事業内容に関する豊富な知識が必要になります。これらの知識については、監事単独ですべて兼ね備えるということは困難であり、調査の専門性、正確性を担保するために、複数の弁護士、公認会計士等の専門家からなるチームで対応することも考えられます。

c 調査の客観性と透明性を担保する体制づくり―第三者委員会の有用性

調査の客観性と透明性を担保する観点からは、法人内部のガバナンス機構として常置される監事を中心にした粉飾決算の調査体制を前提にしつつも、別途、または並行した、当該粉飾決算の究明を使命とする第三者委員会による調査を行うことも検討の余地に値します。

第三者委員会は、社員総会、評議員会から委嘱を受けたまったく外部の有識者で、法人と直接の利害関係のない弁護士、捜査経験者、経営者、学者等で構成される組織です。第三者委員会には、この粉飾決算に関し専門的見地から必要なあらゆる調査の権限が与えられ、一定期間に集中して調査を行い、社員総会、評議員会に対して報告することになります。

社員総会、評議員会は、適正なガバナンス確保の観点から、第三者委員会の調査内容および関係者への処分内容を公に開示することによって、自らの粉飾決算に関する対処方針を明示することが望ましいといえます。なお、第三者委員会についての詳細は、本村健ほか編著『第三者委員会―設置と運用』を参照してください。

2 実務上のポイント

(1) ガバナンス体制の整備水準

従来の特例民法法人のガバナンス体制の整備水準にはばらつきがあるのが実情です。なかには、公認会計士による十分な外部監査を経ておらず、数年に一度の主務官庁による業務、財務に関する監査においても特段の指摘を受

けず、かつ、法人税法上の課税事業を営んでいないため税務申告もせず、税務調査の対象ともなっていない法人すらも多数あります。このような法人のなかには、公認会計士、主務官庁、税務当局等の外部から決算に関する指摘や牽制を受ける機会が少なかったため、悪質かつ大胆な粉飾決算が継続的に行われている法人もあれば、経理体制の確立に対する意識の乏しさから、結果として誤った決算を続けている法人もあります。

(2) 新公益法人制度下における監事の使命

新公益法人制度下においては、監事は、そのような法人個別のガバナンスに関する整備の水準、事情を十分に斟酌しながら、適切な専門家の支援のもと、調査権限を行使する必要があります。新公益法人制度下において、監事には、強力な調査権限の付与に伴って、従来より重い責任が課されており、粉飾決算を適切な時期に発見、阻止できなかったことをもって、社員等から善管注意義務違反に基づく損害賠償請求を受ける可能性（一般社団財団法人法64条、278条以下、民法644条）がありますので、注意が必要です。

(3) 監事に有為の人材を得ることの重要性

結局のところ、法人の適正な運営を図るにあたっては、まずもって財務・経理体制の適正化を最低限の目標とすべきであり、そのためには理事・監事によい人材を得ることに尽きるといえます。したがって、粉飾決算の防止を図るうえでは、新公益法人制度の趣旨を理解し法務、財務等に専門的な知識をもったうえで、かつ独立性があり、有事にあって機動的に動けるような監事の選任をどのように図っていくかが実務上のポイントとなるといえます。

コラム 会計監査における異常点監査の技法を用いた監事監査

　監事の調査の過程では、会計監査における異常点監査の技法を応用して調査を行うことも有用です。実施の順序の一例は、以下のとおりです。
① 内部統制組織の整備状況と有効運用度を解明し、弱点を把握します。
② 採用されている会計方針が妥当であるか、近時の会計方針の変更があるかの調査を行います。
③ 実査、立会、確認等の緊急を要する監査手続があれば実施します。
④ 計算書類と勘定明細書の数値を照合します。
⑤ 数年度にわたる比較表を作成し、異常な増減等がないか検討します。
⑥ 比較したうえでの異常数値および一定額以上のすべてにつき監査を実施するほか、債権・債務については発生日別の内訳を調査します。
⑦ 通査を実施し、勘定明細書と補助元帳記録との照合を行います。
⑧ 必要に応じて、勘定の財務分析を実施し、異常な比率等が算出されていないかを調査します。
⑨ 比較、通査、分析の結果に基づき、疑問点を集中的に解明します。
⑩ 計算書類の表示（残高、取引高）の整理、検討を行ったうえ、一定金額以上の取引の証憑との突合せ、一定金額以下だが疑問ある取引の証憑との突合せ、その他を実施します。

Q52-2 粉飾決算と監事・社員がとりうる法的手段

　Q52-1の事例で、調査の結果、粉飾決算が行われていたことが発覚し、それが理事長または担当理事の指示に基づくものであるとの確証を得た場合、監事としてどのように対処すべきかを教えてください。また、かりに社員において、粉飾決算が行われているとの疑いをもった場合、当法人に対してどのような請求をすることができるのかを教えてください。

◆ 結　論 ◆

① 　監事としては、その粉飾決算の実行主体が代表理事等であるような場合には、代表理事に対しその職務の執行を差し止める訴えや損害賠償を求める代表訴訟の提起を行うことにより、法人の損害の拡大の防止および回復を図ることが求められます。また、代表理事の解任動議を理事会に対して行うべき場合もあります。さらには、いわゆる会計不祥事に対する第三者委員会を設置し、透明かつ迅速に調査を行い、再発防止策や関係者の責任に係る提言等を受けることも検討すべきです。

② 　社員、評議員としては、法人に対して、会計帳簿閲覧請求権を行使することによって、会計帳簿等を対象として法人の会計状況の実際を調査することができます。さらに調査を充実させたい場合は、裁判所に対し検査役の選任を申し立て、検査役による調査を実施させることも可能です。その結果、粉飾決算が行われている可能性が高いと判断した場合には、理事・監事への通報を通じて理事会を招集し、詳細な調査の実施を促すことができます。

◆ 解　　説 ◆

1　監事のとりうる手段

(1)　理事会への報告

a　他の理事への通報と理事会の招集

　他の理事が、粉飾決算を主導している代表理事等の影響下にあるかどうかによりますが、そのような影響下にないことが明らかな場合には、粉飾を探知した監事は、粉飾決算を指示した理事以外の他の理事に通報することを検討すべきでしょう。

　理事会は、理事の職務の執行を監督する権限を有しているので（一般社団財団法人法90条2項1号、197条）、理事が理事会の招集を請求し（一般社団財団法人法93条2項）、この問題につき討議を行い、場合によっては代表理事の解任が行われることが考えられます（一般社団財団法人法90条2項3号）。理事会において、特定の理事から粉飾決算の指示があったことを報告することによって、理事会による監督機能が発揮され、機動的かつ迅速に、粉飾決算が継続して被害が拡大することの防止が期待できます。ただし、理事同士のなれ合いによって、理事会の監督機能が有効に発揮されないおそれもありますので注意を要します。

b　監事による理事会の招集、差止請求

　粉飾決算を指示した理事以外の理事に通報しても、理事による粉飾決算につながる指示が是正される可能性が乏しい場合、監事は、理事が不正の行為をし、もしくは当該行為をするおそれがある、または法令もしくは定款に違反する事実もしくは著しく不当な事実があるものとして、その旨を理事会に報告する義務を負います（一般社団財団法人法100条、197条）。したがって、監事が、一定の要件のもと、理事会を招集し、理事会に対して、特定の理事から粉飾決算の指示があったことを報告することによって、理事会による監督機能が発揮され、粉飾決算を未然に防止し、または早期に是正することが期待できます。また、監事は、一定の要件のもと、理事の行為に対する差止

めを請求することもできます（一般社団財団法人法103条、197条）。理事会に対し報告を行っても、理事会による監督機能が有効に発揮されないときは、監事自ら、裁判所を通じ、粉飾決算を行おうとする理事の行為を差し止めることになります。

(2) 社員総会への報告、差止請求

ただし、監事も理事と同じ役員ですから、役員同士のなれ合いによって、監事による上記監視機能が有効に機能しないこともありえます。このような場合、社員・評議員に通報することを検討すべきでしょう。社員総会・評議員会の決議によって理事および監事を解任することができます（一般社団財団法人法70条1項、176条1項）。経理担当者から通報を受けた社員・評議員は、社員・評議員提案権を通じて、粉飾決算を指示した理事の解任に関する議案を提案し、社員総会・評議員会によって、当該理事の解任を決議することによって、粉飾決算を未然に防止することが可能です。また、社員・評議員は、一定の厳格な要件のもと、裁判所を通じ理事の行為に対する差止めを請求することもできます（一般社団財団法人法88条1項、197条）。

(3) 監督官庁の処分等を促す

社員総会・評議員会の多数派が、粉飾決算を指示した理事を支持するグループに属していた場合は、当該理事の解任を決議することはきわめて困難です。また、社員・評議員による理事の行為の差止請求についても、大変厳格な要件が定められていますから、必ずしも認められるとは限りません。その場合には、粉飾決算が行われている可能性につき、公益認定等委員会等の関係官公署に通報することも視野に入ってきます。ただし、粉飾決算を行った事実を通報した場合、公益認定等委員会からの報告要求、検査の対象となり（公益法人認定法27条）、粉飾決算の改善について、勧告を受けることとなるほか（公益法人認定法28条）、結果的に公益認定が取り消される可能性もあり（公益法人認定法29条2項）、注意が必要です。

なお、大規模な公益法人の場合には、適正なガバナンスの確保の観点から、従業員等からの公益的な内部通報を促すための制度整備も必要になります。たとえば、近時上場企業において広く行われているように、外部の弁護

士事務所に内部通報窓口を設置するなどの方法による制度を整備することが考えられます。

2 社員、評議員が、粉飾決算を疑う場合にとりうる手段

(1) 社員、評議員の会計帳簿等の閲覧、謄写請求権

上記は、監事が粉飾決算の端緒をつかんだ場合の調査の対応でしたが、社員、評議員が調査する場合については以下のような手段があります。

社団法人の社員および財団法人の評議員には前記のような法人の会計帳簿等の資料の閲覧および謄写請求権が認められています（一般社団財団法人法121条1項、199条）。

会計帳簿の閲覧、謄写請求権の行使要件は、比較的緩やかで、一般社団法人の社員および一般財団法人の評議員は、法人に対し、業務時間内であれば、いつでも、請求する理由を明らかにしたうえで、会計帳簿等の資料の閲覧または謄写を請求することができます。ただし、一般社団法人の場合は、社員の権利濫用により法人運営が阻害されるおそれを考慮して、総社員の議決数の10分の1（これを下回る割合を定款で定めた場合にはその割合）以上の議決権を有する社員でなければ、閲覧または謄写の請求をすることができず（一般社団財団法人法121条1項）、社員または評議員から閲覧等の請求があったときは、一般社団財団法人法32条3項各号のいずれかに該当する場合を除き、その請求を拒むことはできません（一般社団財団法人法121条2項）。このように、社団法人の社員および財団法人の評議員は、法人に粉飾決算等が疑われる場合、会計帳簿閲覧等請求権を行使し、会計帳簿等の資料を閲覧謄写することによって、会計帳簿の内容を調査することができます。

(2) 社員総会、評議員会議事録、理事会議事録の閲覧、謄写請求権

その他、粉飾決算に至る法人内部での意思決定の経過を調査する必要があります。その観点から、社員総会、評議員会議事録の閲覧（一般社団財団法人法57条4項、193条4項）、理事会議事録の閲覧（ただし裁判所の許可が必要。一般社団財団法人法97条2項、193条4項）を行うことが必要になります。

(3) 監事調査、第三者委員会、検査役の調査

　しかし、実際の粉飾決算の詳細と実態を突き止めることは、会計帳簿の閲覧と検証のみでは足りず、基本的には監事調査、第三者委員会調査等の発動を求めていく必要があるものと思われます。ただし、新公益法人制度のもとでは、そのような調査が不可能な場合でも、少数の社員、評議員のみで、粉飾の調査を行う方法も整備されています。すなわち、社団法人の社員および財団法人の評議員は、自ら上記(1)で述べた会計帳簿閲覧請求権等を行使するほか、裁判所に対し、検査役の選任を申し立て、当該検査役に法人の業務および財産の状況を調査させることができます（一般社団財団法人法86条1項）。なお、検査役の調査に関する報酬の負担は、法人が負うことになります（一般社団財団法人法86条3項）。

Q52-3 粉飾決算と過年度決算修正

当法人は、公益法人への移行認定を受けることを希望している一般法人です。新公益法人制度のもとでは、企業会計に沿って会計基準が大きく変化したと聞いています。公益法人における粉飾決算の実例等に基づき、どのような点を注意すべきか教えてください。また、かりに粉飾決算が過年度の決算修正につながった場合の法人内部の処理の手続についても教えてください。

◆ 結 論 ◆

新公益法人制度のもとでは、従来の収支会計から、損益会計に移行する必要のある法人が多く、計算書類の作成にあたっては、経理担当部署の見積り等の裁量的判断が介入する余地が拡大したともいえるので、適正な経理の実践のための体制づくりには十分な注意が必要です。

そこで粉飾決算の事後対応ですが、まず調査完了後、粉飾決算の実態が確定した段階で、誤謬の重要性の程度により、社員総会、評議員会にて、過年度の決算訂正に関する決議を行う必要があります。加えて、公益社団法人・公益財団法人の場合には、行政庁に対し提出した財産目録等についても、訂正の手続を行う必要があります。

◆ 解 説 ◆

1 新公益法人会計基準と粉飾決算

新公益法人制度のもとでは、公益法人は、一般に公正妥当と認められる公益法人の会計基準その他の公益法人の会計慣行によることが求められ（公益法人認定法施行規則12条）、一般法人は、一般に公正妥当と認められる会計の基準その他の会計の慣行によることが求められます（一般社団財団法人法施

行規則21条）。実務上は、従来の収支会計から、損益会計に移行する必要のある法人が多いものと思われます。したがって、企業会計基準と同様の考え方による会計基準を導入する以上、損益会計のもとでの粉飾決算のリスクも企業と同じく発生すると考えられます。この観点からは、従来の株式会社における粉飾決算事例に対する調査対応が参考となります。以下、実際の粉飾決算の事例をもとに検討を行います。

2　粉飾決算の事例のポイント

Q51－1の事例は、実際の粉飾決算に関する第三者委員会の調査実例を参考に、主体を公益法人に置き換えた事例です。この事件は、ある上場企業の連結子会社で広告代理業を営んでいた子会社における粉飾決算事件で、連結利益影響額が数十億円にのぼったものです。当該粉飾決算は、①財務伝票による利益操作、②会計原則に適合しない売上げの見込み計上、③貸倒損失の隠蔽という3種類の技法により行われたとされています。

(1)　財務伝票による利益操作

通常、財務伝票による利益操作は、架空売上計上等により行われています。上記事件においては、子会社のシステムを不適正に利用して行われました。同社のシステムは、営業関係の業務システムと会計システムの2つのシステムで構成されており、通常は、営業部門が売上情報等を業務システムに入力すると、このデータが会計システムに自動的に反映され、各々のシステムの売上データが一致する仕組みとなっていました。しかし、同社の代表取締役らは、経理部に指示して、業務システムを通さずに財務伝票を作成させ、直接会計システム上に売上データを入力することにより架空売上げを計上しました。しかも、そのままでは利益率が異常に高くなり、財務分析を利用した監査のなかで粉飾が発見される可能性が高いことから、対応する架空原価も同様の手法で計上することにより粉飾の発覚を免れようとしていました。

なお、公益法人においても、売上計上については、同種の問題が発生する可能性がありますので、注意が必要です。また、平成20年（2008年）公益法

人会計基準の導入に伴って、会計システムをはじめとした業務システムの見直しを実施している法人も多いと思われますが、その際、単に業務システムのみの見直しに終始することなく、業務部門と経理部門との役割分担等を確認し、健全な相互牽制が行われるような体制づくりに配慮することも、ガバナンス確保の観点からきわめて重要であると思われます。

(2) 会計原則に適合しない売上げの見込み計上

売上げの見込み計上については、子会社事業である広告代理業の会計の特質を利用したものといえます。同社では、売上計上基準として、広告看板製作等の請負工事については工事完成・検収時とし、広告代理に伴う役務提供については役務提供時とするいわゆる「完成基準」を採用していました。しかし、この基準の例外として、期末までに未完成の工事、役務についても一定の要件のもと見込み売上げ、予定原価の計上が許されており、進捗の見込みについては各現場担当者にしか把握できない状態が放置されていました。同社の代表取締役らからの売上増大を求める圧力のもと、現場担当者が過大な見込み計上を行わざるをえない環境が形成されていたのです。

公益法人・一般法人においては、この事件の子会社にみるような過剰な売上増大圧力がかかる可能性は必ずしも大きくはないと思われますが、一定以上の規模（売上げ）の確保が補助金給付の前提になっている場合等も考えられますので、そのような場合には、同様のリスクが潜在的に存在しているといえます。

また、公益法人・一般法人のなかには、調査研究受託事業、コンサルティング事業のように、物・サービスの給付の混交したような事業を実施している法人も多数あります。これらにおいては、子会社同様の売上げの見込み計上がないか、完成基準を充足した計上になっているか等が問題になりえますので、その適切性を判断するため業務の進行状況等を適切に把握できるような内部統制システムは不可欠です。

(3) 貸倒損失の隠蔽による損失隠しの粉飾

貸倒損失の隠蔽は、この子会社が運営に関与したイベントの協力企業に対し、子会社の代表取締役が取締役会に諮らずに独断で実行した貸付金が、協

力企業の破産により回収不能になったという事態を隠蔽するために行われました。手口は、単純に貸付による資金流出を買掛金の支払によるものであると偽装し、貸倒損失の計上を避けたものでした。公益法人・一般法人においても、損益会計を採用する以上、貸倒損失の認識が必要になりますので、貸付金の回収可能性に関し、適正な評価を加えるための業務管理体制の整備が必要になります。

3　粉飾決算に関する実務上のポイント

　新公益法人会計基準のもとでの計算書類の作成にあたっては、損益会計となったことと相まって、収支会計に比べ作成を担当する代表取締役以下の経理担当部署の見積り等の裁量的判断が介入する余地も拡大したということができますので、適正な経理の実践のための体制づくりに十分な注意が必要となります。

4　粉飾決算が発覚した場合の過年度決算修正

　一般社団財団法人法、公益法人認定法上、法人について粉飾決算が発生し、過年度の計算書類に誤謬が存在する場合の処理については、当面、株式会社における同様の問題の処理を参考に対応方針を検討することとなるものと思われます。すなわち、過年度の計算書類に誤謬が存在しても、その誤謬に会計上の重要性がない場合には、問題となっている期の計算書類の承認に関する社員総会決議、評議員会決議に違法性はなく、問題となっている期の計算書類は有効に確定し、それに続く期の計算書類にも未確定の問題は発生しません。これに対し、過年度の計算書類に重要な誤謬がある場合には、問題となっている期およびそれに続く期の計算書類は確定しているとはいえないので、原則として、遡及修正方式により確定させる必要があります。手続としては、原則として社員総会、評議員会の承認が必要となります（一般社団財団法人法126条）。ただし、会計監査人を設置する社団法人、財団法人の場合において、通常の承認と同じく、報告で足りるのか、再度の承認を要しないかどうかについては、依然として争いが残るところです（一般社団財団

法人法127条)。加えて、公益法人の場合には、行政庁に対し提出した財産目録等につき、訂正を行う必要があります（公益法人認定法22条)。

コラム　公益通報者制度

1　制度の趣旨

　公益通報者制度とは、主として、公益通報をしたことを理由とする解雇その他公益通報者に対する不利益な取扱いから、公益通報者の保護を図る制度です。保護の対象となる公益通報は、公益通報者保護法によって定められています。

2　保護の対象

　公益通報者保護法による保護の対象となる公益通報とは、①労働者が、②不正の目的でなく、③当該労務先または当該労務先の事業に従事する場合における役員、従業員、代理人その他のものについて通報対象事実が生じ、またはまさに生じようとしている旨を、④(a)労務提供先もしくは当該労務提供先があらかじめ指定した者、(b)当該通報対象事実について処分もしくは勧告等をする権限を有する行政機関、(c)その者に対し当該通報対象事実を通報することがその発生もしくはこれによる被害の拡大を防止するために必要であると認められる者（当該労務提供先の競争上の地位その他正当な利益を害するおそれがあるものを除く）、に通報した場合をいいます（公益通報者保護法2条1項）。

　③の通報対象事実とは、刑法、食品衛生法、証券取引法、JAS法、大気汚染防止法、廃棄物処理法、個人情報保護法および政令（公益通報者保護法別表第八号の法律を定める政令）で定める法律（2010年12月27日現在で427本の法律）で犯罪事実とされている事実をいいます。

　また、④通報先ごとに保護の要件が別途定められており、上記④(a)から(c)に従って、厳格に要件が定められています（公益通報者保護法3条各号）。

Q53 反社会的勢力

　当法人の取引先について、反社会的勢力とのかかわりが噂されています。「企業が反社会的勢力による被害を防止するための指針」は、一般法人や公益法人に対しても指針としての意義があるとして、当該取引先との関係を解消すべきとの意見もありますが、そのような取組みは、法人においても求められるのでしょうか。

◆　結　　論　◆

　取引先等が、反社会的勢力であるとの情報がある場合においては、法人組織全体で情報を共有し、法人組織全体で対応すること、その場合、あらゆる民事的対抗手段を講じるとともに、刑事事件化することについても躊躇しないこと、反社会的勢力に対する資金提供は絶対にしないことが必要となります。また、法人と取引するにあたっては、契約書等に暴排条項を盛り込むこと、反社会的勢力ではないことの確約等をさせることなどを早急に検討すべきです。

◆　解　　説　◆

1　反社会的勢力とのいっさいの関係遮断

(1)　政府指針と法人における対応の必要性

　2007年6月19日、犯罪対策閣僚会議幹事長会申合せとして「企業が反社会的勢力による被害を防止するための指針について」（以下「政府指針」といいます）が公表され、あわせて、政府指針に関する解説（以下「政府指針解説」といいます）も示され、反社会的勢力とのいっさいの関係遮断が明確に企業に求められるようになりました。

　政府指針は、反社会的勢力による被害を防止するための基本原則として、

「組織としての対応」「外部専門機関との連携」「取引を含めた一切の関係遮断」「有事における民事と刑事の法的対応」「裏取引や資金提供の禁止」の5原則を定め、それらの基本原則に基づく対応、すなわち反社会的勢力による被害を防止するための基本的な考え方、平素からの対応方針、有事の対応（不当要求への対応）方針について詳細に規定しています。

(2) 法人における対応の必要性

政府指針は、記載ぶりこそは企業という表現がみられますが、一般法人および公益法人においても等しく取り組むべきものです。わが国の社会全体から、反社会的勢力を排除していくことは、治安対策上、きわめて重要な課題であるところですが、これは、法人にとっても、社会的責任の観点から必要かつ重要なことといえるからです。

この指針の背景としては、近年、暴力団が、組織実態を隠蔽する動きを強めるとともに、活動形態においても、企業活動を装ったり、政治活動や社会運動を標ぼうしたりするなど、さらなる不透明化を進展させており、また、証券取引や不動産取引等の経済活動を通じて、資金獲得活動を巧妙化させていることがあげられます。このような暴力団の地下潜行化や資金獲得活動の巧妙化といった実情をふまえると、暴力団排除意識の高い企業や団体等であったとしても、暴力団関係企業等と知らずに結果的に経済取引を行ってしまう可能性があることから、反社会的勢力との関係遮断のため状況に応じた適切な取組みをよりいっそう推進する必要があります。特に、近時、コンプライアンス重視の流れにおいて、反社会的勢力に対して屈することなく法律に則して対応することや、反社会的勢力に対して資金提供を行わないことは、コンプライアンスそのものであるとも指摘できます。

(3) 業界をあげた取組みの例

この政府指針を受けて、全銀協（現：一般社団法人全国銀行協会）においては、銀行取引からの反社会的勢力の排除を推進するため、2008年11月に銀行取引約定書に盛り込む暴力団排除条項の参考例を、2009年9月に普通預金規定・当座勘定規定・貸金庫規定に盛り込む暴力団排除条項の参考例を作成しました。

さらには、東日本大震災の復興事業への参入の動きなど、暴力団を中核とする反社会的勢力が暴力団の共生者等を利用しつつ不正に融資等を受けることにより資金獲得活動を行っている実態に対して、より適切かつ有効に対処するため、融資取引および当座勘定取引における暴力団排除条項を実態に即してより明確化するよう、それぞれの取引における暴力団排除条項の参考例を一部改正するなど、引き続き、反社会的勢力の排除に向けた取組みを積極的に推進しています。

　加えて、財団法人日本相撲協会が、2009年7月場所（名古屋場所）において、暴力団員が維持員席で相撲観戦した問題を契機として、長年噂されていた反社会的勢力との関係との問題について、暴力団排除に向けた取組みを行い、2010年8月に暴力団排除宣言を実施、同年9月に暴力団等排除対策委員会を発足させるなど、暴力団との関係遮断等の諸対策を実施したのは記憶に新しいところです。

2　暴力団排除条項（暴排条項）の意義

　次に、暴排条項について、ごく簡単に触れておきます。暴排条項とは、法人と、顧客・取引先・従業員等との法律関係を規定する契約書等に、反社会的勢力が当該取引等の相手方となることを拒絶する旨を規定するとともに、当該取引が開始された後に相手方が反社会的勢力であることを認識した場合は、契約を解除してその相手方を当該取引等から排除できる旨を規定したものといえます。その法的根拠としては、そもそも、相手方と契約をするか否かの段階では、だれとどのような内容の契約を結ぶかは自由であるという「契約自由の原則」により、暴力団等の反社会的勢力との契約を拒絶することは原則として自由であることがあげられます。また、相手方と契約を結んだ後に相手方が暴力団等の反社会的勢力であることが判明した場合は、契約の当事者間の「信頼関係破壊の法理」により、相手方との契約を解除することが可能と考えられていることもあげられます。

　実際に暴排条項を採用することで、次のような効用があると考えられています。

① コンプライアンス宣言機能……企業等が契約書等に暴排条項を導入することで、当該法人の明確な反社会的勢力排除宣言となり、当該法人におけるコンプライアンスの前進として機能し、社会的評価を得られるという効果が期待できます。

② 予防ないし牽制的機能……暴排条項を店舗の目立つ場所に掲示したり、契約に際し、事前に相手方に契約書に記載されている暴排条項を示すことで、相手方に契約申込みをすることをためらわせる効果が期待できます。

③ 反社会的勢力排除ツールとしての機能……暴排条項があることにより、担当者が契約締結を拒絶する場面では自信をもって相手方に「お断り」をいえるようになり、契約を解除する場面では、暴排条項を示し、これを適用する旨を告げることで相手方の抗議などを封じることができるようになります。

④ 裁判規範としての機能……暴排条項を根拠に反社会的勢力との契約関係を解除した場合、裁判において、その措置の正当性が認められやすくなり、相手方からの損害賠償の請求を封じ込める機能も期待されます。

3 暴排条項導入の必要性、暴力団排除条例の制定

さらに、政府指針を受けて暴力団排除条項を導入している（または導入を予定している）企業は約2割にすぎないという実態をふまえ、「企業活動からの暴力団排除の取組について」（2010年12月9日、犯罪対策閣僚会議：暴力団排除取締り等総合対策WT）が策定されました。これによれば、①関係業界に対する指針のさらなる普及啓発（暴力団との関係遮断を内外に宣言すること。取引約款等に暴力団排除条項を導入すること。反社会的勢力データベースを構築すること。外部専門機関と緊密な連携関係を構築すること）、②暴力団排除意識の高い企業に対する評価方策の検討（暴力団との関係遮断を内外に宣言していること。取引約款等に暴力団排除条項を導入していること。不当要求防止責任者を選任し、同講習を受講していること。指針に沿った体制・対応マニュアルの整備等を行っていること）、③業種ごとの標準契約約款における暴力団排除条項のモデル作成の支援等を行うとしています。③については、事業者団体の性格を

帯びた一般法人や公益法人も相当数あることをふまえれば、各法人の対応が求められるところです。加えて、今後は、各自治体が制定した条例にも十分に対応する必要があります（平成23年10月1日に東京都および沖縄県で暴力団排除条例が施行され、すべての都道府県で施行されました）。

4 法人における取組みの必要性

(1) 早急な取組みの必要性

以上のように反社会的勢力との関係遮断に係る社会からの要請は、いっそう精緻化しており、一般法人および公益法人においてもこれらの問題について、早急かつ真摯に取り組む必要があります。

反社会的勢力は、法人で働く従業員を標的として不当要求を行ったり、法人そのものを乗っ取ろうとしたりするなど、最終的には、法人自身に多大な損害を生じさせるものですから、反社会的勢力との関係遮断は、法人を防衛する観点からも必要不可欠な要請です。

この点、公益法人認定法は、法人の公益認定に関する要件として、理事、監事、評議員が反社会的勢力に属していないこと等を要求し（公益法人認定法6条1号ロ・ニ）、公益認定の必要的取消事由として、反社会的勢力に属している者が公益法人の理事、監事、評議員に就任した場合を規定していますが（公益法人認定法29条1項1号）、これらの規定は、法人にとって、反社会的勢力との関係遮断がいかに重要かを如実に示しています。

そのため、不幸にも反社会的勢力との関係が当該法人において問題となった場合には、「結論」に記載したような民事刑事の対応を躊躇せずに検討することが当該法人の社会的責任の観点から最低限必要であるということができるでしょう。特に、当該法人の規模や事業目的等に照らして、暴排条項を盛り込んだ契約書や、取引に際しての反社会的勢力ではないことの表明保証や誓約書等を提出させるなどの対応を検討することが今後必要となる法人は多いと思われます。

この点、いわゆる蛇の目ミシン判決において、最判平18.4.10（民集60巻4号1273頁）は、取締役に対し善管注意義務として、反社会的勢力への適切

対応義務を課したとも評価されています。今後、法人の理事らは、内部統制システムの整備につき理事会決議をしたというだけではなく、反社会的勢力からの被害防止を内部統制システムに明確に位置づけ、有事の際に具体的かつ適切な対応ができるようなシステムを整備する必要があるというべきであり、反社会的勢力との関係遮断を適切に実施できない場合には、社員等からの損害賠償責任を追及されるリスクも高いともいえますので留意が必要です。

(2) 近接・類似問題

たとえば、当該法人がいわゆる事業者団体と呼ばれる業界団体の一種である場合、構成事業者の一つが反社会的勢力とのかかわりが噂され、法人の理事会に理事を送り込むような働きかけをする等、法人の運営に介入してこようとしているケースもあるとされています。

このようなケースにおいては、反社会的勢力に属していること等を法人の役員および社員の欠格事由とする旨の定款変更を行うことや、社員が新たに加入する際において反社会的勢力ではないことの確約や表明保証等をさせることにより対応することを検討すべきです。

Q54 独占禁止法

　当協会は、会員たる構成事業者が販売する予定の商品について、当協会が決定した品質や規格に適合しているか否かを調査し、適合していない場合には、会員に対して、当該商品の規格を変更するよう要請しています。そのような要請や指導は、独占禁止法に反しないでしょうか。
　また、事業者団体が構成事業者の機能または活動の不当な制限に当たるとして、独占禁止法上違法とされるものとしては、一般的にどのような類型があるのでしょうか。

◆　結　論　◆

　本問のケースにおいては、事業者団体が構成事業者の事業活動に関して制限を加え、公正かつ自由な競争を阻害しているとして、独占禁止法8条4号に該当する可能性があります。そして、この4号違反に該当するケースとしては、広告の制限、販売地域の制限、品質の制限、供給量等の制限、安価な輸入品の取扱いの制限、価格協定等のケースがあるとされています。

◆　解　説　◆

1　事業者団体の活動に関する規制

(1)　事業団体の活動と規制の趣旨

　独占禁止法上、事業者団体とは、事業者としての共通の利益を増進することを主たる目的とする2以上の事業者の結合体またはその連合体をいい（独占禁止法2条2項）、2以上の事業者が社員（社員に準ずるものを含む）である社団法人その他の社団や、2以上の事業者が理事または管理人の任免、業務の執行またはその存立を支配している財団法人その他の財団がこれに含まれます。一般的には、○○協会、××組合といった団体や△△連合会といった

名称で、一般法人や公益法人の形態で存立するケースが多くみられます。

　事業者団体の活動は、当該産業に対する社会公共的な要請への対応、消費者理解の増進等多様な目的のもとに、教育・研修、情報の収集・提供、政府への要望や意見の表明等種々のものがあるとされています。その一方で、事業者団体は、同業者等が集まり価格や生産量等につき情報の交換等を行いカルテルの温床となることも多く、組織的結束力もあり、競争秩序への危険性も大きいことが指摘できます。

　そこで、独占禁止法は事業者以上に厳しい規制を定め、具体的には、事業者団体による競争の実質的な制限、事業者の数の制限、構成事業者の機能または活動の不当な制限、事業者に不公正な取引方法を用いさせるようにする行為等は、独占禁止法8条により禁止されています（事業者団体規制と呼ばれます）。

　そもそも、独占禁止法の基本理念は、公正かつ自由な競争を促進し、事業者の創意を発揮させ、事業活動を盛んにし、雇用および国民実所得の水準を高め、もって一般消費者の利益を確保するとともに、国民経済の民主的で健全な発達を促進することにあります（独占禁止法1条）。そして、上記のような事業者団体規制を、私的独占・不当な取引制限・不公正な取引方法等のいわゆる三大違反類型に加えておく意義は、事業者団体が違反行為を主導している場合に、当該事業者団体自体を排除措置命令の名宛人とすることや、競争の実質的制限が満たされないような事案（後記(2)のうち、③および④の類型）でも規制することを可能とすることにあるとされます。

(2)　独占禁止法8条により禁止される行為

　独占禁止法8条により禁止されている具体的な行為は、以下のとおりです（以下「1号違反」等といいます）。

①　一定の取引分野における競争を実質的に制限すること（1号）。事業者団体が行う私的独占および不当な取引制限を禁止しており、いわば事業者における独占禁止法3条に対応しています。

②　不当な取引制限または不公正な取引方法を内容とする国際的協定または国際的契約をすること（2号）。

③ 一定の事業分野における現在または将来の事業者の数を制限すること（3号）。事業者団体が、一定の事業分野に新たに事業者が参入することを阻止し、または既存の事業者を排除することによって当該事業分野における事業者の数を制限することが本号に該当します。
④ 構成事業者の機能または活動を不当に制限すること（4号）。事業者団体が、構成事業者の事業活動に関して制限を加え、公正かつ自由な競争を阻害することを禁止しています。
⑤ 事業者に不公正な取引方法に該当する行為をさせるようにすること（5号）。事業者団体が、事業者（構成事業者以外の事業者も含まれる）に、取引拒絶、差別取扱い、排他条件付取引、拘束条件付取引、競争者に対する取引妨害等の不公正な取引方法に該当する行為をさせるように強制し、または働きかけることが、本号に該当します。

(3) 排除措置命令、課徴金納付命令、刑罰

そして、上記の規定に違反する行為があるときは、公正取引委員会は、事業者団体に対し、当該行為の差止め、当該団体の解散その他当該行為の排除に必要な措置を命ずることができます（独占禁止法8条の2第1項）。これを排除措置命令といいます。そして、特に必要があるときは、事業者団体の役員、管理人、構成事業者に対しても、排除措置を命ずることができるものとされています（独占禁止法8条の2第3項）。

また、事業者団体が、上記の規定の1号（不当な取引制限に相当する行為をする場合に限る）または2号（不当な取引制限に該当する事項を内容とする国際的協定または国際的契約をする場合に限る）の規定に違反する行為で、商品もしくは役務の対価に係るものまたは実質的に商品もしくは役務の供給量、購入量等を制限することによりその対価に影響することとなるものをしたときは、公正取引委員会は、事業者団体の構成事業者に対し、課徴金の納付を命じなければなりません。

事業者団体の代表者、従業者等が、その業務等に関して違反行為をしたときは、それらの行為者を罰するほか（1号違反の場合5年以下の懲役または500万円以下の罰金。独占禁止法89条1項2号）、事業者団体に対しても各所定

の罰金刑（1号違反の場合は5億円以下。独占禁止法95条）が科せられます。これを両罰規定といいます。

  (4) 事業者団体ガイドライン

　公正取引委員会は、事業者団体への規制の解釈・運用の方針をまとめ1995年に「事業者団体の活動に関する独占禁止法上の指針」を公表しています（2010年1月1日改定）。

　ガイドラインにおいては、事業者団体の実際の活動類型として、①価格制限行為、②数量制限行為、③顧客、販路等の制限行為、④設備または技術の制限行為、⑤参入制限行為等、⑥不公正な取引方法、⑦種類、品質、規格等に関する行為、⑧営業の種類、内容、方法等に関する行為、⑨情報活動、⑩経営指導、⑪共同事業、⑫公的規制、行政等に関連する行為に分けて、主要な活動類型ごとに、それぞれの事業者団体の活動を独占禁止法との関係について考え方を示しています。

2　本問前段について

　本件においては、協会が、会員たる構成事業者が販売する予定の商品について、当協会が決定した品質や規格に適合しているか否かを調査し、適合していない場合には、会員に対して、当該商品の規格を変更するよう要請しているというものですから、独占禁止法8条1項4号違反行為として問題となる可能性が高いといえます。

　実際に、「社団法人教科書協会」の事例（公取委勧告審決平11.11.2審決集46巻347頁）においては、4号違反が問われ、排除措置として、協会は、違法行為を取りやめること、協会が決定した規格は単なる参考となるものであり、会員の自主的な編集・製作活動を制限するものではないことを確認すること、これらの措置を会員に対して周知徹底すること、今後の同様の行為の禁止、協会がとった各措置を公正取引委員会へ報告することが命じられました。

3　事業者団体による独占禁止法違反を未然に防ぐ工夫

　構成事業者の機能または活動を不当に制限することを定める4号違反は、1号違反に該当するような一定の取引分野における競争の実質的制限には至らないものの、事業者団体による構成事業者の競争機能の自由な行使の制限により、公正な競争が阻害されるおそれのある行為を対象としているものです。

　一例をあげるならば、次のような行為が問題とされました。

① 広告等を含む販売方法等の制限行為……たとえば、「広島県石油商業組合事件」においては、揮発油、軽油および灯油の販売方法に関し、安値看板の設置禁止や記念セールの期間制限等の自粛ルール5原則等を所属組合員に遵守させていた行為（公取委審判審決平8.6.13審決集43巻32頁）、「石川県理容環境衛生同業組合金沢支部事件」においては、顧客争奪防止のためにテレビ、ラジオ、新聞等による広告活動を禁止し、その他の広告において料金明示を禁止等して、支部員に遵守させていた行為（公取委勧告審決平12・4・26審決集47巻259頁）、「滋賀県薬剤師会事件」においては、新聞折込広告に一般医薬品の販売価格を表示しないようにさせていた行為（公取委排除措置命令平19.6.18審決集54巻474頁）が、それぞれ問題とされました。

② 供給量の制限行為……たとえば、「三重県バス協会事件」においては、会員の貸切バスの増車認可申請を制限していた行為（公取委勧告審決平2.2.2審決集36巻35頁）が問題とされました。

③ 顧客・販路等の制限行為……「㈳日本病院寝具協会近畿支部事件」においては、新規開設病院等向けの寝具の賃貸について支部員に取引予定者を決定させていた行為が問題とされました（公取委勧告審決平6.6.6審決集41巻188頁）。

④ 参入制限行為……「東京都自動車硝子部会事件」事案においては、格安の輸入品の流通による価格低下を防ぐため、会員の国産自動車向け輸入補修用ガラスの販売を制限していた行為が問題とされました（公取委勧告審

決平12．2．2審決集46巻390頁）。

このように、4号違反は、事業者団体による競争阻害行為に対して、広範に適用されるものであり、上記のような類型の阻害行為のほか、競争制限には至らない価格制限行為も対象とされています。

各法人においては、独占禁止法違反に係る問題が生じないようにするために、その事業に照らして類型的に発生しうる独占禁止法上の問題点をあらかじめピックアップするように努め、自らの競争阻害行為を戒めるとともに、注意すべき点を会員たる構成事業者に周知し、かつ遵守を求めるほか、違反が起きないような研修等を実施するなどの工夫に努めるべきといえます。事業者団体による競争阻害行為は、一部の構成事業者が当該団体を実質的に支配している場合や、構成事業者間の発言権に差異が生じている場合に起こりやすいといえますので、結局のところ、各法人においては、日頃から適切なガバナンス構築に腐心し、会員（社員）にとって公平な運営が行われるように努め、また、会員によるこれらの行為が行われないようにチェックできるような内部統制を構築することが肝要となります。

コラム　株式保有と独占禁止法

　公益法人は、旧法下の指導監督基準により、原則として株式の保有が禁止されていました。しかし、一般社団法人・一般財団法人の株式保有は禁止されていないため、営利企業を設立したり、営利企業へ出資したりすることができます（なお、公益法人の認定においては、議決権の過半数を保有することが禁止されます（公益法人認定法5条15号、公益法人認定法施行令7条））。

　そのため、一般社団法人・一般財団法人による会社の株式保有が増加することが予想されますが、これら法人の株式保有は、独占禁止法上、企業結合審査の対象となる可能性があります（独占禁止法14条）。具体的には、法人が競争関係にある会社の株式を一定程度保有することで結合関係が認められる場合、審査の対象となり、株式保有が一定の取引分野における競争を実質的に制限するか否かの判断が行われることになります。株式保有に基づく結合関係が認定できる場合として、企業結合ガイドラインは、①議決権保有比率が50％を超える場合、②議決権保有比率が25％を超え、かつ、議決権保有比率の順位が単独で第1位となる場合、③議決権保有比率が10％を超え、かつ、議決権保有比率の順位が第3位以内の場合で、議決権保有比率の程度および順位、役員兼任関係等を考慮して結合関係が認定できる場合をあげています。審査の結果、競争の実質的制限が認められる場合、問題解消措置を講じる必要があります。

Q55　公益法人の認定取消しと争訟

　当公益法人は、保養センターの運営管理を目的とする公益法人ですが、同センターの建設工事に関連して、検査済証の偽装や建築請負代金の支払をめぐる請負業者とのトラブルが続発し、事業の運営が困難になったとして、行政庁から再建計画書等の提出の勧告・命令を受けてしまいました。しかし、現在の当法人は、監事が理事の辞任届等を偽造したとして告訴される等、極度の混乱状態にあり、とても行政庁の命令に従って、再建計画書を作成する余裕はありません。このままでは、当法人はどうなってしまうのでしょうか。また、かりに、当法人の公益認定が取り消されてしまった場合、その取消処分の効力を争う方法はあるのでしょうか。

◆　結　　論　◆

　行政庁の命令に従わなかった場合は、原則として公益認定の取消処分を受けます。公益認定が取り消されてしまうと、公益目的取得財産残額に相当する額の財産を他の類似の事業を目的とする公益法人等に贈与しなければならなくなる等、当該法人の運営に重大な影響が生じるため、行政庁の命令には真摯に対応して何としても取消処分を回避する必要があります。

　かりに取消処分がなされてしまった場合は、行政庁に対して異議申立てを行い、または取消処分の取消しの訴えを提起することで、公益認定の取消処分の効力を争うことが考えられます。きわめて技術的な作業が要求されますので、行政法令に精通した弁護士等の専門家にすみやかに相談すべきです。

◆　解　　説　◆

1　ガバナンス失敗の末路─公益認定の取消し

　本書では、これまで法人のガバナンスを確保するために新法で用意された

法的手段や実務上の工夫について、理論面・技術面の双方から検討を重ね、とりわけ公益法人におけるガバナンスの重要性について繰り返し確認してきました。しかし、これらの方策が功を奏さず、あるいは時間的・人的問題から、そもそもこれらの対策をとることができない場合もないとは言い切れません。公益法人におけるガバナンスの失敗は、最終的に、公益認定の取消しというかたちで当該「公益」法人に幕を降ろすことになります。本稿では、そのようなガバナンスの失敗が当該公益法人に何をもたらすのか、過去に実際にあった事例をもとに確認するとともに、不幸なことに公益認定の取消しがなされてしまった場合に、当該法人としてとりうる対応について検討してみたいと思います。

2　公益認定の取消しに至るまで

　公益法人の運営になんらかの問題があったとしても、行政庁が直ちに当該法人の公益認定の取消しという重大な手段に出るわけではありません。まず、事実関係の調査のため、報告・検査が行われ、勧告・命令がなされるに至っているにもかかわらず、これに従わない場合に初めて公益認定の取消しが行われます（Q18およびQ22参照）。

　公益認定取消事由としては、行政庁が公益認定を必ず取り消さなければならない事由（必要的取消事由。公益法人認定法29条1項）と、行政庁がその裁量により公益認定を取り消すことができる事由（任意的取消事由。公益法人認定法29条2項）とがありますが、公益法人が行政庁から命令を受けたにもかかわらずこれに従わない場合は、正当な理由がある場合を除いて、公益認定の必要的取消事由に該当します（公益法人認定法29条1項3号）。

　本問の公益法人については、行政庁から再建計画書等の提出を命じられているにもかかわらず、これに従うことができないでいるため、行政庁により公益認定が取り消されてしまう可能性がきわめて高いといえるでしょう。

　実際に、改正前民法下の公益法人においても、適正な事業運営が行われていないとして、主務官庁から再建計画書等を提出するよう繰り返し命令されていたにもかかわらず、これに応じなかったという本問に類似した事実関係

の下で、主務官庁から設立許可の取消処分がなされた事例がありました（財団法人東日本被爆者の会事件。東京地判平9.10.15判タ972号164頁）。この裁判例では、法人側は、主務官庁からの提出命令を受けて、暫時の時間的猶予を申し出るとともに早急に事態を解決すべく理事一同が力を結集することを再確認する旨の理事会議事録を提出していましたが、裁判所は、当該「命令は、再建の可能性があると認めるに足りる具体的な再建計画書の提出を命じたものであることは明らか」としたうえで、提出された議事録によっては、当該法人について「再建可能性があるかどうかを判断することはおよそ不可能」であり、当該議事録をもって命令によって求められた再建計画書の提出があったということはできないとの判断を示しています。

　本問のように、監事が告訴されたことによって混乱状態にある、などということをもって、行政庁からの命令を拒む「正当な理由」があると認められる可能性がないと思われます（なお、当該監事は、善管注意義務に違反したとして、法人に対して損害賠償責任を負う可能性があります。監事の責任についてはQ10・40・41参照）。

3　公益認定の取消しが法人に与える影響

　公益法人認定法においては、設立許可の取消しという法人の解散に直結する制裁に代わり、公益認定の取消しという制度が導入されました。この制度の下では、公益認定が取り消されても、当該法人が法人格を直ちに失うことはなく、一般法人として存続することはできます。

　しかし、公益認定の取消しは、当該公益法人のガバナンスの失敗を示す最たるものであり、社会的にも「非公益」とのレッテルを貼られてしまうおそれがあります。そればかりか、公益認定の取消しにより、当該法人は、公益目的取得財産残額に相当する額の財産を、当該取消しの日から1カ月以内に、他の類似の事業を目的とする公益法人等に贈与しなければなりません（公益法人認定法5条17号、30条1項）。公益法人認定法においても、公益認定の取消しは、法人の存続に直結しかねない重大な影響をもっているのです。

　公益法人としては、以上のような重大な局面に陥る事態は、何としても避

けなければなりません。そのため、行政庁から公益認定取消の前段階である勧告・命令を受けた場合には、すみやかに弁護士等の専門家に助言を求めてその勧告・命令の内容を慎重に検討し、適切な是正措置をはじめ、公益認定の取消しを回避する方策を講じる必要があります。

4 公益認定の取消しを争う方法

(1) 異議申立て

公益認定の取消処分を受けた公益法人は、取消処分を行った行政庁に対し、行政不服審査法による異議申立てを行うことができます。異議申立ては、処分があったことを知った日の翌日から起算して60日以内にしなければならないとされているため（行政不服審査法45条）、期間を徒過しないよう注意が必要です。なお、公益認定取消処分を行う行政庁（内閣総理大臣または都道府県知事）に上級庁は存在しないため、審査請求を行うことはできません（行政不服審査法5条）。

異議申立ては、手続が簡易迅速であり、費用が安いなどのメリットもありますが、処分を行った行政庁に自己の決定に対する再評価を求めることになるため、その手続上の公正さにも限界があり、結果として救済される可能性も低くなる可能性があります。

(2) 処分取消しの訴え（取消訴訟）

そこで、公益認定の取消処分を受けた公益法人としては、行政事件訴訟法による処分取消しの訴え（取消訴訟）の提起によって取消処分の効力を争うことが考えられます。実際、財団法人東日本被爆者の会事件においては、設立許可の取消処分の効力について取消訴訟が提起された事案でした。

ただし、取消訴訟を提起しても、公益認定取消処分の効力は自動的に停止されないため、効力の停止を求めるには、裁判所に対し、執行停止の申立てをして、当該申立てが認められなければなりません（行政事件訴訟法25条1項・2項）。

また、取消訴訟は、原則として、公益認定取消処分があったことを知った日から6カ月以内または当該処分の日から1年以内に提起しなければならな

いという提訴期間がありますので（行政事件訴訟法14条1項・2項）、異議申立ての場合と同様、期間を徒過しないよう十分な注意が必要です。

(3) 専門家の助力の必要性

以上のように、公益認定の取消処分を受けた公益法人が取消処分の効力を争うためには、当該事案に応じた適切な手段を選択するとともに、不服事由を法的に構成し直して主張していく必要もあり、高度な法律知識が求められます。また、各手続ごとに不服を申し立てられる期間も決まっているため、検討のために十分な時間的余裕も少ないのが実情です。できるだけ早期に、行政法規に精通した専門家の助言を仰ぐことが賢明でしょう。

5　まとめ

以上、ガバナンス失敗の末路として、公益認定の取消しに至る事由および取消しに至った場合の対処について概観しました。

先にも述べたように、公益認定の取消しという事態は、公益法人として何としても避けるべき事態であり、以後は一般法人として存続していけばよいなどという考え方は、絶対にとるべきではありません。

そのためには、日頃からガバナンス向上のために、内部からだけではなく、弁護士等の外部の専門家からの意見・助言を得られるよう、環境を整備しておくことが重要と考えられます。

【巻末資料】

I 一般社団法人・一般財団法人と株式会社のガバナンスの違い〈比較表〉

ここでは、一般社団法人・一般財団法人と株式会社のガバナンスの違いについて、そのポイントとなる事項を幅広く比較してみました。エッセンスを凝縮させましたので、本文の理解の助けになることでしょう。

番号	項目	一般社団法人	一般財団法人	株式会社
1	準則主義（登記）	適用あり	適用あり	適用あり
2	目的の制限	なし	なし	なし
3	剰余金の配当（営利性）	なし	なし	あり
4	定款の必要的記載事項	① 目的	① 目的	① 目的
		② 名称	② 名称	② 商号
		③ 主たる事業所の所在地	③ 主たる事業所の所在地	③ 本店の所在地
		④ 設立時社員の氏名または名称および住所	④ 設立者の氏名または名称および住所	④ 設立に際して出資される財産の価額またはその最低額
		⑤ 社員の資格の得喪に関する規定	⑤ 設立に際して設立者（設立者が2人以上あるときは、各設立者）が供出をする財産およびその価額	⑤ 発起人の氏名または名称および住所
		⑥ 公告方法	⑥ 設立時評議員、設立時理事および設立時監事の選任に関する事項	⑥ 発行可能株式総数
		⑦ 事業年度	⑦ 設立しようとする一般財団法人が会計監査人設置一般法人であるときは、設立時会計監査人の選任に関する事項	―
		―	⑧ 評議員の選任および解任の方法	―
		―	⑨ 公告方法	―
		―	⑩ 事業年度	―

番号	項　目	一般社団法人	一般財団法人	株式会社
5	定款の無益的記載事項	① 社員に剰余金または残余財産の処分を受ける権利を与える旨の定め	① 設立者に剰余金または残余財産の分配を受ける権利を与える旨の定め	① 株主に剰余金の配当を受ける権利および残余財産の分配を受ける権利の全部を与えない旨の定め
		② 一般社団財団法人法の規定により社員総会の決議を必要とする事項について、理事、理事会その他の社員総会以外の機関が決定することができることを内容とする定め	② 一般社団財団法人法の規定により評議員会の決議を必要とする事項について、理事、理事会その他の評議員会以外の機関が決定することができることを内容とする定め	② 会社法の規定により株主総会の決議を必要とする事項について、取締役、執行役、取締役会その他の株主総会以外の機関が決定することができることを内容とする定め
		―	―	③ 公開会社において、取締役が株主でなければならない旨の定め
		―	―	④ 公開会社である委員会設置会社において、執行役が株主でなければならない旨の定め
6	定款の変更	総社員の半数以上であって、総社員の議決権の3分の2以上の多数による社員総会特別決議によって変更可。	評議員の3分の2以上の多数による評議員会特別決議によって変更可。ただし、「目的」と「評議員の選任および解任の方法」の定めについては例外あり。当該事項を評議員会の決議によって変更できる旨を設立時定款に定めがあれば、評議員会の決議によって当該事項を変更可。また、設立当時予見できなかった特別事情により、当該事項を変更しなければ法人の運営継続が不可能または著しく困難となる場合には、裁判所の許可を得たうえで、評議員会の決議によって当該事項を変更可。	議決権を行使することができる株主の議決権の過半数（3分の1以上の割合を定款で定めた場合にあっては、その割合以上）を有する株主が出席し、出席した当該株主の議決権の3分の2（これを上回る割合を定款で定めた場合にあっては、その割合）以上に当たる多数による株主総会特別決議によって変更可。ただし、発行株式総数や単元株式数の変更等、取締役会決議等でできる場合や、全部譲渡制限とする場合の株主総会特別決議が必要となる場合等例外あり。
7	必要的設置機	① 社員総会	① 評議員	① 株主総会

番号	項目	一般社団法人	一般財団法人	株式会社
	関	② 1人または2人以上の理事	② 評議員会	② 1人または2人以上の取締役
		③ 理事会設置一般社団法人および会計監査人設置一般社団法人において、監事	③ 理事	③ 公開会社、監査役会設置会社、委員会設置会社において、取締役会
		④ 大規模一般社団法人において、会計監査人	④ 理事会	④ 取締役会設置会社（委員会設置会社、公開会社でない会計参与設置会社を除く）において、監査役
		―	⑤ 監事	⑤ 会計監査人設置会社（委員会設置会社を除く）において、監査役
		―	⑥ 大規模一般財団法人において、会計監査人	⑥ 委員会設置会社において、会計監査人
		―	―	⑦ 大会社（公開会社でないものおよび委員会設置会社を除く）において、監査役および会計監査人
		―	―	⑧ 公開会社でない大会社において、会計監査人
8	任意的設置機関	① 理事会	① 会計監査人（大規模一般財団法人を除く）	① 取締役会（公開会社、監査役会設置会社、委員会設置会社を除く）
		② 監事（理事会設置一般社団法人および会計監査人設置一般社団法人を除く）	―	② 監査役（委員会設置会社、取締役会設置会社、会計監査人設置会社、公開会社でない大会社以外の大会社を除く）
		③ 会計監査人（大規模一般社団法人を除く）	―	③ 会計監査人（委員会設置会社、大会社を除く）
		―	―	④ 会計参与
9	社員総会、評議員会および	一般社団財団法人法に規定する事項および一般社	一般社団財団法人法に規定する事項および定款で	会社法に規定する事項および株式会社の組織、運

番号	項目	一般社団法人	一般財団法人	株式会社
	株主総会の権限	団法人の組織、運営、管理その他一般社団法人に関するいっさいの事項について決議可能。ただし、理事会設置一般社団法人においては、一般社団財団法人法に規定する事項および定款で定めた事項に限り決議可能	定めた事項に限り決議可能	営、管理その他株式会社に関するいっさいの事項について決議可能。ただし、取締役会設置会社においては、会社法に規定する事項および定款で定めた事項に限り決議可能
10	議案提案権	社員にあり。理事会設置一般社団法人においては、総社員の議決権の30分の1（これを下回る割合を定款で定めた場合にあっては、その割合）以上の議決権を有する社員に限り、社員総会の日の6週間前までに行使可能。	評議員にあり。評議員会の日の4週間（これを下回る割合を定款で定めた場合にあっては、その期間）前までに行使可能。	株主にあり。取締役会設置会社においては、総株主の議決権の100分の1（これを下回る割合を定款で定めた場合にあっては、その割合）以上の議決権または300個（これを下回る数を定款で定めた場合にあっては、その個数）以上の議決権を6カ月（これを下回る期間を定款で定めた場合にあっては、その期間）前から引き続き有する株主に限り、株主総会の日の8週間前までに行使可能。
11	社員、評議員および株主の議決権	1社員1議決権	1評議員1議決権	1株1議決権（資本多数決）。ただし、単元株制度あり
12	社員総会、評議員会および株主総会の普通決議要件	定款に別段の定めがある場合を除き、総社員の議決権の過半数を有する社員が出席し、出席した当該社員の議決権の過半数（定足数の要件は定款で排除可能）	議決に加わることができる評議員の過半数（これを上回る割合を定款で定めた場合にあっては、その割合以上）が出席し、その過半数（これを上回る割合を定款で定めた場合にあっては、その割合以上）	定款に別段の定めがある場合を除き、議決権を行使することができる株主の議決権の過半数を有する株主が出席し、出席した当該株主の議決権の過半数（定足数の要件は定款で排除可能）
13	社員総会、評議員会および株主総会の特別決議要件	総社員の半数以上であって、総社員の議決権の3分の2（これを上回る割合を定款で定めた場合に	決議に加わることができる評議員の3分の2（これを上回る割合を定款で定めた場合にあっては、	議決権を行使することができる株主の議決権の過半数（3分の1以上の割合を定款で定めた場合に

番号	項目	一般社団法人	一般財団法人	株式会社
		あっては、その割合）以上に当たる多数	その割合）以上に当たる多数	あっては、その割合以上）を有する株主が出席し、出席した当該株主の議決権の3分の2（これを上回る割合を定款で定めた場合にあっては、その割合）以上に当たる多数（当該決議要件に加えて、一定の数以上の株主の賛成を要する旨その他の要件を定款で定めることが可能）
14	特別決議事項	① 社員の除名	① 監事の解任	① 定款変更
		② 監事の解任	② 役員等の法人に対する責任の一部免除	② 事業譲渡等
		③ 役員等の法人に対する責任の一部免除	③ 定款の変更	③ 合併、株式交換、株式移転、会社分割の承認
		④ 定款の変更	④ 事業の全部譲渡	④ 資本金の額の減少
		⑤ 事業の全部譲渡	⑤ 解散後の継続決定	⑤ 決議による解散
		⑥ 決議による解散	⑥ 合併契約の承認	⑥ 解散後の継続決定
		⑦ 解散後の継続決定	—	⑦ 一般承継人に対する株式売渡請求
		⑧ 合併契約の承認	—	⑧ 全部取得条項付種類株式の取得
		—	—	⑨ 株式の併合
		—	—	⑩ 譲渡制限株式の買取り等
		—	—	⑪ 特定の株主からの自己株式取得
		—	—	⑫ 現物配当
		—	—	⑬ 全株式譲渡制限会社における募集株式、新株予約権の発行等
		—	—	⑭ 特に有利な払込金額による募集株式の発行等
		—	—	⑮ 特に有利な条件による新株予約権の発行等

番号	項目	一般社団法人	一般財団法人	株式会社
		—	—	⑯ 累積投票により選任された取締役または監査役の解任
		—	—	⑰ 役員等の責任の一部免除
		—	—	⑱ 監査役の解任
15	議決権の代理行使	可	不可	可
16	書面または電磁的方法による議決権の行使	可	不可	可
17	理事または役員等の説明義務	あり	あり	あり
18	説明義務の免除事由	① 社員総会の目的である事項に関しないものである場合	① 評議員会の目的である事項に関しないものである場合	① 株主総会の目的である事項に関しないものである場合
		② その説明をすることにより社員の共同の利益を著しく害する場合	② 評議員が説明を求めた事項について説明をするために調査をすることが必要である場合（次に掲げる場合を除く）	② その説明をすることにより株主の共同の利益を著しく害する場合
		—	イ 当該評議員が評議員会の日より相当の期間前に当該事項を一般財団法人に対して通知した場合	—
		—	ロ 当該事項について説明をするために必要な調査が著しく容易である場合	—
		③ 社員が説明を求めた事項について説明をするために調査をすることが必要である場合（次に掲げる場合を除く）	③ 評議員が説明を求めた事項について説明をすることにより一般財団法人その他の者（当該評議員を除く）の権利を侵害することとなる場合	③ 株主が説明を求めた事項について説明をするために調査をすることが必要である場合（次に掲げる場合を除く）

番号	項目	一般社団法人	一般財団法人	株式会社
		イ　当該社員が社員総会の日より相当の期間前に当該事項を一般社団法人に対して通知した場合	—	イ　当該株主が株主総会の日より相当の期間前に当該事項を株式会社に対して通知した場合
		ロ　当該事項について説明をするために必要な調査が著しく容易である場合	—	ロ　当該事項について説明をするために必要な調査が著しく容易である場合
		④　社員が説明を求めた事項について説明をすることにより一般社団法人その他の者（当該社員を除く）の権利を侵害することとなる場合	④　評議員が当該評議員会において実質的に同一の事項について繰り返して説明を求める場合	④　株主が説明を求めた事項について説明をすることにより株式会社その他の者（当該株主を除く）の権利を侵害することとなる場合
		⑤　社員が当該社員総会において実質的に同一の事項について繰返して説明を求める場合	⑤　①から④に掲げる場合のほか、評議員が説明を求めた事項について説明をしないことにつき正当な理由がある場合	⑤　株主が当該株主総会において実質的に同一の事項について繰り返して説明を求める場合
		⑥　①から⑤に掲げる場合のほか、社員が説明を求めた事項について説明をしないことにつき正当な理由がある場合	—	⑥　①から⑤に掲げる場合のほか、株主が説明を求めた事項について説明をしないことにつき正当な理由がある場合
19	計算書類の承認	社員総会で承認。会計監査人設置一般社団法人については、理事会の承認を受けた計算書類が法令および定款に従い一般社団法人の財産および損益の状況を正しく表示しているものとして法務省令で定める要件に該当する場合には、理事は、当該計算書類の内容を定時社員総会に報告すれば足りる。	評議員会で承認。会計監査人設置一般財団法人については、理事会の承認を受けた計算書類が法令および定款に従い一般財団法人の財産および損益の状況を正しく表示しているものとして法務省令で定める要件に該当する場合には、理事は、当該計算書類の内容を評議員会に報告すれば足りる。	株主総会で承認。会計監査人設置会社については、取締役会の承認を受けた計算書類が法令および定款に従い株式会社の財産および損益の状況を正しく表示しているものとして法務省令で定める要件に該当する場合には、取締役は、当該計算書類の内容を定時株主総会に報告すれば足りる。
20	理事または取	理事は、社員総会の普通	理事は、評議員会の普通	取締役は、株主総会の普

番号	項目	一般社団法人	一般財団法人	株式会社
	締役の選任および解任	決議によって選解任	決議によって選解任	通決議によって選解任
21	監事または監査役の選任および解任	監事は、社員総会の決議によって選任。ただし、監事の選任に関する議案を社員総会に提出するには、監事（監事が2人以上ある場合にあっては、その過半数）の同意が必要。また、監事の意見陳述権あり。 監事は、いつでも社員総会の特別決議により解任することができる。ただし、監事の意見陳述権あり。 監事は、辞任に際して、意見陳述権および辞任後最初に招集される社員総会に出席して、辞任した旨およびその理由を述べることができる。	監事は、評議員会の決議によって選任。ただし、監事の選任に関する議案を評議員会に提出するには、監事（監事が2人以上ある場合にあっては、その過半数）の同意が必要。また、監事の意見陳述権あり。 監事は、いつでも評議員会の特別決議により解任することができる。ただし、監事の意見陳述権あり。 監事は、辞任に際して、意見陳述権および辞任後最初に招集される評議員会に出席して、辞任した旨およびその理由を述べることができる。	監査役は、株主総会の普通決議によって選任。ただし、監査役の選任に関する議案を株主総会に提出するには、監査役（監査役が2人以上ある場合にあっては、その過半数）の同意が必要。また、監査役の意見陳述権あり。 監査役は、いつでも取締役会の特別決議により解任することができる。ただし、監査役の意見陳述権あり。 監査役は、辞任に際して、意見陳述権および辞任後最初に招集される株主総会に出席して、辞任した旨およびその理由を述べることができる。
22	会計監査人または会計参与の選任および解任	会計監査人は、社員総会の普通決議によって選解任。ただし、会計監査人の選解任および不再任の議案を株主総会に提出するには、監事（監事が2人以上ある場合にあっては、その過半数）の同意が必要。 会計監査人は、辞任に際して、意見陳述権および辞任後最初に招集される社員総会に出席して、辞任した旨およびその理由を述べることができる。 監事による会計監査人の解任あり。	会計監査人は、評議員会の普通決議によって選解任。ただし、会計監査人の選解任および不再任の議案を評議員会に提出するには、監事（監事が2人以上ある場合にあっては、その過半数）の同意が必要。 会計監査人は、辞任に際して、意見陳述権および辞任後最初に招集される評議員会に出席して、辞任した旨およびその理由を述べることができる。 監事による会計監査人の解任あり。	会計監査人および会計参与は、株主総会の普通決議によって選解任。ただし、会計監査人の選解任および不再任の議案を株主総会に提出するには、監査役（監査役が2人以上ある場合にあっては、その過半数）の同意が必要。 会計監査人および会計参与は、辞任に際して、意見陳述権および辞任後最初に招集される株主総会に出席して、辞任した旨およびその理由を述べることができる。 監査役による会計監査人の解任あり。
23	理事または役	委任契約（善管注意義務	委任契約（善管注意義務	委任契約（善管注意義務

番号	項目	一般社団法人	一般財団法人	株式会社
	員等と法人との関係	あり)	あり)	あり)
24	評議員、理事または役員等の任期	① 理事 選任後2年以内に終了する事業年度のうち最終のものに関する定時社員総会の終結の時まで。ただし、定款により任期の短縮可。	① 理事 選任後2年以内に終了する事業年度のうち最終のものに関する定時評議員会の終結の時まで。ただし、定款により任期の短縮可。	① 取締役 選任後2年以内に終了する事業年度のうち最終のものに関する定時株主総会の終結の時まで。ただし、定款により任期の短縮可。委員会設置会社を除く公開会社でない会社については、定款により10年まで延長可。
		② 監事 選任後4年以内に終了する事業年度のうち最終のものに関する定時社員総会の終結の時まで。ただし、定款により2年まで任期短縮可。	② 監事 選任後4年以内に終了する事業年度のうち最終のものに関する定時評議員会の終結の時まで。ただし、定款により2年の任期短縮可。	② 監査役 選任後4年以内に終了する事業年度のうちの最終のものに関する定時株主総会の終結の時まで。公開会社でない会社については、定款により10年まで延長可。
		③ 会計監査人 選任後1年以内に終了する事業年度のうち最終のものに関する定時社員総会の終結の時まで。ただし、再任のみなし規定あり。	③ 会計監査人 選任後1年以内に終了する事業年度のうち最終のものに関する定時評議員会の終結の時まで。ただし、再任のみなし規定あり。	③ 会計監査人 選任後1年以内に終了する事業年度のうち最終のものに関する定時株主総会の終結の時まで。ただし、再任のみなし規定あり。
		―	④ 評議員 選任後4年以内に終了する事業年度のうち最終のものに関する定時評議員会の終結の時まで。ただし、定款により6年まで任期延長可。	④ 会計参与 選任後2年以内に終了する事業年度のうち最終のものに関する定時株主総会の終結の時まで。ただし、定款により任期の短縮可。委員会設置会社を除く公開会社でない会社については、定款により10年まで延長可。
25	理事の忠実義務	あり	あり	あり
26	理事の競業および利益相反取引の禁止	あり	あり	あり

番号	項目	一般社団法人	一般財団法人	株式会社
27	理事の競業および利益相反取引の承認機関	社員総会。ただし理事会設置一般社団法人においては理事会。	理事会	株主総会。ただし、取締役会設置会社においては取締役会。
28	理事または役員等に対する代表訴訟制度	社員は、一般社団法人に対し、書面その他の法務省令で定める方法により、設立時社員、設立時理事、役員等または清算人の責任を追及する訴えの提起を請求することができる。ただし、責任追及の訴えが当該社員もしくは第三者の不正な利益を図りまたは当該一般社団法人に損害を加えることを目的とする場合は、この限りでない。	なし	6カ月（これを下回る期間を定款で定めた場合にあっては、その期間）前から引き続き株式を有する株主（公開会社でない会社の場合は株主）は、株式会社に対し、書面その他の法務省令で定める方法により、発起人、設立時取締役、設立時監査役、役員等もしくは清算人の責任を追及する訴えの提起を請求することができる。ただし、責任追及等の訴えが当該株主もしくは第三者の不正な利益を図りまたは当該株式会社に損害を加えることを目的とする場合は、この限りでない。
29	理事または役員等の法令定款違反行為に対する社員、評議員または株主の差止請求権	あり	あり	あり
30	理事または役員等の法令定款違反行為に対する社員、監事または監査役の差止請求権	あり	あり	あり
31	会計帳簿閲覧請求権	総社員の議決権の10分の1（これを下回る割合を定款で定めた場合にあっては、その割合）以上の	評議員	総株主（株主総会において決議をすることができる事項の全部につき議決権を行使することができ

番号	項目	一般社団法人	一般財団法人	株式会社
		議決権を有する社員		ない株主を除く）の議決権の100分の3（これを下回る割合を定款で定めた場合にあっては、その割合）以上の議決権を有する株主または発行済株式（自己株式を除く）の100分の3（これを下回る割合を定款で定めた場合にあっては、その割合）以上の数の株式を有する株主

Ⅱ 主要裁判例102・一覧表

ここでは、本文で取り上げた裁判例を中心に、ガバナンスの観点から注目される裁判例を102個に絞り、一覧表としました。各法人の種類とともに、判例の概要・特色が一目瞭然ですので、実務上の指針としてぜひご活用ください。

〈公益法人・一般法人、特例民法法人、旧民法法人等に関する主要裁判例〉
（農協、信金、学校法人、宗教法人等は本文引用のものに限る）

番号	裁判例の表示	法人の種類	事案／判旨の概要【掲載Q】
1	大決明35.6.4（民録8輯6巻9頁）	旧民法上の社団法人	理事が数名ある場合には法律上または定款上登記申請義務者を定めるべきで、定款上、平素会務いっさいを処理する権限を有する理事長はその義務者であるとされた事例
2	大判大7.3.8（民集24輯427頁）	旧民法上の社団法人	法人の理事は、数人であっても各自法人を代表する権限を有するから、その1人が法人を代表してなした訴訟行為は、内部関係で旧民法52条2項に反するときでも適法であるとされた事例
3	大判大9.7.3（民録26輯1042頁）	産業組合	法人の理事の代表行為が抽象的・客観的にみればその権限内のものと認めるべきときは、内実は理事の私利を図るためのものでも、その効力は原則として法人に及ぶとした事例
4	大判昭2.5.19（刑集6巻190頁）	北海道土功組合法上の社団法人	法人の理事は、実際に事務執行の任にあたるものであるから、理事に就任しうるのは、自然人に限るとした事例
5	大決昭9.2.2（民集13巻115頁）	旧民法上の社団法人	社団法人の定款により理事の互選による会長または副会長のみが法人を代表すべき旨を定めた場合でも、善意の第三者は、他の理事が法人を代表してなした行為の効力を主張することができるとした事例
6	大判昭15.6.19（民集19巻1023頁）	産業組合	理事が理事過半数の決議を経ないで勝手に法人を代表してなした契約は、悪意の相手方との関係では、法人に対して効力を生じないとされた事例
7	東京高判昭25.4.22（下民集1巻4号588頁）	水産業団体法上の社団法人	招集権を有しない者の招集による総会の決議は無効であるとされた事例
8	東京高判昭26.12.22（高民集4巻14号449頁）	旧民法上の社団法人	商工会議所の会員総会招集の通知に役員選任の件が議題として記されていなくても、議題として「その他」と記されており、会員の過半数が出席して異議を唱えない等の事情がある以上、役員選任の件に関する決議は無効とならないとされた事例
9	広島高岡山支判昭	旧民法上の財	育英事業を目的とする財団法人がその資金を利殖

番号	裁判例の表示	法人の種類	事案／判旨の概要【掲載Q】
	30．9．16（高民集8巻6号406頁）	団法人	の目的で高利で他に貸し付ける行為は、その目的達成に必要なものとは認められず、無効であるとされた事例【Q28】
10	東京地判昭32．3．30（下民集8巻3号639頁）	旧民法上の社団法人	1　社団法人の解散事由の一つである社員の欠亡とは、社団法人の社員が1名も残存しなくなった場合をいうとした事例 2　事業の成功不能とは法律上または事実上目的を達成することの不可能なことが確定的になることであって、かりに一時的に不能であっても可能となる見込のあるものはこれに該当しないとした事例
11	東京地判昭32．4．6（下民集8巻4号687頁）	産業組合法上の社団法人	定款所定の方法以外の方法による招集（書面による通知をすべきであるのに事務所の掲示板に掲示するなど）による社員総会の決議は無効であるとされた事例
12	大阪高判昭32．5．27（下民集8巻5号1017頁）	旧民法上の財団法人	「会長は会を代表す」「会長副会長理事は民法規定の理事とする」との規定があって、会長が空位の場合は、各理事は旧民法53条（一般社団財団法人法77条1項に相当）の定めに従い法人を代表する権限を有するとされた事例
13	東京地判昭32．11．15（下民集8巻11号2123頁）	旧民法上の社団法人	定款で他の機関に委任した事項については、社員総会は権限を失うとした事例
14	東京高判昭34．7．23（下民集10巻7号1549頁）	旧民法上の財団法人	財団法人の理事および評議員の選任・委嘱が会長の専権事項とされている場合に、会長が自己の意に反するという理由のみで理事・評議員を解任することは、会長の職責に照し、権利濫用であって無効であるとされた事例
15	名古屋高決昭36．10．12（高民集14巻8号519頁）	旧民法上の社団法人	旧民法上の法人において、多数の理事のうち1人が会長として法人を代表し会務を統轄する旨定款をもって定められているときは、上記法人について生じた変更登記の申請手続は会長たる理事がこれをなすべく、他の理事は上記申請をなすべき義務がないとされた事例
16	大阪高決昭37．1．23（高民集15巻2号93頁）	旧民法上の財団法人	財団法人の寄附行為に基づき、理事会において法人を代表すべき理事を選任した場合においても、他の理事の非訟事件手続法121条1項により定められた登記義務は左右されないとされた事例
17	仙台高決昭37．1．24（高民集15巻1号39頁）	旧民法上の社団法人	定款で代表権限のある理事を会長と定めた場合には、非訟事件手続法124条の変更登記申請をすべき者は、会長1人であり、平理事にその義務はないとされた事例

番号	裁判例の表示	法人の種類	事案／判旨の概要【掲載Q】
18	大阪高決昭37.3.8（高民集15巻2号93頁）	旧民法上の財団法人	法人の定款または寄附行為において数人の理事の職務分担を設け、法人を代表してその事務を執行すべき理事を特に定めている場合にあっては、当該代表理事だけが法人の登記事項の変更の登記につき申請義務を負うとされた事例
19	高松高判昭39.9.3（判時387号37頁）	旧民法上の社団法人	1 社員権の譲渡の承認の権限が理事会にあるとされているのに、社員総会で上記承認を決議した場合でも、理事会で同じ決定がなされると予想される場合は、上記決議を無効とするのは相当でないとされた事例 2 理事会招集権を有する専務理事の解任決議が、他の理事全員の合意によって招集された理事会において、上記専務理事欠席のもとになされたとしても、その決議は有効であるとされた事例【Q38】
20	東京地判昭41.2.18（下民集17巻1＝2号74頁）	社会福祉法人	定款により理事長のみが代表権を有するとしている社会福祉法人において、代表者たる理事長が長期不在であり、またその代行機関をも欠いている場合は、上記制限は解除され各理事が各自代表権を有するとされた事例
21	最判昭42.9.19（判時502号37頁）	旧民法上の財団法人	理事会が招集権者たる理事長の招集したものではない場合において、他に理事会が適法に招集され開催されたと認めるに足りる特段の事情は見出せないとして、当該理事会は法律上不存在のものというべきであり、その決議も効力を有しないとした事例【Q38】
22	最判昭43.12.24（民集22巻13号3270頁）	旧民法上の財団法人	遺言による寄附行為に基づく財団の設立行為がされた後で、遺言者の遺言後にされた生前の寄附行為に基づく財団設立行為がされた両者が競合する形式になった場合において、上記生前処分が遺言と抵触してその遺言が取り消されたものとみなされるためには、少なくとも、上記生前処分の寄附行為に基づく財団設立行為が、主務官庁の許可によってその財団が設立され、その効果の生じたことを必要とするとされた事例
23	最判昭44.6.26（民集23巻7号1175頁）	旧民法上の財団法人	遺言による寄附行為に基づく財団法人の設立を目的とし、代表機関をもち、寄附財産を独立に管理運用し活動する財団は、設立中の財団法人として法人格のない財団に当たるとされた事例
24	最判昭44.7.4（民集23巻8号1347頁）	労働金庫	労働金庫の会員外になされた貸付が無効とされた事例【Q28】

番号	裁判例の表示	法人の種類	事案／判旨の概要【掲載Q】
25	最判昭44.11.4（民集23巻11号1951頁）	旧民法上の財団法人	財団法人設立の許可をまだ受けていないが、個人財産から分離独立した基本財産を有し、かつ、その運営のための組織を有する財団は、権利能力なき社団と認めることができ、その代表者は、財団を代表して振り出した手形について、個人的に責任を負わないとされた事例
26	京都地判昭47.3.29（判タ279号241頁）	旧民法上の財団法人	財団法人が原告となり、理事、監事、評議員等を被告として、評議員会決議・理事会決議の無効（不存在）確認の訴えを提起することは許されないとした事例
27	広島地判昭50.6.18（判時811号87頁）	旧民法上の社団法人	1　県歯科医師会が会員に対し、「会の体面をけがした者」および「会の綱紀を乱した者」に該当するとしてなした除名処分が無効であるとされた事例 2　上記除名処分が無効である場合において、歯科医師会の理事者は除名が無効であることを認識しなかったことはもとより、認識しなかったことにつき過失がなかったと認められるとして、会員の謝罪広告請求が棄却された事例【Q27】
28	最判昭51.4.23（民集30巻3号306頁）	旧民法上の財団法人	病院を経営する財団法人が寄附行為の定める目的の範囲外の事業を行うために病院の敷地、建物等を売却した場合であっても、一定の事実関係のもとにおいては、上記法人が売買の時から7年10カ月余を経過した後にその無効を主張し、上記物件の返還またはこれにかわる損害の賠償を求めることは、信義則上許されないとした事例
29	東京地判昭52.12.22（判タ357号190頁）	旧民法上の財団法人	理事会の決議と主務官庁の許可を解散事由として定めた寄附行為に基づく財団法人の解散決議が有効とされた事例
30	東京地判昭55.6.27（判タ440号128頁）	旧民法上の財団法人	旧民法上の財団法人である勤労者福祉協会がゴルフ場の建設を企画し労働省の中止勧告その他を無視して計画を強行し、法人自体を破綻させた事案につき、上記ゴルフ場の会員募集に応じて会員資格保証金を支払った者に対する法人およびその理事長、理事に対する損害賠償責任を認めた事例【Q28】
31	東京地判昭55.9.16（判時997号131頁）	旧民法上の社団法人	旧民法上の法人の理事には他の理事の行為を監視抑制し、もって法人が第三者に損害を与えることを防止する注意義務違反はないとされた事例
32	最判昭56.4.28（民集35	旧民法上の財	寄附行為の一環としてされた財産出捐行為が、財

番号	裁判例の表示	法人の種類	事案／判旨の概要【掲載Q】
	巻3号696頁)	団法人	団法人設立関係者の通謀に基づいてされた虚偽仮装のものであるときは、民法94条1項の規定を類推適用して当該寄附行為を無効とするのが相当であるとされた事例
33	東京地判昭60.11.15（判タ580号80頁)	旧民法上の社団法人	他の理事に対する監視を怠ったことを理由とする社団法人の理事の第三者に対する責任が否定された事例
34	最判昭60.11.29（民集39巻7号1760頁)	漁業協同組合	1　水産業協同組合法45条の準用する改正前民法54条にいう「善意」とは、理事の代表権に制限を加える定款の規定または総会の決議の存在を知らないことをいうとされた事例 2　第三者が水産業協同組合法54条の準用する旧民法54条にいう善意であるとはいえない場合であっても、第三者において、漁業協同組合の理事が当該具体的行為につき同組合を代表する権限を有するものと信じ、かつ、このように信じるにつき正当な理由があるときは、民法110条を類推適用し、同組合は上記行為につき責任を負うとされた事例
35	最判昭63.6.17（裁判集民事154号201頁)	旧民法上の社団法人	〈宮城県医師会優生保護法指定医事件〉優生保護法14条1項による指定を受けた医師が、虚偽の出生証明書を発行して他人の嬰児をあっせんするいわゆる赤ちゃんあっせんを長年にわたり多数回行い、そのうちの1例につき医師法違反等の罪により罰金刑に処せられていたことが判明した場合において、右指定の撤回によって当該医師の被る不利益を考慮してもなおそれを撤回すべき公益上の必要性が高いと認められるときは、指定権限を付与されている都道府県医師会は、右指定を撤回することができるとされた事例
36	最判昭63.7.14（判時1297号29頁)	旧民法上の社団法人	〈足立区江北医師会設立不許可処分取消請求事件〉旧民法上の公益法人の設立を許可するかどうかは、主務官庁の広範な裁量権に委せられており、主務官庁の不許可処分の判断に一応の合理性が認められれば、裁判所はこれを違法とすることができないとされた事例【Q2】
37	名古屋高裁金沢支決昭63.11.15（判タ700号216頁)	旧民法上の社団法人	社団法人の理事に不正があったとして、法人から理事に対する損害賠償請求の訴えを提起するための特別代理人選任申請が、いまだ時期尚早との理由で却下された事例
38	大阪高判昭63.12.23（判時1327号129頁)	旧民法上の社団法人	1　社団法人の理事選任の総会決議について、それが法人登記簿に登記され外見上法人その他の

番号	裁判例の表示	法人の種類	事案／判旨の概要【掲載Q】
			関係人に拘束力をもつかのようにみえるときは、上記決議の不存在確認を求める利益があるとされた事例 2　定款の「専務理事は……、理事長に事故あるときはその職務を代理する」との規定は、理事長死亡時には適用がなく、旧民法37条の理事の個別代表原則に戻ることとなるとした事例
39	東京高判平2.1.30（行政事件裁判例集41巻1号182頁）	旧民法上の社団法人	1　公益法人の定款変更について、たとえ主務官庁の認可がなされたとしても、これにより上記定款変更が有効となるものではないというべきであるとされた事例 2　主務官庁としては定款変更の内容が公益に反するか否かを吟味すれば足り、申請に係る定款変更の内容が公序良俗に反するなど明らかに公益に反すると認められるのにこれを認可したような場合でない限り裁量権の濫用または逸脱の違法はないものというべきであるから、単に主務官庁において公益法人の定款変更手続に疑義がある等の事実を認識していたというような事情によって認可処分が違法となることはないとされた事例
40	最判平2.11.26（民集44巻8号1137頁）	管理組合法人	区分所有法47条2項の管理組合法人の理事会への理事の代理出席を認める規約の定めが違法でないとされた事例
41	大阪高判平3.2.22（判時1394号79頁）	旧民法上の財団法人	1　旧民法上の公益法人の寄附行為では、理事長が理事会を招集するとされているのに、理事長の死亡後、一理事が招集してなされた理事会の決議が有効とされた事例 2　理事が死亡したため、旧民法上の公益法人の寄附行為で定められた定款の理事がいなくなった場合において、寄附行為所定の理事の定足数を欠いた理事会の決議が有効とされた事例【Q38】【Q39】
42	大阪高判平3.4.26（金法1301号26頁）	社会福祉法人	社会福祉法人の理事につき辞任の登記がされた場合であっても、辞任した理事が上記法人の理事長として手形を振り出したときには、民法112条が適用ないし類推適用されるとされた事例
43	東京地判平5.6.24（判タ838号234頁）	旧民法上の社団法人	本件公益法人のごとく会員相互の友好を目的とした親睦的な団体においては、社員に対する懲戒処分として行われる除名処分についての裁量も無限定ではなく、除名することが社団の目的、性格、処分事由の内容、手続等に照らして著しく不合理

番号	裁判例の表示	法人の種類	事案／判旨の概要【掲載Q】
			で、裁量の範囲を逸脱したと認められる場合には、除名処分は裁量権の濫用として無効となるとした事例
44	最判平6.4.19（民集48巻3号922頁）	社会福祉法人	社会福祉法人の理事の退任につき登記がなされている場合、その後その者が同法人の代表者として第三者とした取引については、客観的な障害のため第三者が登記簿を閲覧することが不可能ないし著しく困難であるような特段の事情がない限り、民法112条の規定は適用ないし類推適用されないとした事例【Q31】
45	最判平8.3.19（民集50巻3号615頁）	税理士会	〈南九州税理士会事件〉税理士会が政党など政治資金規正法上の政治団体に金員を寄附することは、税理士会の目的の範囲外の行為であり、その寄附をするために会員から特別会費を徴収する旨の税理士会の総会決議は無効であるとされた事例【Q29】
46	東京地判平9.10.15（判タ972号164頁）	旧民法上の財団法人	〈財団法人東日本被爆者の会事件〉適正な事業運営が行われていないとして、主務官庁から再建計画書を提出するよう繰り返し命じられたにもかかわらず、これに応じなかった公益法人に対し、主務官庁が旧民法71条に基づいてした設立許可の取消処分が適法であるとされた事例【Q55】
47	最判平10.4.24（判タ973号116頁）	商工会議所	〈茅ヶ崎市派遣職員給与支給事件〉市職員を職務専念義務を免除したうえで市商工会議所に派遣し給与等の支払をしたのは違法であるということはできないとした原判決が破棄・差戻しとなった事例
48	旭川地判平11.1.26（判タ1037号248頁）	旧民法上の社団法人	旧民法上の社団法人である自動車教習所協会から除名処分を受けた会員の地位保全の仮処分命令申立てが却下された事例【Q24】
49	釧路地判平12.3.21（判例地方自治239号40頁）	林産協同組合	1　地場産業振興のために村が関与して設立した林産協同組合に対して村が貸付を行ったことが違法であるとして、地方自治法242条の2第1項4号に基づき村長個人に対してされた損害賠償請求が認容された事例 2　地場産業振興のために村が関与して設立した林産協同組合に対して村が貸付を行ったことが違法であるとして、地方自治法242条の2第1項4号に基づき村助役（収入役職務兼掌）個人に対してされた損害賠償請求が棄却された事例 3　地場産業振興のために村が関与して設立した林産協同組合に対して村が行った貸付金を村長

番号	裁判例の表示	法人の種類	事案／判旨の概要【掲載Q】
			個人が村に対し任意に返納した行為が、公職選挙法199条の2の「寄附」に該当するとされた事例【Q50】
50	東京地判平12.3.31（判タ1040号91頁）	著作権に関する仲介業務に関する法律上の社団法人	〈社団法人日本音楽著作権協会事件〉音楽著作権に関する仲介業務を行っている事実上唯一の公益法人である被告の定款において、役員の任期を3年とする定めがなされている場合、当該定めは、監事については会長等の裁量を排除する強行法的なものであって、監事の任期について3年よりも短い期間に変更する旨の合意は無効であるとされた事例【Q9】
51	東京地判平13.2.13（判例集未掲載）	旧民法上の財団法人	公益法人に対して贈与を行った者が、旧租税特別措置法40条1項後段に規定する国税庁長官の承認決定がされていないとして、所得税法59条1項1号の適用を前提とする更正処分を受け、これに基づく納税をしたところ、その後、前記承認決定がされ、これに基づく減額更正がされた場合における還付加算金の起算日は、国税通則法58条5項、旧国税通則法施行令24条5項および旧国税通則法施行令6条1項1号の規定により、「減額更正があった日の翌日から起算して一月を経過する日の翌日」と解すべきであるとされた事例
52	東京地判平13.9.28（訟務月報49巻3号1050頁）	旧民法上の財団法人	1 厚生大臣が、解散は厚生大臣の認可を受けなければならない旨を定めた財団法人の寄附行為に基づいて、当該財団法人に対してした解散の認可が、抗告訴訟の対象となる行政処分に当たらないとされた事例 2 厚生大臣が、解散した場合の残余財産の帰属方法を定めるとともに、その場合における残余財産の処分については厚生大臣の許可を受けるべき旨を定めた財団法人の寄附行為に基づいて、当該財団法人に対してした残余財産の処分の許可が、抗告訴訟の対象となる行政処分に当たらないとされた事例
53	山形地判平14.3.26（判時1801号103頁）	社会福祉法人	社会福祉法人の代表理事が、山形県から補助金を過大に取得するため、複合施設の建築工事に関しトンネル会社を介在させ、水増しした請負工事代金を基礎として補助金の交付を申請してその交付を受けた場合に、上記代表理事の不法行為責任が認められた事例【Q46】
54	東京地判平14.7.18（判時1817号43頁）	旧民法上の社団法人	市の観光係職員を職務命令によって市観光協会（公益法人）の事務に従事させていたことについ

巻末資料　311

番号	裁判例の表示	法人の種類	事案／判旨の概要【掲載Q】
			て、当該職員の主たる担当事務である同協会の一般会計事務は、同協会の固有事務であり、しかも当該事務を行うにあたり市の上司から指揮監督を受けた形跡もなく、市の事務または市の行政目的の達成に直接関連するものとは到底評価できないから、当該職務命令は違法であり、また、かりに職務専念義務を免除して派遣する方法をとったとしても、それが適法といえるかにはおおいに疑問があるとされた事例
55	東京地判平16.1.26（判例集未掲載）	旧民法上の社団法人	臨時社員総会が、招集権者でない者により招集され、社員でない者に通知されたり、社員に通知がなかったりしているなど招集手続に瑕疵があって無効であり、社員総会として存在していないと認めるのが相当であるとして、臨時社員総会決議の不存在確認請求等が認容された事例【Q26】
56	千葉地判平16.4.2（訟務月報51巻5号1338頁）	特定非営利活動法人	税務署に対し法人税の更正請求をした当該法人が、その後税務署が当該法人に対してした法人税の減額更正につき、同減額更正は当該法人の営む「ふれあい事業」が収益事業に該当しないにもかかわらず法人税を課したもので違法であるとして更正処分の取消しを請求したところ、本件事業は、一定の労務を提供して対価の支払を受けるものであって、法人税法施行令5条1項10号所定の請負業に当たるから、同法2条13号にいう収益事業に当たり、原告に生じた所得は同法7条により法人税の課税対象となるとして、原告の請求を棄却した事例
57	大阪地判平16.7.28（判時1877号105頁）	厚生年金基金	解散され清算事務中の厚生年金基金に対してその加入者らが求めた加算年金支払請求、および同基金の理事に対して求めた加算金相当の損害賠償請求がいずれも棄却された事例
58	東京地判平17.3.17（判タ1182号226頁）	旧民法上の社団法人	1　能楽を職能とする者で組織される社団法人の会員が、当該社団法人およびその理事らに対し、同人らのマスコミに対する記者会見での発言によって名誉を毀損されたとして損害賠償等を求めた訴訟につき、真実である前提事実をふまえた相当な論評であり、また、真実性の立証があるとして当該会員の請求を認めなかった事例 2　上記社団法人の会員が、当該社団法人およびその理事らに対し、総会決議により退会命令処分されたことについて、その決議の無効確認お

番号	裁判例の表示	法人の種類	事案／判旨の概要【掲載Q】
			よび会員資格を失うことにより被る損害の賠償を求めた訴訟において、当該決議は、手続面および実体面において違法性がなく有効であるとして、当該会員の請求を認めなかった事例
59	最判平18.7.10（判タ1222号140頁）	社会福祉法人	1　社会福祉法人が理事の退任によって定款に定めた理事の員数を欠くに至り、かつ、定款の定めによれば、在任する理事だけでは後任理事を選任するのに必要な員数に満たないため後任理事を選任することができない場合において、仮理事の選任を待つことができないような急迫の事情があり、かつ、退任した理事と当該法人との間の信頼関係が維持されていて、退任した理事に後任理事の選任を委ねても選任の適正が損なわれるおそれがないときには、民法654条の趣旨に照らし、退任した理事は、後任理事の選任をすることができるとされた事例 2　社会福祉法人において選任した理事が定款で後任理事の選任に必要とされている同意をすることができるとされた事例
60	鹿児島地判平18.9.29（判タ1269号152頁）	社会福祉法人	県の養護委託措置により社会福祉法人の設置運営する知的障害者更生施設に通所していた知的障害者が保護訓練中に行方不明となった事件につき、県の国家賠償責任が否定され、同施設長と社会福祉法人の損害賠償責任が認められた事例【Q49】
61	甲府地判平18.10.3（判例集未掲載）	社会福祉法人	社会福祉法人である原告の設立や施設の建設等にかかわった元理事らが、県等から交付される補助金を不正に受給し、私的に流用したとして、元理事らの共同不法行為責任が認められた事例
62	最判平19.1.25（民集61巻1号1頁）	社会福祉法人	都道府県による児童福祉法27条1項3号の措置に基づき社会福祉法人の設置する児童養護施設に入所した児童を養育看護する施設の長および職員は、都道府県の公権力の行使にあたる公務員に該当するとされた事例【Q49】
63	岡山地判平19.3.27（判タ1280号249頁）	信用金庫	信用金庫の理事が、返済能力のない造船会社に融資を実行したこと、およびリスクの高いアジア債を大量に購入したことにより当該信用金庫に損害を与えたとされた事案において、前者につき理事の責任を否定し、後者につきその責任を肯定した事例【Q27】
64	佐賀地判平19.6.22（判時1978号53頁）	商工協同組合	粉飾決算を続け破産した商工協同組合から預け金等の払戻しを受けることのできなかった元組合員が、同組合の理事らに対する損害賠償請求および

巻末資料　313

番号	裁判例の表示	法人の種類	事案／判旨の概要【掲載Q】
			事業認可権者である県に不適切な行政指導があるとして求めた国家賠償請求が認容された事例
65	東京高判平20.4.17（判例集未掲載）	旧民法上の社団法人	株式会社Bがモーターボート競走の勝舟投票権の場外販売場の建設を計画し、国土交通大臣が社団法人Aに対してモーターボート競走法施行規則の確認をしたところ、付近の住民が施行規則は法の委任の範囲を超えており、かりにそうでないとしても本件施設は施行規則の定める告示に適合しないなどと主張して、違法の確認および国家賠償として慰謝料の支払等を求めた事案において、確認の訴え部分については原告適格を否定し、国家賠償の部分についても違法性はないとした原審の判断を是認した事例
66	東京地判平20.8.13（判例集未掲載）	旧民法上の社団法人	被告である中央競馬の馬主会の会員であった原告が、被告の会長等の活動を批判する文書を被告の会員に送付したとして被告から除名処分を受けたことから、原告が被告の会員であることの確認を求めた事案において、定款に定められた懲戒処分については裁量に委ねられているが、無制限ではなく、意見表明が事実に反しこれにより社会的評価を低下させることが明らかであることなどの事情がない限り除名事由には該当しないとして原告の請求を認めた事例【Q27】
67	大阪高判平21.1.20（判例集未掲載）	旧民法上の財団法人	市が市の職員を派遣している財団法人に対して派遣職員人件費に充てる補助金を支出したことにつき、公益法人等への一般職の地方公務員の派遣等に関する法律6条2項の手続によることなく派遣職員人件費を支出することは違法であるとして、地方自治法242条の2第1項4号に基づき、前記支出当時の市長個人に損害賠償の請求をすることを、前記財団法人に不当利得返還の請求をすることを、それぞれ市長に対して求める請求が、いずれも認容された事例【Q47】
68	東京地判平21.3.23（判例集未掲載）	管理組合法人	ビルの管理組合法人である被告に対し、会計帳簿等の閲覧を求めた原告が、一部の閲覧を拒否されたため、被告に対し、会計帳簿等の閲覧謄写等を求め、過去の閲覧拒否、閲覧時に被告の職員から暴行を受けて受傷したなどとして損害賠償を求めた事案について、管理規約が閲覧対象書類と定めているのは「会計帳簿」に限られないとして、個々に閲覧等請求の許否を検討して請求の一部を認容した事例

番号	裁判例の表示	法人の種類	事案／判旨の概要【掲載Q】
69	大阪地平21.7.15（判例集未掲載）	旧民法上の社団法人	社団法人である被告（大阪府医師会）の会員である原告らが、被告の臨時代議員会において行われた被告の会長選挙において、無効な投票を有効な投票と扱った結果、当選人たる現在の会長Aが決定されたとして、会長であるAがその地位にないことの確認を求めた事案において、開票管理人の本件投票を有効とする旨の決定について原告らが主張するような瑕疵は認められないとして、原告の請求を棄却した事例
70	最判平21.11.27（判時2067号136頁）	農業協同組合	農業協同組合の代表理事が、補助金の交付を受けることにより同組合の資金的負担のないかたちで堆肥センター建設事業を進めることにつき理事会の承認を得たにもかかわらず、その交付申請につき理事会に虚偽の報告をするなどして同組合の費用負担のもとで同事業を進めた場合において、資金の調達方法を調査、確認することなく、同事業が進められるのを放置した同組合の監事に、任務の懈怠があるとされた事例【Q41】
71	大阪高平21.11.27（判例集未掲載）	旧民法上の財団法人等	神戸市の住民が、神戸市長に対し、神戸市が財団法人、株式会社等の複数の団体に神戸市から派遣された職員らのために補助金を交付したことは、公益法人等への一般職の地方公務員の派遣等に関する法律の脱法行為に当たり違法無効であるとして損害賠償等を求めた事案において、神戸市長の責任を一部認めた事例【Q46】
72	さいたま地判平22.3.25（判例集未掲載）	旧民法上の財団法人	住宅供給公社の理事長を辞任した原告が改正前民法上の財団法人たる被告に対して退職金の支払を求め、被告が、原告は理事長として理事長の報酬を決定したが、理事会の議決を経ていないので無効であるとして、従前の年俸額を超える部分は不当利得として返還を求めた（反訴）事案について、退職金算定についての被告の主張は採用できないとし、役員報酬額の決定と需給が、寄附行為に抵触し無効であるとはいえず、被告の相殺の主張は理由がないとして原告の請求を認容し、被告の反訴請求を棄却した事例【Q34】
73	大阪高判平22.5.18（判例集未掲載）	旧民法上の社団法人、特例社団法人	尼崎市の住民である原告が、尼崎市長たるAがした社団法人B協会に対する2003年度から2009年度までの補助金の交付決定が地方自治法などに違反しているとして、被告に対し、損害賠償を請求するとともに2009年度第2期分の補助金の支出の差止めを求める住民訴訟において、原告の請求の一部につき却下し、その余について棄却した事例

巻末資料 315

番号	裁判例の表示	法人の種類	事案／判旨の概要【掲載Q】
			【Q46】
74	名古屋高裁平23.2.17（判例集未掲載）	旧民法上の社団法人	プロ野球を主催する12球団およびプロ野球の運営を統括する社団法人が、特定の応援団の申請した楽器、応援旗等を使用して観客を組織化しまたは統率して行われる集団による応援の申請を不許可としたこと、および、特定の応援団の団員に対して、プロ野球の試合等の入場券の販売を拒否し、球場等への立入りを禁止する旨を通知したことが、いずれも違法とはいえないとされた事例
75	福岡地判平23.5.9（判例集未掲載）	旧民法上の財団法人	うきは市の住民である原告が、市長の職にあったAが、江南地域振興会に対して、公益上必要のない補助金を支出し、また、財団法人江南福祉会の管理人に対する移転補償費の支出を阻止すべき指揮監督上の義務に違反する等し、市に損害を生じさせたとして、地方自治法242条の2第1項4号に基づき、Aに対し損害賠償を求めた事案において、補助金支出権限の逸脱濫用を認めたが、移転補償費用支出については裁量を逸脱したものとは言いがたいとして違法性を否定した事例【Q46】
76	東京地判平23.8.31（判例集未掲載）	特例財団法人	〈全日本スキー連盟役員改選訴訟〉会長を選出する場合、まず役員選出委員会が候補者1名を推薦し、評議員会で承認すると規約で定められていた特例財団法人において、上記委員会において候補者が決められなかったにもかかわらず評議員会が行った新会長の選出は無効であるとして、評議員ら25名が新会長らの地位不存在確認を求めた事案において、原告らの請求を認容した事例【Q44】
77	東京地裁平23.4.27（判タ1355号232頁）	一般社団法人	〈社団法人日本クレー射撃協会事件〉一般社団法人の正会員または理事等であった者が、当該法人に対し、主位的に、社員総会において議長が散会（閉会）を宣言した後に残留した一部の正会員によってされた理事選任決議等が不存在であることの確認およびその後の総会における本件決議によって選任された理事等を承認または信任する旨の各決議がいずれも不存在であることの確認を求め、予備的に上記各決議の取消し等を求めたところ、本判決は、議長による散会宣言を会長候補選任議案が否決されるのを恐れたためになされたものであり権限の濫用であるとして当該散会宣言による総会の終了は否定したものの、残留した社員によってなされた理事選任決議等（社員総会）は、法的に当該一般社団法人の社員総会とは認められないとして、散会後の決議はいずれ

番号	裁判例の表示	法人の種類	事案／判旨の概要【掲載Q】
			も不存在である旨判示した事例【コラム：社員総会の混乱リスクを防げ】

〈その他の団体（株式会社等）に関する裁判例〉
（本文引用のものに限る）

番号	裁判例の表示	法人の種類	事案／判旨の概要【掲載Q】
78	最判昭30.4.19（民集9巻5号534頁）	国・地方公共団体	公権力の行使にあたる公務員の職務行為に基づく損害については、国または公共団体が賠償の責に任じ、職務の執行にあたった公務員は、行政機関としての地位においても個人としても被害者に対してその責任を負うものではないとした事例【Q49】
79	最判昭39.12.11（民集18巻10号2143頁）	株式会社	役員に対する退職慰労金は、在職中における職務執行の対価として支給されるものである限り、商法（平成17年法律87号改正前）269条（会社法361条）にいう報酬に含まれるとした事例【Q34】
80	最判昭40.9.22（民集19巻6号1656頁）	株式会社	1　旧商法245条1項1号（会社法467条1項1号・2号）にいう「営業ノ全部又ハ重要ナル一部ノ譲渡」とは、一定の営業目的のため組織化され、有機的一体として機能する財産の全部または重要な一部を譲渡し、これによって、譲渡会社がその財産によって営んでいた営業的活動の全部または重要な一部を譲受人に受け継がせ、譲渡会社がその譲渡の限界に応じ法律上当然に競業避止義務を負う結果を伴うものをいうとした事例 2　株式会社の代表取締役が、取締役会の決議を経てすることを要する対外的な個々的取引行為を、右決議を経ないでした場合でも、上記取引行為は、相手方において上記決議を経ていないことを知りまたは知ることができたときでない限り、有効であるとした事例【Q15】【Q29】
81	最判昭41.8.26（民集20巻6号1289頁）	株式会社	株式会社の取締役会の定足数は、開会の始めに満たされただけでは足りず、討議・議決の全過程を通じて維持されるべきであるとされた事例【Q39】
82	最判昭44.10.28（裁判集民事97号95頁）	株式会社	株式会社の役員であった者に対する退職慰労金につき、株主総会の決議により、右報酬の金額などの決定をすべて無条件に取締役会に一任することは許されないが、これと異なり株主総会の決議において、明示的もしくは黙示的に、その支給に関する基準を示し、具体的な金額、支払期日、支払

番号	裁判例の表示	法人の種類	事案／判旨の概要【掲載Q】
			方法などは右基準によって定めるべきものとして、その決定を取締役会に任せることはさしつかえないとした事例【Q34】
83	最判昭45.6.24（民集24巻6号625頁）	株式会社	会社による政治資金の寄附は、客観的、抽象的に観察して、会社の社会的役割を果たすためにされたものと認められる限り、会社の権利能力の範囲に属する行為であるとされた事例【Q28】
84	最判昭53.10.20（民集32巻7号1367頁）	国	公権力の行使にあたる国の公務員が、その職務を行うにつき故意または過失によって違法に他人に損害を与えた場合には、公務員個人はその責を負わないとされた事例【Q49】
85	最判昭55.3.18（裁判集民事129号331頁）	株式会社	新株を引き受けることにより資本の5分の1を所有する株主となり、かつ、いわゆる社外重役として取締役に就任した者には、代表取締役が会社を代表して代金支払の見込みのない原料買付けをなすことにつき、監視義務がないとはいえないとされた事例【Q41】
86	最判昭60.3.26（判タ557号124頁）	株式会社	株主総会の決議で取締役全員の報酬の総額を定めて具体的配分を取締役会の決定に委ねることができ、総会で各取締役の報酬額を個別に定めることまでは必要ないことは、使用人兼務取締役が取締役として受ける報酬額の決定についても、使用人として受ける給与の体系が明確に確立されており、かつ、使用人として受ける給与がそれによって支給されている限り、変わるところはないとされた事例【Q11】
87	最判昭62.5.19（民集41巻4号687頁）	普通地方公共団体	普通地方公共団体が随意契約の制限に関する法令に違反して締結した契約は、地方自治法施行令167条の2第1項のあげる事由のいずれかにも当たらないことが何人にも明らかである場合や、当該契約を無効としなければ法令による制限の趣旨を没却する結果となる特段の事情がある場合に限り、私法上無効となるとした事例【Q46】
88	京都地判平元.4.20（判タ701号226頁）	株式会社	招集通知を受けなかった株主が総会の3日前に仮処分決定を得て総会に出席し議決権を行使した場合であっても、法定の期間をおいて招集通知がなされておれば当該株主が他の株主の議決権行使に影響を及ぼす等により決議の結果に影響を及ぼしえたかもしれない以上、決議取消請求を裁量棄却することはできないとした事例【Q26】
89	東京地判平2.4.20（判時1350号138頁）	株式会社	各取締役の報酬がその役職ごとに定められており、任期中に役職の変更が生じた取締役に対し

318

番号	裁判例の表示	法人の種類	事案／判旨の概要【掲載Q】
			て、当然に変更後の役職について定められた報酬額が支払われているような場合には、こうした報酬の定め方および慣行を了知したうえで取締役就任に応じた者について、会社は一方的に役職変更を理由とした報酬の減額の措置をとることができるとされた事例【Q11】
90	高松高判平4.6.29（判タ798号244頁）	株式会社	取締役会による招集決議および各株主に対する書面による通知なしに開催された総会決議につき、発行済株式の99.38％を有する株主が出席したこと、同社では設立以来法律・定款に従った招集手続がとられたことはないこと、決議取消しを求める原告も決議に参加し出席取締役として総会議事録に押印したこと等の事実関係に照らすと、招集手続の瑕疵は重大でなく、決議の結果に影響を及ぼさなかったと認められた事例【Q26】
91	最判平4.12.18（民集46巻9号3006頁）	株式会社	定款または総会決議によって取締役の報酬額が具体的に定められた場合には、その後総会が取締役の報酬を無報酬とする旨の決議をしたとしても、当該取締役は、これに同意しない限り報酬請求権を失わないとされた事例【Q11】
92	最判平15.2.21（金法1681号31頁）	株式会社	株式会社の取締役については、定款または株主総会の決議によって報酬の金額が定められなければ、具体的な報酬請求権は発生せず、取締役が会社に対して報酬を請求することはできないとされた事例【Q11】
93	最判平16.1.15（民集58巻1号156頁）	株式会社	県と第三セクターの間で締結された、県職員を第三セクターに派遣してその給与を県が負担する旨定める協議は違法であるが、公序良俗に反するものとはいえず、私法上有効であるとされた事例【Q46】
94	福岡高判平16.12.21（判タ1194号271頁）	株式会社	取締役の役職の変更に伴う報酬の減額について、取締役の同意にかわりうる程度の慣行の存在が認められなかったとして、当初定められた金額に基づく報酬請求が認容された事例【Q11】
95	東京高決平17.6.28（判時1911号163頁）	株式会社	株主に対する招集通知を欠いており、株主総会が開催されれば手続上軽微ならざる瑕疵を帯びる余地があるとの疎明が認められるが、株主総会の開催により会社に回復すべからざる損害が生じるおそれがあるとはいえず、被保全権利および保全の必要性についての疎明がないとして、株主総会開催禁止仮処分命令の申立てが却下された事例【Q26】

番号	裁判例の表示	法人の種類	事案／判旨の概要【掲載Q】
96	最判平17.10.28（民集59巻8号2296頁）	権利能力なき社団	町の公の施設を存続させるためその管理および運営を委託している権利能力のない社団の赤字を補てんするのに必要な補助金を交付したことが、地方自治法232条の2に定める公法上の必要を欠くとはいえないとされた事例【Q46】
97	最判平17.11.10（判時1921号36頁）	株式会社	市が主導して設立した第三セクターに対し、その経営破綻後に、金融機関からの借入金相当額に充てるため補助金を支出したことについて、公益上の必要があるとする市長の判断に裁量権の逸脱、濫用の違法があるとはいえないとされた事例【Q46】【Q50】
98	最判平18.4.10（民集60巻4号1273頁）	株式会社	〈蛇の目ミシン株主代表訴訟〉いわゆる仕手筋として知られるAが、大量に取得したB社の株式を暴力団の関連会社に売却するなどとB社の取締役であるYらを脅迫した場合において、売却を取りやめてもらうためAの要求に応じて約300億円という巨額の金員を融資金の名目で交付することを提案しまたはこれに同意したYらの忠実義務、善管注意義務違反が問われた行為について、Aの言動に対して警察に届け出るなどの適切な対応をすることが期待できないような状況にあったということはできないという事情のもとでは、やむをえなかったものとしてYらの過失を否定することはできないとされた事例【Q53】
99	東京高判平18.9.26（判時1959号21頁）	権利能力なき社団	県が元県議会議員で構成する団体に対して行った補助金の交付が違法であるとして、県に代位して不当利得返還を請求した住民訴訟につき、本件支出は県議会議員であったものに対する礼遇として社会通念上是認しうる限度を超えていることから、本県支出は違法であるとされた事例【Q46】
100	最判平21.4.17（民集63巻4号535頁）	株式会社	株式会社の代表取締役が取締役会の決議を経ないで重要な業務執行に該当する取引をした場合、取締役会の決議を経ていないことを理由とする同取引の無効は、原則として会社のみが主張することができ、会社以外の者は、当該会社の取締役会が前記無効を主張する旨の決議をしているなどの特段の事情がない限り、これを主張することはできないとした事例【Q29】
101	東京高判平22.8.30（判タ1334号58頁）	株式会社	〈安曇野市住民訴訟東京高裁判決〉 1　地方公共団体が第三セクターの債務について金融機関との間で締結した損失補償契約は、法人に対する政府の財政援助の制限に関する法律

320

番号	裁判例の表示	法人の種類	事案／判旨の概要【掲載Q】
			（財政援助制限法）3条の趣旨を没却しない特段の事情が認められない限り、無効となるとした事例 2　地方公共団体が金融機関との間で締結した当該金融機関の第三セクターに対する融資について金融機関に生じた損失を補てんする旨の損失補償契約に基づき当該地方公共団体の長が金融機関に対して補償債務の支払のためにする出費の差止めを求める住民訴訟に理由があるとされた事例【Q50】
102	最判平23.11.27（金融法務事情1933号）	株式会社	1　市の住民が市長に対し損失補償契約に基づく金融機関等への公金の支出の差止めを求める訴えが原判決言渡し後の事情により不適法であるとされた事例 2　地方公共団体が法人の事業に関して当該法人の債権者との間で締結した損失補償契約について、財政援助制限法3条の規定の類推適用によって直ちに違法、無効となる場合があると解することは、公法上の規制法規としての当該規定の性質、地方自治法等における保証と損失補償の法文上の区別をふまえた当該規定の文言の文理、保証と損失補償を各別に規律の対象とする財政援助制限法および地方財政法など関係法律の立法または改正の経緯、地方自治の本旨に沿った議会による公益性の審査の意義および性格、同条ただし書所定の総務大臣の指定の要否を含む当該規定の適用範囲の明確性の要請等に照らすと、相当ではないというべきであるとし、上記損失補償契約の適法性および有効性は、地方自治法232条の2の規定の趣旨等にかんがみ、当該契約の締結に係る公益上の必要性に関する当該地方公共団体の執行機関の判断にその裁量権の範囲の逸脱またはその濫用があったか否かによって決せられるべきものと解するのが相当であると付言した事例【Q50】

あとがき

　一般法人および公益法人は、今後、どのように利用されていくのでしょうか、また、進化していくのでしょうか。たとえば、一般社団法人または一般財団法人に蓄積された利益を残余財産分配というかたちで、投資者たる社員、役員、設立者等に分配されうる仕組みを構築し、非営利法人たる一般社団法人または一般財団法人を事業の結果としての利益を帰属させる「器」として利用するスキームを構築する素地があると思われます。また、本来は、公益法人成りをすべきであると思われる法人が、一般社団法人または一般財団法人という形態をとることで、事実上、密接な関係省庁や自治体からの天下りの「器」であり続けるという素地もあると思われます。

　このように一般法人および公益法人の利用のされ方は、期待とともに一抹の不安も感じられるところですが、いずれにせよ、国民や市民から期待される存在になることが一般法人および公益法人に求められていることはいうまでもありません。そのためには、一般法人および公益法人自体のガバナンスの最適化はもとより、国民や市民のガバナンスに対する感性もより磨かれる必要があるものと思われます。

　そのような意味で、本書が法人のガバナンス向上に役立ち、ひいては社会の健全な発展に資することを願ってやまないとともに、ガバナンスを充実・維持、さらには発展させるための対策や考え方をまとめるうえで、本書が一つのヒントになれば執筆者一同、望外の幸せであります。

参考文献

〈ガイドライン等〉
- 内閣府公益認定等委員会「公益認定等に関する運用について（公益認定等ガイドライン）」（2008年）
- 内閣府公益認定等委員会「移行認定のための『定款の変更の案』作成の案内」
- 内閣府公益認定等委員会「移行認定又は移行認可の申請に当たって定款の変更の案を作成するに際し特に留意すべき事項について」（2008年10月10日）
- 内閣府「新たな公益法人制度への移行等に関するよくある質問（FAQ）」（2010年12月）
- 法務省「一般社団法人及び一般財団法人制度Q&A」（法務省ウェブサイト）
- 内閣府公益認定等委員会「公益法人会計基準・注解・運用指針」（2008年4月11日）
- 総務省「第三セクター等の状況に関する調査結果」（2010年12月24日）
- 総務省「第三セクター等の抜本的改革等に関する指針」（2009年6月23日）

〈一般社団財団法人法および公益法人認定法に関する書籍〉
- 渋谷幸夫『公益社団法人・公益財団法人 一般社団法人・一般財団法人の機関と運営』（全国公益法人協会、2009年）
- 財団法人公益法人協会編『公益法人制度改革 そのポイントと移行手続』（ぎょうせい、2007年）
- 新公益法人制度研究会編『一問一答公益法人関連三法』（商事法務、2006年）
- 北沢栄『公益法人―隠された官の聖域―』（岩波新書、2001年）
- 森泉章『公益法人の現状と理論』（勁草書房、1982年）
- 森泉章『公益法人の研究』（勁草書房、1977年）
- 森泉章『公益法人判例研究』（有斐閣、1996年）
- 篠塚昭次＝前田達明編『新・判例コンメンタール 民法1 総則1（1条～118条）』（三省堂、1991年）
- 中村雅浩『公益認定を受けるための新公益法人の定款作成と運営の実務［改訂新版］』（TKC出版、2009年）
- 小町谷育子＝藤原家康＝牧田潤一朗＝秋山淳『Q&A一般法人法・公益法人法解説』（三省堂、2008年）
- 熊谷則一『公益法人の基礎知識』（日本経済新聞出版社、2009年）

- 阿部泰久ほか編『Q&A新公益法人の実務ハンドブック』（清文社、2009年）
- 羽生正宗『新公益法人移行手続の実務』（大蔵財務協会、2008年）
- 升田純『一般法人・公益法人の役員ハンドブック』（民事法研究会、2011年）
- 鳥飼重和『新公益法人制度における公益認定と役員の責任』（商事法務、2009年）
- 宇賀克也＝野口宣大『Q&A新しい社団・財団法人制度のポイント』（新日本法規出版、2006年）
- 江田寛『2008年基準版　公益法人会計基準の解説』（全国公益法人協会、2011年）
- 新日本監査法人公会計部『新公益法人制度のすべて［第2版］』（清文社、2007年）
- 税理士法人髙野総合会計事務所ほか編『新公益法人の移行・再編・転換・設立ハンドブック［3訂版］』（日本法令、2011年）
- 税理士法人髙野総合会計事務所編『新公益法人移行申請書作成完全実務マニュアル』（日本法令、2011年）
- 中村雅浩『新公益法人の定款作成と運営の実務』（TKC出版、2009年）
- 出塚清治＝柴田美千代『詳解　公益法人の会計・税務』（中央経済社、2009年）

〈会社法その他の法律等に関する書籍〉

- 本村健＝梶谷篤＝上島正道＝高山梢編著『第三者委員会――設置と運用』（金融財政事情研究会、2011年）
- 長島・大野・常松法律事務所＝あずさ監査法人『会計不祥事対応の実務－過年度決算訂正事例を踏まえて』（商事法務、2010年）
- 野々川幸雄『勘定科目別　異常点監査の実務』（中央経済社、2003年）
- 弥永真生編著『過年度決算訂正の法務［第2版］』（中央経済社、2011年）
- 村井直志『会計ドレッシング』（東洋経済新報社、2011年）
- 土田義憲『業務プロセスから見た内部統制実践マニュアル』（中央経済社、2006年）
- 箱田順哉編著『内部監査実践ガイド』（東洋経済新報社、2008年）
- 神田秀樹＝小野傑＝石田晋也『コーポレート・ガバナンスの展望』（中央経済社、2011年）
- 宮島英昭編著『日本の企業統治』（東洋経済新報社、2011年）
- 江頭憲治郎『株式会社法』（有斐閣、2009年）
- 弥永真生『リーガルマインド会社法』（有斐閣、2009年）
- 奥島孝康＝落合誠一＝浜田道代編『別冊法学セミナー no. 205 新基本法コンメンタール会社法2』（日本評論社、2010年）

- 落合誠一編『会社法コンメンタール8』（商事法務、2009年）
- 白石忠志『独占禁止法』（有斐閣、2006年）
- 舟田正之＝金井貴嗣＝泉水文雄『経済法判例・審決百選』（有斐閣、2010年）
- 塩野宏『行政法Ⅱ　行政救済法』（有斐閣、2010年）
- 碓井光明『公的資金助成法精義』（信山社、2007年）

〈一般社団財団法人法および公益法人認定法に関する論文・記事等〉
- 池田守男＝雨宮孝子「『民』による公益の増進を目指して―新公益法人制度」ジュリスト1421号8頁
- 小幡純子「公益認定等審議会の意義・役割」ジュリスト1421号17頁
- 能見善久「新公益法人制度と公益認定に関する問題」ジュリスト1421号24頁
- 堀田力「制度設計の歪みが起こす問題点」ジュリスト1421号32頁
- 山田誠一「一般社団・財団法人法におけるガバナンス」ジュリスト1328号20頁
- 竹内朗「新公益法人への移行認定申請―事業・財務・期間のポイント解説―」資料版商事法務325号71頁
- 「法務インサイド　不祥事企業の調査報告書　客観性　揺れる社外委員会」2009年8月24日付日本経済新聞朝刊16面
- 「追跡2011」2011年2月11日付琉球新報朝刊
- 「企業のウソ、上塗り　不正会計、『第三者委』の調査ずさん」2009年7月10日付朝日新聞朝刊35面
- 近畿日本鉄道株式会社調査委員会「調査報告書」2010年3月11日
- 「全日本スキー連盟：役員改選訴訟　鈴木会長選任『無効』　理事6人の地位否定」2011年9月1日付毎日新聞東京朝刊

〈会社法その他の法律等に関する論文・記事等〉
- 大矢一郎＝福田政之＝柳川元宏＝月岡崇「震災復興・日本再生のための証券化取引の可能性―レベニュー債、事業証券化、中小企業向け貸付債権・PFI貸付債権の証券化―」旬刊商事法務1939号45頁
- ムーディーズ・ジャパン株式会社「茨城県環境保全事業団の委託料支払請求権等を裏付けとする信託受益権に格付を付与」2011年6月29日プレスリリース
- 「Were there's muck there's brass for Japanese munis」2011年4月16日付International Financing Review
- 中野祐介「第三セクター等の債務状況と自治体財政運営上の課題」金融法務事情1913号18頁

・河村小百合「安曇野判決が地方財政運営・金融機関経営に与える影響」金融法務事情1913号27頁
・森公高「安曇野判決が金融機関の資産査定等に与える影響」金融法務事情1913号59頁
・阿多博文「安曇野市住民訴訟東京高裁判決のポイント―第三セクターと損失補償契約締結には公益上の必要性が要件か」NBL938号4頁
・三橋良士明「第三セクターの資金調達に関する損失補償について」ジュリスト1366号11頁
・國廣正（司会）「新春座談会 検証 第三者委員会」NBL920号28頁
・木目田裕＝上島正道「企業等不祥事における第三者委員会―日本弁護士連合会「企業等不祥事における第三者委員会ガイドライン」を踏まえて―」旬刊商事法務№1918
・「レベニュー債で100億調達 処分場建設費を償還」2011年6月29日付茨城新聞
・「注目される新型公債」2011年5月23日付公明新聞
・「今こそ金融技術の結集が必要」2011年4月21日付日本経済新聞夕刊5面
・「三セク債 発行申請急増」2011年7月21日付日本経済新聞朝刊
・三宅裕樹「わが国地方債市場へのレベニュー債導入に向けた提言」資本市場クォータリー 2009Summer
・望月洋「レベニュー信託による新しい資金調達の試み」地方自治職員研修623号47頁
・『従来の損失保証契約は無効』―東京高裁判決が変えた資金調達環境」金融財政事情2949号10頁
・「国内初！ 茨城県環境保全事業団の『レベニュー信託』」金融財政事情2949号15頁
・吉野直行「深刻な財政状況下、レベニュー債券活用の必要性高まる」金融財政事情2949号19頁
・「インフラ金融の夜明け」日経ヴェリタス182号1面
・総務省「第三セクター等の状況に関する調査結果」2010年12月24日

事項索引

[あ行]

旭川JC女体盛り事件 ……………………5
安曇野野菜園事件最高裁判決 ……249
足立区江北医師会設立不許可処
　分取消請求事件………………………12
天下り ………………………223, 236
石川県理容環境衛生同業組合金
　沢支部事件 ………………………285
異常点監査 ……………………………263
一社員一議決権 ………………………20
一般財団法人 …………………………28
一般社団財団法人等整備法 …………14
一般社団財団法人法 …………………14
一般社団法人 …………………………28
一般社団法人日本ガス協会……………60
委任関係 ……………………188, 204
茨城県環境保全事業団 ……………252
売上げの見込み計上 ………………271
NPO法 …………………………………11
大相撲八百長問題 ………………………4
大相撲野球賭博問題 ……………………4
大相撲力士大麻問題 ……………………4
お手盛り ……………………………178
お手盛りの危険 ……………………216
音信不通 ……………………………194

[か行]

会計監査人 ……………………………41
会計帳簿 ……………………………259
会計帳簿閲覧請求 …………………224
会計帳簿閲覧請求権 ………………264
解散 ……………………………………81
外部ガバナンス ……………………18, 20
貸倒損失の隠蔽 ……………………271

課徴金納付命令 ……………………283
合併 ……………………………………76
合併の無効 ……………………………79
過年度決算修正 ……………269, 272
ガバナンス ……………………………18
株式保有 ……………………………287
株主の議決権 …………………………37
仮理事 ………………………………199
勧告・命令 ……………………………93
監事 ……………………………………41
監事監査 ……………………………257
監事の監視義務違反 ………………206
監事の職責 …………………………203
監督官庁の処分 ……………………266
監督機能 ……………………………256
企業活動からの暴力団排除の取
　組について …………………………278
企業が反社会的勢力による被害
　を防止するための指針につい
　て ……………………………………275
企業結合ガイドライン ……………287
基金制度………………………………33
議事録 ………………………142, 190
基本財産 ……………………82, 211
給付金 ………………………………229
共益型 …………………………………43
行政不服審査法 ……………………291
許可主義 ………………………………12
経営判断の原則 ……………………156
計算書類 ……………………………259
計算書類等……………………58, 117
継続 ……………………………………84
KSD事件（KSD）……………………3, 9
公益型 …………………………………43
公益財団法人 …………………………91

事項索引献　327

公益社団法人……………………91
公益社団法人経済同友会 …………122
公益通報者制度 ……………………274
公益通報者保護法 …………………274
公益認定基準………………………92
公益認定の基準……………………97
公益認定の取消し…………………93
公益認定の必要的取消事由 ………279
公益不認定対策……………………105
公益不認定とされた事例 …………105
公益法人……………………………91
公益法人制度改革…………………11
公益法人制度改革関連3法………14
公益的法人等への一般職の地方公務員
　の派遣等に関する法律 …………235
公益法人認定法……………………14
公益法人の私物化…………………4
公益法人の認定取消し……………288
公益目的事業比率…………………121
公益目的支出計画…………………61
公益目的取得財産残額……………288
公共工事品質確保法………………238
交付金………………………………229
国家賠償請求………………………242

[さ行]

財政援助制限法 ……………………247
財団法人勤労者福祉協会 …………158
財団法人日本漢字能力検定協会
　（漢字検定協会）………………4, 254
財団法人日本相撲協会（日本相
　撲協会）…………………………4, 277
財団法人東日本被爆者の会事件
　……………………………………290
債務保証…………………………173, 247
裁量棄却制度………………………146
差止請求……………………………147
私益型………………………………43

滋賀県薬剤師会事件 ………………285
事業者団体 …………………………281
事業者団体の活動に関する独占
　禁止法上の指針 …………………284
事業譲渡……………………………75
社員総会…………………………40, 135
社員総会決議取消の訴え …………146
社員総会決議無効確認の訴え ……146
社員総会不存在確認の訴え ………146
社員の議決権………………………37
社団法人教科書協会 ………………284
社団法人日本音楽著作権協会事
　件…………………………………46
社団法人日本クレー射撃協会事
　件………………………………144, 316
㈹日本病院寝具協会近畿支部事
　件…………………………………285
蛇の目ミシン判決 …………………279
収支相償…………………………106, 121
18の事業区分 ………………………108
住民訴訟…………………………236, 247
準則主義……………………………19
招集権者……………………………194
招集通知……………………………145
職員の派遣…………………………235
職務執行停止………………………164
助成金………………………………229
除名…………………………………150
署名・記名押印……………………191
署名者………………………………192
新公益法人会計基準 ………………269
ステークホルダー …………………176
清算…………………………………86
清算法人……………………………86
政府指針……………………………275
税理士会……………………………161
設立者の意思………………………211
善管注意義務………………………155

全日本スキー連盟 ·················220
全日本スキー連盟役員改選訴訟
　··································316
総会検査役 ·······················148
損失補償 ··························248

[た行]

代行者選任の仮処分 ···········164
第三者委員会 ········261, 264, 268
第三セクター ········235, 238, 246
退職金 ······························178
代表権の制限 ····················211
代表訴訟 ···················159, 171
代表訴訟制度 ····················170
代表理事に事故 ·················195
代表理事の権限の制限 ········165
代理出席 ··························188
中間法人法 ························11
定款変更 ···························72
電子メール ······················189
東京都自動車硝子部会事件 ······285
時津風部屋力士暴行死事件 ······4
独占禁止法 ·····················281
特定非営利活動促進法 ···········11
特別の利益 ·····················176
特例民法法人 ····················14

[な行]

内部ガバナンス ···················18
日本ウォーキング協会 ············5
日本数学検定協会 ·················5
日本スケート連盟 ·················5
日本青年会議所（JC）············5
入札契約適正化法 ·············238
入札談合等関与行為防止法 ······238
任意的取消事由 ·················289
任期中の減額 ·····················53
認定取消し ·······················115

農業協同組合 ····················207

[は行]

排除措置命令 ····················283
反社会的勢力 ·············83, 275
必要的取消事由 ·················289
評議員 ·····························42
評議員会決議不存在確認の訴え
　··································218
評議員会決議無効確認の訴え ······218
評議員会の決議の瑕疵 ········218
評議員会の内紛 ·················221
評議員によるガバナンス ······213
評議員による代表訴訟 ········214
評議員の人選 ····················216
評議員の報酬等 ·················215
評議員会 ··························42
表見代表理事 ····················184
表明保証等 ······················280
広島県石油商業組合事件 ······285
藤沢JCの業務横領事件 ··········5
不祥事の原因 ····················253
粉飾決算 ···············257, 264, 269
報告および検査 ···················93
報酬等 ····························51
報酬等支給基準 ···················56
法人の業務・財産の状況の調査
　権 ································258
法人の財産管理 ·················210
法人の内部統制 ·················253
暴力団排除条項（暴排条項）
　····················275, 276, 277, 278
法令遵守体制 ····················253
補欠監事 ··························46
補欠理事 ···············44, 198, 200
補助金 ····························236
補助金等 ·························229

[ま行]

三重県バス協会事件 ……………285
みなし解散……………………83
無報酬化………………………53
名目的な監事の責任 ……………207
モニタリング機能 ………………255

[や行]

役員賠償責任保険 ………………172
遊休財産額保有制限 ……………121
横すべり評議員 …………………225

[ら行]

利益操作 …………………270

利益相反取引 ……………………173
理事………………………40
理事および使用人への事業報告請求権
　……………………………258
理事会……………………40
理事会の定足数 …………………198
理事者間の相互牽制機能 ………245
理事者への監督機能 ……………245
理事等の説明義務 ………………139
理事の欠員 ………………………199
理事の専断行為 …………………165
理事の目的外行為 ………………160
レベニュー債 ……………251, 252
連絡不能 …………………………196

一般法人・公益法人のガバナンスQ&A

平成24年3月27日　第1刷発行
平成29年5月9日　第2刷発行

　　　　　　　　編集代表　本　村　　　　健
　　　　　　　　著　　者　佐藤弘康／梶谷　　陽
　　　　　　　　　　　　　赤根妙子／徳田貴仁
　　　　　　　　　　　　　宇治野壮歩
　　　　　　　　発行者　　小　田　　　　徹
　　　　　　　　印刷所　　奥村印刷株式会社

〒160-8520　東京都新宿区南元町19
発　行　所　一般社団法人　金融財政事情研究会
　　編集部　TEL 03(3355)2251　FAX 03(3357)7416
販　　　売　株式会社きんざい
　　販売受付　TEL 03(3358)2891　FAX 03(3358)0037
　　URL http://www.kinzai.jp/

・本書の内容の一部あるいは全部を無断で複写・複製・転訳載すること、および
　磁気または光記録媒体、コンピュータネットワーク上等へ入力することは、法
　律で認められた場合を除き、著作者および出版社の権利の侵害となります。
・落丁・乱丁本はお取替えいたします。定価はカバーに表示してあります。

ISBN978-4-322-11968-8